위기의 CEO,
철학에서 길을 찾다

위기의 CEO,
철학에서 길을 찾다

초판 1쇄 인쇄 | 2011년 1월 25일
초판 1쇄 발행 | 2011년 2월   1일

지은이 | 김진욱
펴낸이 | 이희철
펴낸곳 | 책이있는풍경
기   획 | 한성출판기획(325-9172)
편집 · 디자인 | 피앤피디자인 · 최희선(www.ibook4u.co.kr)

주   소 | 서울시 마포구 서교동 476-53호, 세화회관 201호
이메일 | chekpoong@naver.com
전   화 | 02-394-7830
팩   스 | 02-394-7832
등록번호 | 제 313-2004-00243호(2004년 10월 19일)

※ 값은 표지 뒷면에 표기되어 있습니다.
※ 잘못된 책은 구입하신 서점에서 바꾸어 드립니다.

ISBN 978-89-93616-15-6 (03320)

이 도서의 국립중앙도서관 출판시도서목록(CIP)은 e-CIP 홈페이지(http://www.nl.go.kr/ecip)에서
이용하실 수 있습니다. (CIP제어번호 : CIP2011000325)

위기의 CEO, 철학에서 길을 찾다

김진욱 지음

책/이/있/는/풍/경

변화해야 한다

　기업경영자는 늘 위기상황에 직면한다. 이 정도면 됐지 하고 안심하다가도 막상 긴장을 풀고 있으면 어느덧 또 다른 위기에 처할 수 있다. 특히 정보화사회 속에서의 돌발변수가 많아진 요즘이라면 이 같은 위기가 기업의 생존을 위협하기도 한다. 경영자는 그만큼 위기상황에 대처할 수 있는 능력을 겸비하고 유비무환의 자세로 경영에 임해야만 한다.

　그런데 위기란 것은 내 앞에 닥쳤을 때 대처하면 이미 늦다. 위기상황이 도래할 것에 미리미리 대비하는 자세가 경영자에게는 필요한 법이다. 어떻게 위기상황에 대처하는 것이 최선의 방법이냐를 놓고 고민해보자면 경영자의 확고한 경영철학이 반드시 있어야 한다고 생각한다. 물론 시장상황을 미리 예측해 위기에 대처하는 경영능력이 바탕에 깔려 있다는 전제하에서의 얘기다.

사람에게 바이오리듬이 있는 것처럼 기업 역시 수익과 매출 등 경영지표에 있어 어느 정도의 흐름이 있다. 시장환경의 변화에 따라 그 곡선은 완만하거나 급하게 위아래를 오르락내리락할 수 있는 것이다. 때문에 경영자의 입장에서 시장위기에 대처하기 위해서는 미리 가상의 위기상황을 그려놓고 그에 대처하는 방법을 실무자들과 의논해야 한다. '변화해야 한다'는 철학을 경영자들이 갖고 있어야 시장위기에 미리 대처할 수 있다는 것이 핵심이다. 정체되어 있는 물이 썩는 것처럼 경영자들은 항상 현실에 안주해서는 안 되며 늘 변화를 추구한다는 생각을 갖고 경영에 임하다 보면 위기가 오더라도 자연스레 대처할 수 있는 노하우가 생긴다는 것이다.

이 책에도 설명되어 있듯 위기상황에 대처하기 위해서는 '변화경영'이 절대적으로 필요하다. 같은 업종이라 할지라도 미국의 K-마트는 IT기술력을 간과하다 후발주자인 월마트에 1위 자리를 빼앗기고 말았다.

철학의 중요성은 시대를 막론하고 늘 강조돼온 패러다임 중 하나다. 하지만 지금까지 우리 기업들은 실무에 직접적인 도움이 되지 않는 철학에 고민하기보다는 어떻게 하면 제품의 생산성을 높이거나 많은 이윤을 남길까 하는 것에 필요한 경영적 기술에 더 포커스를 맞춰왔다. 이제 철학에 다시 눈을 돌려야 할 때다. 치열한 경쟁에서 살아남아야 하고, 글로벌화나 정보화로 인해 갈수록 다양해지는 기업구성원들을 제대로 끌어안기 위해서는 경영자의 절대적이고 올바른 경영철학이 필요해졌다.

이 책은 우리나라 기업경영인이 가져야 할 경영철학의 요소들을 고대 그리스 철학자들이 남긴 메시지와 결부시켜 철저하게 사례중심으로 풀어낸 철학서이자 경영서다. 각각의 사례에서 경영자들은 '철학이 왜 경영에 중요한가' 라는 문제에 대한 공통된 해답을 찾을 수 있을 것이다. 자신이 경영하는 기업이나 조직이 크든 작든 철학에서 경영을 논하는 데는 아무런 제약이 없다. 이 책에서 던져주는 경영적 메시지를 가슴에 담고 내일의 경영을 펼친다면 두렵지 않은 위기를 맞을 수 있을 것으로 자신한다.

아울러 이 책이 경영철학에 대한 관심을 다시 불러일으키고, 그에 따른 공감대를 한국 기업사회에 형성하는 데 일조하기를 바라는 바이다.

LS산전 이사 박해룡

철학을 보면 경영이 보인다

서울시내 오성급 호텔 앞에서 간혹 재미있는 광경을 발견하곤 한다. 오전 7시도 안 된 이른 시간임에도 불구하고 말끔히 정장을 차려입은 중년 남녀들이 떼를 지어 호텔 입구로 들어서는 진풍경이 펼쳐지는 것이다. 이 수가 적게는 50~60명, 많게는 400~500명에나 이른다. 이들의 발걸음을 따라가보면 CEO(최고경영자)를 위한 조찬회가 열리는 콘퍼런스룸으로 향하는 것을 알 수 있다. 조찬회 참석을 위해 강연장으로 바쁘게 발걸음을 옮기는 CEO들인 것이다.

언제부터인지 우리 주변, 특히 CEO들 사이에서는 이 같은 조찬회 열풍이 일고 있다. 아무래도 얼리버드(Early Bird) 트렌드가 주목받으면서, 아침 일찍부터 CEO들이 스스로 '배움'의 전당을 찾아나서는 사례가 부쩍 늘어난 셈이다. 도대체 CEO들은 어떤 이유로 조찬회장에 몰려드는 것일까? 당연히 경영 노하우를 하나라도 더 얻어가기 위해서일 것이다(물론 다른 CEO들과의 인적 교류도 무시할 수는 없지만). 하지만 조찬회의 열기가 일반적인 경영적 이론보다는 인문학에 대한 주제를 다룰 때 더 뜨겁다는 점을 생각해보면, 최근 들어 인문학에 심취한 CEO들이 크게 증가한 것만은 분명해 보인다. 이는 조찬회 외에 대학가의 인문학과정을 노크하는 CEO들이 많은 현실에서도 추측 가능한 얘기다.

서울대 인문대학 최고지도자과정인 AFP(Ad Fontes Program, '원천으로!' 라는 의미)가 대표적인 경우다. AFP는 국내외 역사·문화기행 비용을 포함해 수강료만 1,200만 원대인데도 오히려 입학경쟁률은 3대 1이 넘을 만큼 CEO들로부터의 인기가 대단하다고 한다. 이 밖에 대한상공회의소의 'CEO 독서 아카데미', 삼성경제연구소의 '메디치 21', 능률협회의 '지혜의 향연' 등 경제단체와 연구소가 운영하는 인문학 프로그램에도 전국 각지의 CEO들이 온·오프라인을 마다하지 않고 배움을 위해 달려들고 있다.

인문학은 인간의 조건에 관해 탐구하는 것으로 언어나 문학, 역사, 철학 따위를 주 대상으로 삼는 학문을 말한다. 그런데 많은 CEO들은 이 같은 인문학 중에서도 유독 철학 분야에 좀 더 깊은 관심을 쏟고 있다. 자신의 인생관이나 가치관을 비롯해 경영관까지 철학을 통해 얻어갈 수 있다고 확신하기 때문이다. 특히 요즘처럼 감성경영의 중요성이 커지고 기업구성원이 다양화되는 추세에서는 더욱 그러하다.

야구경기 얘기를 해보겠다. 야구는 흔히 멘탈 스포츠라고들 말한다. 선수들의 정신적인 상태가 경기결과에 크게 영향을 끼치는 스포츠이기 때문이다. 치열한 경쟁체제의 시장에서 사업을 영위해야 하는 CEO들도 마찬가지다. 자신이 어떤 경영철학을 갖고 경영에 임하느냐에 따라 최종 경영 성적표는 얼마든지 달라질 수 있다. 그러나 안타깝게도 지금까지 한국의 기업환경에서 CEO들은 경영의 마인드보다는 스킬에 더 주력해온 게 사실이다. 이런 까닭에 정작 감성적이거나 철학적인 면을 도외시하는 풍토가 만연했던 게 우리 기업인을 둘러싼 현실이었다.

그렇다면 왜 지금 CEO들은 새롭게 철학에 빠져들기 시작한 것일까? 수년째 능률협회에서 인문학 강연을 진행하고 있는 연세대 철학과 김형철 교수는 철학을 찾는 CEO들이 늘어난 배경을 다음과 같이 설명한다.

"한국의 CEO들은 그동안 철학에 접근할 수 있는 기회를 원천적으로 차단당해 왔습니다. 이들은 상당수가 경영학 전공자들이지요. 대학에서 4년 동안 경영학만 배웠다고 할 수 있어요. 그런데 유럽과 미국의 학부과정에는 경영학과 자체가 없다고 합니다. 그러다 보니 학부에서는 철학 등의 인문학을 배우고 경영대학원에 가서야 경영학을 배우게 되죠."

재미있는 사실이 하나 더 있다. 내로라하는 글로벌 CEO의 상당수가 경영학 분야에 일가견이 있거나 그쪽 전공이 많을 것 같지만 실제로는 오히려 정치학이나 역사, 심리학에 정통한 이들이 더 많다고 한다.

　‘성공의 대명사’로 일컬어지는 칼리 피오리나 전 휴렛팩커드(HP) 회장과 애플의 스티브 잡스가 모두 철학을 전공했으며 ‘투자의 귀재’ 조지 소로스 역시 런던스쿨 이코노믹스에서 철학을 전공했다. 이런 얘기는 글로벌 기업을 표방하며 세계시장으로 보폭을 넓혀가고 있는 우리 기업 CEO들이 반드시 주목해야 할 부분이다. 세계적인 기업을 만드는 것은 전문적인 경영기술을 습득하고 경영지수만 높인다고 해서 가능한 것이 아니라 인간의 기본에 대해 배우는 인문학, 특히 그중에서도 사상과 관련이 깊은 철학이 크게 관여할 수 있어서다.

　따라서 이 책에서는 그리스 철학자들의 사상을 현대 경영환경에서 재해석해 오늘날 경영자들에게 메시지를 던져주도록 하는 데 중점을 두었다. 그리스 철학의 선구자인 소크라테스를 통해 기업 구성원들에게 끊임없이 질문하면서 그들에게 동기부여를 심어주는 ‘질문경영’을 배우도록 했고, 플라톤을 통해서는 기업의 신수종 사업 발굴과 같은 비전을 갖고 경영에 임할 것을 현대 경영인들에게 제시하도록 했다. 여기에 한국 기업의 고질적인 문제인 고비용 – 저효율 구조를 벗어날 수 있도록 아리스토텔레스가 설법한 지식경영을, 무수히 변해가는 기업경영환경에서 생존할 수 있는 변화경영의 중요성도 헤라클레이토스의 철학을 통해 살펴보도록 했다. 물론 철학을 실제 경영에 접목하여 세계적인 기업으로 만든 글로벌 CEO들의 사례도 실었으니, 아무쪼록 이 책을 통해 한 치 앞을 내다볼 수 없는 ‘안개 낀’ 기업현실을 버텨내고, 구성원들에게 존경받고, 기업경영에서는 승승장구하는 경영인이 되었으면 하는 바람이다.

끝으로 이 글을 준비하면서 옆에서 '파이팅'을 외쳐준 아내 선영 씨와 두 아들 현우, 건우, 그리고 따뜻한 배려와 관심으로 함께 뛰어준 한성출판기획 담당자분들에게도 감사의 말씀을 전한다.

김진욱

차례

Chapter 1

오늘날 경영자가
넘어야 할 난관들

경쟁이 심화되고 환경이 급변하는 현 시대에서 경영자의 감각에만 의존하는 것은 '외줄타기' 처럼 위험하다. 따라서 미래에 발생할 환경변화와 경쟁사의 전략을 상황별로 예측하여 대응책을 사전에 준비해두는 이른바 '시나리오경영' 이 필요한 게 요즘이다.

다양성과 상대성이 난무하는 사회를 이겨내야 한다

기업조직 내에서 다양성이 자리 잡으려면 조직구성원을 변화시키려는
CEO의 생각과 의지가 무엇보다 중요하다.

요즘 CEO들 고민

천하장사 출신 강호동이 진행하는 MBC 오락프로 〈황금어장〉의
'무릎팍 도사'가 큰 인기다. 연예인은 물론 소설가나 음악가, 만화
가, 스포츠 스타 등 사회적으로 명망이 높은 인사들을 초청해 바닥
에 무릎이 닿기도 전에 무릎팍 도사 강호동이 그들의 고민을 해결
해준다는 게 이 코너의 메커니즘이다. 코너가 인기를 끄는 것은 최
고의 씨름선수에서 이제는 MC로서 탁월한 진행 솜씨를 뽐내는 강
호동의 몫이 크다. 보통의 진행자라면 쉽게 입 밖으로 내뱉기를 꺼
리는 화제들을 그는 주저하지 않고 초대 손님들에게 질문한다. 이
를테면 가수 이승철에게 그때 왜 (마약을) 했냐고 대뜸 묻는 식이다.
강호동의 물음에 초대 손님들은 순간 당황하기도 하지만 이내 진솔

하고 성실하게 답변함으로써 프로그램에 흥미진진함을 더한다.

코너 말미로 가면 더 재미있다. 무릎팍 도사는 초대 손님의 고민을 해결해줬다는 자평을 내리고, 고민의 해결책을 암시하는 메시지가 담긴 문짝을 초대 손님에게 선물로 준다. 고민을 해결했다는 기쁜 마음에 초대 손님은 도사와 함께 춤을 추며 프로그램이 마무리된다.

이 프로그램에서 스토리를 이끌고 있는 주요 소재가 초대 손님들이 매번 들고 나오는 고민거리에 있다는 점이 흥미롭다. 오락성이 짙은 탓에 무릎팍 도사가 그다지 현실적인 해결책을 제시해주진 못하지만 그래도 초대 손님들이 가져오는 고민들만 놓고 본다면 실로 다양하다. 낚시하는데 고기가 잘 안 몰린다는 사소한 것에서부터 인생에 정점이 없으니 해결해달라는 진지한 고민에까지 이른다.

이쯤에서 뜬금없이 웬 '무릎팍 도사' 얘기를 하냐는 질문이 던져질 법하다. 답변하자면 현대사회의 한 축을 이루고 있는 기업의 경영인들, 그것도 최고경영자들이라면 누구나 자신의 고민거리를 해결해줄 '무릎팍 도사'를 만나고 싶어한다는 얘기를 하기 위함이다. 기업의 CEO라는 자리는 분명 모든 사람들이 부러워하는 위치다. 연봉액수만 하더라도 그렇고 근무여건이나 사회적인 이미지를 놓고도 사장이라는 타이틀을 싫어할 이는 없기 때문이다. 하지만 내가 막상 기업의 최고경영자에 올라 업무를 수행하는 경험을 하게 된다면 CEO는 과연 마냥 즐거운 자리일까?

직위가 높아질수록 관리해야 할 범위가 넓고 커버해야 할 일의 양도 더 많아지기 때문에 우리가 부러워하는 그들(CEO)도 매일 크고 작은 고민 덩어리를 안고 살아간다. 그렇다면 오늘날의 최고경영자들은 도대체 어떤 고민에 빠져 있을까? 해답을 얻기 위해서는 고민에 바로 접근하는 것보다 그들이 직면하고 있는 환경과 그 변화의 상황을 먼저 들춰보는 게 좋다.

글로벌 기업경영 컨설팅전문 회사인 한국왓슨와이어트의 김광순 사장은 CEO들의 고민을 크게 두 가지로 분류한 바 있다. 사업과 조직에 대한 고민이 그것이다. 먼저 사업에 대한 고민의 경우 기존 사업에서 한 단계 진일보한 새로운 사업을 추진해야 한다는 강박관념에 따른 고민으로, 신사업 추진과 관계된 것들이다. 삼성이나 LG, SK 등의 대기업들이 때만 되면 신수종 사업에 사활을 걸고 나서는 것도 이와 무관하다고 할 수만은 없다. 그리고 글로벌환경에 대처하는 능력을 키워야 한다는 고민이다. 요즘 같은 글로벌시대에 내가 경영하는 기업만 잘 키운다고 해서 경영을 잘했다는 평가를 받을 수 있는 건 아니다. 국내는 물론 세계시장에서도 경제 환경의 개방화 물결이 뜨겁다. 국내에서 미국과의 FTA(자유무역협정)가 잘했느니 못했느니 하는 말이 많은 탓도 결국에는 개방화 추세에 따른 논란이다.

이 같은 사업방향에 대한 고민과 함께 오늘날의 CEO들은 자신들이 이끌고 있는 조직에 대한 고민도 떠안고 살아간다. 환경 변화의 속도와 강도를 이겨낼 만한 강하고 혁신적인 조직을 어떻게 구성해야 할 것인지, 혹은 지속가능성을 확보하기 위한 조직은 어떻게 만들어야 하는지 생각이 많아졌다. 특히 기업성패의 중요한 열쇠인 우수 인재 확보에 대한 걱정도 경영인들에겐 무거운 고민거리가 되고 있다.

"배고파 죽겠다", "보고 싶어 죽겠다" 하며 한국 사람들은 죽겠다는 말을 자주 한다. 그런데 CEO들은 이 말을 많이 한다고 한다.

"미치겠다!"

확실한 수익원으로 생각하고 추진했던 새 사업이 의외로 시장에서 고전하고 있을 때, 직원들이 경영방침대로 잘 안 따라줄 때, 혹은 자금사정이 나빠져서 회사의 생존이 위협받고 있을 때 그들은 '미치겠다'고 한다.

한국은 이제 단일민족이 아니다

앞서 설명한 경영인들의 현실적인 고민을 자세히 들여다보면 중요한 공통분모 하나를 발견할 수 있다. '오늘날 경영인은 (   )와 (   ) 속에서 고민하며 살고 있다'에서 (   )에 들어갈 말을 찾는 퀴즈 정도로 생각하면 되겠다. 정답은 다양성과 상대성이다.

조직을 이끌어가는 일과 성장동력을 찾아 지속가능한 사업을 추진하는 일 모두 현대사회가 만들어놓은 다양화된 환경에서 야기되는 고민인 셈이다. 즉, 다양성과 상대성이 난무하는 사회에서 살아남는 기업이 되고자 하는 것이 CEO들이 골몰하는 현실적인 고민들이다. 사회가 다양하고 복잡해지는 만큼 기업과 기업을 움직이는 경영인도 당연히 변해가는 사회에 발 빠르게 대처해야만 살아남는다. 글로벌시대가 도래하면서 세계 각국의 기업들과 경쟁해야 하는 현재의 기업경영자에게 다양성과 상대성에 대한 적응은 선택이 아닌 필수가 되어가고 있다.

기업이 직면한 다양성과 상대성에 대한 개념을 논하기에 앞서 사회와 문화 얘기를 먼저 해보자. 한·일 월드컵을 조금 앞둔 2001년 12월, 대한민국은 프랑스 원로배우 브리지트 바르도의 '보신탕 폄하 발언'으로 인해 전국이 발칵 뒤집힌 때가 있었다. 개고기를 먹는 한국인은 야만인이라는 게 그녀의 생각이었고, 한국의 음식문화를 이해하지 못한 그녀에 대해 온 국민이 분노했다. 당시 바르도는 MBC 라디오 〈손석희의 시선집중〉에서 사회자 손석희와 통화를 하다가 손씨가 "한국을 찾는 외국인, 즉 프랑스인도 개고기를 먹는다는 것을 알고 있느냐?"고 묻자, "절대 그런 사실이 없다. 그런 거짓말을 일삼는 한국인과 더는 대화할 수 없다"며 일방적으로 전화를 끊었다. 바르도에 대해 손씨는 이런 말을 했다고 한다.

"동물애호가라기보다는 인종차별주의자에 가깝네요."

이 사례는 세계 각국의 다양한 문화를 이해하는 데 있어 특정 나라의 특수한 상황을 이해하는 상대적이고 넓은 시각을 가져야 한다는 점을 시사한다. 문화적 특수성, 즉 상대성을 고려하지 않은 채 보편성만을 지나치게 고집하면 문제가 생길 수 있다는 얘기다.

2002년 8월로 시계추를 되돌려보면 재미있는 뉴스가 한 가지 있다. 국가인권위원회가 문구류 색 이름 등에서 '살색'으로 불리던 것을 '연주황'이나 '연한노랑분홍'이라는 명칭을 쓰자고 기술표준원에 권고했던 일이 있다. 초등학생 시절 크레파스나 물감 등에서 우리는 한국인의 피부색을 의미하는 살색 용품을 실제로 써보지 않았던가. 당시 인권위는 특정 민족의 피부색을 살색으로 부르는 것은 인종차별적 요소가 있다며 살색이란 명칭에 반기를 들었다. 그 이후 살색은 연주황으로, 2005년 들어 한자를 쓰지 말자는 초·중등학생들의 의견에 따라 살구색으로 바꿔 사용돼오고 있다. 문화적인 다양성을 생각해봐야 하는 뉴스다.

다양성은 현재 국제사회가 우리에게 요구하는 과제로도 비춰지고 있다. 그동안 우리는 단일민족국가라는 자부심으로 살아왔고 아직도 대부분의 사람들이 대한민국은 단일민족국가라고 생각한다. 최근 경제협력개발기구(OECD)는 이런 우리나라에 '단일민족'이라는 명칭을 더는 쓰지 말았으면 한다고 권고했다. 우리에게 민족을 '국민'과 같은 개념으로 사용하지 않을 것을 부탁한 내용이다. 우리는 20세기 초부터 외래어인 '네이션(nation)'을 '민족'으로 번역하여 사용해왔다. 문화공동체인 민족과 정치공동체인 국가의 의미가 다르지 않은 특수한 환경에서 생활해온 한국인들은 국가와 민족을 동일 개념으로 여겼던 것이다.

미국의 프로 풋볼선수인 하인스 워드가 한때 한국에 와서 자신이 '코리안(Korean)'이라는 점을 절감했다고 말했을 때, 국내 거의 모든 언론이 코리안을 한민족이 아닌 한국인으로 오역하여 보도한 적

있다. 그는 엄연히 한국계 미국인, 즉 한민족 혈통을 가진 미국 국민인데도 말이다.

지금 대한민국은 서서히 다문화 가정의 모양새를 띠고 있다. 다문화 가정이란 한국인 남성과 결혼한 이주여성 가족, 한국인 여성과 결혼한 이주남성 가족, 이주민 가족(노동자, 유학생 등), 새터민(탈북자) 등을 포함하는 말이다. 최근 정부의 통계자료를 보더라도 다문화 가정이 이미 우리 사회의 한 축을 차지하고 있음을 알 수 있다. 2007년 통계청 자료에서 외국인과의 혼인건수는 총 혼인건수 대비 11.1퍼센트에 달하는 3만 8,491건이다. 1990년 국제결혼이 차지하는 비율이 1.2퍼센트에 불과했던 점에 비하면 10퍼센트포인트나 증가한 셈이다. 이처럼 한국은 다민족, 다문화 국가로의 진입이 빨라지고 있어 다양성이라는 코드를 인정하고 받아들여야 될 때가 됐다고 봐야 한다.

다양한 고객에는 다양한 조직구성원

이제 다양성과 상대성의 현실을 기업에 접목해보자. 오늘날의 기업환경은 많이 달라지고 있다. 다양한 체질의 기업들이 다양한 업종에서 다양한 조직구성원을 통해 다양한 사업을 벌이고 있다. 때문에 수많은 직원들을 관리하고 사업방향을 설정해야 하는 CEO라면 당연히 조직구성원들의 다양한 생각과 행동방식에 대해 이해하는 노력을 기울여야 한다.

다양화에 대한 개념이 어렵게 느껴진다면 기업경영에서는 '글로벌화' 정도로 해석하면 된다. 일부 대기업은 TV광고로 글로벌 사고를 키워야 한다는 이미지를 심기까지 한다. 한국에서만 사업을 한다고 해도 이제 경영인들은 반드시 글로벌을 향한 마인드를 갖고 있어야만 성공의 지름길에 도달할 수 있는 시대가 됐다. 획일적 사고는 발전에 장애물이 되기 때문이다. 한국적 사고로는 이제 세계시장은커녕 변화하는 국내시장의 트렌드도 따라잡기 힘들어진 것이다.

다음은 실제로 기업의 CEO들이 털어놓은 고민들이다.

"우리 회사의 매출과 사업 운영의 90퍼센트 이상이 해외에서 일어납니다. 그런데 조직 운영체계는 여전히 한국식으로 고착돼 있어서 문제가 많은 것 같습니다."

"얼마 전 거액을 들여 미국 기업을 인수하기로 했는데 미국 기업은 우리와 전혀 다른 운영시스템을 가지고 있습니다. 어떻게 운영해야 할지 막막합니다."

"여러 나라에 공장을 세우고 지사를 설립하고 있습니다. 그런데 그런 사업장에 맞는 조직 운영과 인사 운영체계를 만들어야 하는데 어떻게 해야 할지 판단이 안 섭니다."

모두 남의 일이 아니다. 기업의 사업영역이 빠르게 세계화되면서 조직 내 이러한 다양성은, 특히 회사 경영진이 반드시 이뤄내야 할 중요한 과제가 되고 있다. 학력, 성별, 종교, 인종 등에서 다양한 배경을 가진 종업원을 채용하는 일은 글로벌화된 기업일수록 필수조건이다. 무엇보다 수출이 많고 외국인 고객이 많은 기업이라면 특히 조직 내에 다양한 경험을 가진, 다양한 인종의 종업원을 보유하는 것이 무척 중요해졌다. 따라서 국가마다 문화가 다르다는 사실을 잘 이해하고 시장 특성에 맞는 전략을 펼칠 경영자가 되어야 한다. 문제는 기업경영자들이 조직 내 다양성이 얼마나 중요한지 잘 모르고 있다는 것. 이는 다민족으로 구성된 미국에서조차 제대로 실천되지 못하고 있는 상황이다.

〈월스트리트 저널〉의 조사에 따르면 대다수 미국 기업의 최고경영진은 대부분이 백인 남성이다. 2003년 기준으로 미국 전체 노동인구의 13.8퍼센트가 흑인인 반면, 기업 내 매니저 이상의 간부급 직원 비율은 6.5퍼센트에 불과하다. 히스패닉 인종은 전체 노동인구의 11.1퍼센트를 차지하고 있지만 미국 기업 내 히스패닉 간부비율은 5퍼센트에 그치고 있다. 미국 전체 노동인구의 69.9퍼센트를 차지하는 백인은 간부 비율에서 84.5퍼센트로 다른 인종을 월등히 앞서고 있는 실정이다. 미국 기업 내 조직구성원의 성별 차이도 극심하다. 〈포춘〉지가 선정한 세계 500대 기업 중 CEO가 여성인 기업은 고작 7.9퍼센트에 불과하다. 그야말로 미국 기업은 백인 남성들의 세상이라고 말해도 과언이 아닌 셈이다.

그러나 최근 일부 기업들을 중심으로 다양한 고객을 만족시키려면 다양한 종업원을 채용해야 한다는 인식이 확산됐다. 단순히 흑인이나 히스패닉 직원을 많이 뽑는 것이 아니라 연령, 지역, 학력 등에 따라 종업원의 다양성을 추구하는 일이 기업경영에 도움이 된다는 사실을 깨닫게 된 것이다.

하버드 경영대학원의 데이비드 토머스 교수는 종업원이 100명 이상인 기업에서는 이제 다양성이 피할 수 없는 명제가 되고 있다고 말한다. 10년 전 기업들은 스스로에 대해 '우리는 다양한가?' 라는 질문을 던졌지만 요즘 미국 기업들은 '어떻게 하면 다양성을 높일 수 있을까?' 하며 경영의 효율성을 높이기 위해 더욱 적극적으로 조직의 다양성을 추구하고 있다는 게 토머스 교수의 설명이다. 여성 종업원이 여성 고객에게 서비스를 제공하고, 흑인 종업원이 흑인 고객을 전담하는 것은 그야말로 단순한 1차원적 다양성에 속한다. 이제는 완전히 다른 문화적 배경을 가진 고객을 만나더라도 당황하지 않고 비즈니스를 풀어나갈 수 있는 종업원이 필요한 시대가 됐다. 〈월스트리트 저널〉은 기업조직 내에서 다양성이 자리 잡으려면 조직구성원을 변화시키려는 CEO의 생각과 의지가 무엇보다 중요하다며 한층 강화된 조직 내 다양성을 경영전략으로 연결시키면 매출이 늘어난다고 주장했다.

도태될 것인가 아니면 다양성에 적응할 것인가. 경영인들의 선택만 남았다.

다양성을 잘 활용한 기업은 어디?

■ 펩시콜라

10년 전만 해도 펩시콜라는 백인 남성 위주의 기업문화를 가지고 있었다. 그러나 이후 다양성의 필요를 인식해 변신에 변신을 거듭한 나머지 지금은 상황이 크게 바뀌었다. 지난 2000년에는 전체 간부사원 중 유색인종 비율이 11퍼센트에 불과했으나 현재는 17퍼센트로 높아졌다. 또 간부사원들 중 여성이 차지하는 비율도 2000년 24퍼센트에서 현재 29퍼센트로 꾸준히 늘고 있다. 펩시콜라는 이처럼 한층 다양해진 조직구성을 활용하여 상품개발이나 마케팅에 '다양성'을 적극적으로 적용했다. 그 결과 최근 매출 성장률의 1퍼센트는 다양성 제고 노력으로 가능했다고 자평할 정도다. 다양성을 염두에 둔 경영전략은 제품에서도 그대로 구현됐다. 히스패닉 고객을 위해서는 '도리토스 과자칩'이나 '게토레이 익스트림' 등을, 흑인을 겨냥해서는 '마운틴 듀 드레드'의 식음료 제품 등을 시장에 내놓은 것이다. 물론 '와사비맛 과자'와 같은 아시안 고객용 상품도 나왔다.

■ IBM

조직구성원의 다양성을 일궈낸 또 다른 미국 기업은 IBM이다. 지금부터 약 10년 전, 당시 CEO였던 루이스 거스너는 IBM의 최고경영진이 다양한 고객층을 대변하지 못한다고 판단하여 조직 내 다양성을 높이자는 운동을 개시했다. 이 회사는 미국은 물론 아시아, 남미, 유럽, 아프리카, 중동 등 각 지역에 다양성 제고를 위한 대표 간부사원을 임명하고, 이들이 매년 뉴욕 본사에 모여 연간 실적회의를 갖도록 내규를 정했다. 전 세계에서 모인 대표자들은 1년 동안 다양성 측면에서 어떤 성과를 거뒀으며 앞으로 무슨 일을 추진할지를 구체적으로 보고하는 등 IBM의 다양성 제고 노력은 매우 구체적이었다.

불확실한 시대의 CEO,
경영위기와 만나다

미래에 일어날 수 있는 사건에 대해 몇 가지 가상 시나리오를 준비해 각각에 대해
대응방안을 마련해놓음으로써 불확실한 미래에 대비한다.

'묻지마 위기'에 노출된 경영자들

사회가 다양성과 상대성의 성향을 띤다는 것은 달리 생각하면 기
업경영에서 경영자들이 그만큼 다양한 리스크를 떠안은 채 사업에
임하고 있다는 얘기다. 복잡해진 사회구조 속에 어디서부터 시작해
어떤 과정을 거쳐 자신과 자신의 기업에 어떤 경영위기가 닥쳐올지
경영자들로서는 쉽게 알아차릴 수가 없다. 특히 위기가 찾아오는
방식도 예전에는 단편적인 형태였던 것이 시대가 진화하고 발전될
수록 더 복잡하고 다양해졌다.

과거만 하더라도 대부분의 기업들은 경영위기란 자연재해나 정
상적인 기업활동 과정에서 발생하는 하나의 사고로만 인식하던 게
일반적인 풍조였다. 그래서 그 정도의 위기라면 경영자 스스로도

충분히 자신의 기업을 보호할 수 있다고 믿었고, 실제로 그러한 관점에서 위기관리 대책을 강구해온 기업들도 허다했다. 러시아 체르노빌에서 있었던 핵발전소 방사능 누출사고나 인류 역사상 최악의 참사로 기억되는 1984년 인도 보팔의 독가스 유출사고는 모두 고도화된 기술로 인해 발생한 사고들이었다.

1986년 4월 26일 러시아 우크라이나의 체르노빌 원자력 4호기에서 일어났던 방사능 누출사고는 몇몇 내부직원들이 안전규칙을 지키지 못해 1만여 명의 생명을 빼앗아간 대표적인 인재였다. 연 1회 정기점검 수리를 위해 원전 4호기에 비상용 전력공급 여부를 테스트하라는 상부의 지시를 받은 당시 현장 직원들은 최소한의 안전장치인 긴급 자동정지 장치를 해제한 채 실험하는 우를 범했고, 급기야 원자로에 문제가 발생하자 시스템을 정지하기 위해 모든 제어봉을 삽입하려 했다(제어봉 삽입이 위험하다는 기초지식도 없었음). 하지만 이것이 오히려 원자로 내에 핵반응을 부추겼고 이 때문에 원자로가 붕괴하고 방사능이 누출됐다. 당시 누출된 방사능은 1945년 미국이 일본에 투하했던 두 발의 원자폭탄 방사능의 약 200배에 달할 정도였다.

이 사고보다 앞선 1984년 12월 3일, 인도 보팔에서도 끔찍한 산업참사가 일어났다. 이날 새벽 세계적인 화학회사 유니온 카바이드의 보팔 살충제 공장에서 무려 27톤이 넘는 메틸이소시안염 등의 치명적인 유독가스가 유출된 것이다. 이로 인해 사고 당일에만 8,000여 명이 사망(민간단체 통계)했고, 이후 가스중독과 관련된 후

유증으로 목숨을 잃은 사람들까지 합하면 2만여 명에 이른다. 유독 가스에 노출된 50만 명의 사람들 중 죽은 2만여 명을 제외하고도 여전히 12만 명은 사고후유증과 각종 질병에 아직까지도 고통을 호소하고 있다. 이 참사 역시 (유니언카바이드사도 인정했듯) 비용절감을 위해 회사가 공장 설계과정에서 검증되지도 않은 기술을 사용했고, 사고 당시 공장의 안전장치 6개 중 단 하나도 작동하지 않은 것이 참사의 원인이었다. 이윤을 남기기 위해 안전조치들을 무시하다 발생한 사고였던 것이다.

앞의 두 사고는 워낙 충격과 여파가 큰 탓에 20년이 지난 지금까지도 인류의 대참사를 이야기할 때 빠지지 않는다. 모두 정상적인 기업활동 과정에서 일어난 사고라는 점에서 경영자들이 좀 더 관리에 신경 쓰고 이중, 삼중의 위기관리 장치를 마련했더라면 충분히 막을 수 있었기에 더욱 안타깝다.

따라서 정작 경영자들에게 위협적으로 다가오는 것은 최근 몇 년 사이에 발생하기 시작한, 예측하지도 못한 상황에서 찾아오는 이른바 '묻지마 위기'들이다. 불순한 의도를 가진 내부직원이나 외부사람에 의해 계획적으로 자행되는 위기들로 폭탄 테러나 납치, 사이버 공간에서의 무차별한 공격, 사기 및 절도, 회계장부 조작 등 정상적인 기업활동과는 전혀 상관없는 곳에서 터져나오는 위기들이다.

2001년 9월 11일 미국 뉴욕의 110층짜리 국제무역센터(쌍둥이빌딩)가 테러리스트들에 의한 비행기 테러로 한순간에 무너질 줄 누가 알았겠는가. 경영자들은 이제 대형, 그리고 돌발 위기변수에 항상 대비하지 않으면 안 되는 시대에 살고 있다. 물론 과거에도 이런 유의 사건이 전혀 없었던 것은 아니지만 최근 10여 년 사이에 이처럼 전혀 예기치 못한 사고의 발생빈도가 급격히 늘었다. 이런 까닭에 오늘의 경영자들은 기업의 존폐를 좌우할 수 있을 정도의 위기가 정상적인 기업활동 과정뿐만 아니라 비정상적인 사고를 통해서도 얼마든지 발생할 수 있다는 가설을 세워놓고 늘 그에 대비해야만 한다.

삼성경제연구소 측은 현대 경영자들이 떠안는 리스크를 크게 세 가지 영역으로 분류하고 있다.

첫째, IT기술과 관련한 위기다. 기업활동에 적용되는 IT기술이 오작동을 일으켜 위기를 초래하는 경우인데, 2001년 영국 증권거래소에서 거래원의 전산입력 오류로 주가가 순식간에 2.2퍼센트 폭락했던 사례나 2000년 트로이목마 바이러스로 아메리카온라인(AOL)의 고객정보가 유출되면서 기업 이미지가 크게 실추된 사건이 그 예이다.

둘째, 기업의 윤리와 사회적 책임에 대한 기대가 높아지면서 돌출되는 리스크를 들 수 있다. 2004년 7월, 세계적인 금융서비스 회사인 모건스탠리는 여직원에 대한 승진차별로 제소되어 5,400만 달러의 보상금을 지불했다. 교육기회나 승진에 있어서 여성에게 불이익을 주고, 해고대상 역시 남성보다는 여성을 우선시했다는 이유에서다.

셋째, 앞서 설명했듯 사회가 복잡해지면서 발생하는 돌발적 기업

위기다. 9·11 테러는 물론, 제품에 독극물을 투입하겠다며 금품을 요구하는 사건이나 인터넷 상에서 각종 루머를 퍼뜨려 기업 이미지를 실추시킨 사례 등이 그렇다.

"기업의 침묵은 혐의인정의 또 다른 표현이다!"

미국 와튼스쿨의 루스 교수는 위기에 처한 기업과 관련해 위와 같이 말한 바 있다. 오늘의 경영자들로서는 기업의 위기상황에 대해 미리부터 전략적 대응책을 갖춰야 할 것인지, 아니면 위기가 발생한 후 책임 여부와 관련해 침묵으로 일관해야 할 것인지에 대해 늘 깊이 고민해야 한다는 메시지를 담고 있는 말이다.

30년을 넘기는 기업이 없다

옛말에 '부불삼세 빈불삼세(富不三世 貧不三世)' 라는 말이 있다. 부자는 삼대를 못 가고 가난도 삼대를 안 간다는 뜻이다. 기업의 수명은 환경변화의 속도와 기업 자체의 변혁, 혹은 변신의 능력에 달렸기 때문에 산업이나 기업에 따라 각기 다를 수밖에 없다. 따라서 위의 말처럼 실제 기업의 수명은 생각 외로 훨씬 짧아 정치적으로나 사회적으로 안정된 선진국에서조차도 30년을 넘기기가 어렵다는 것이 많은 경영전문가들의 견해다. 실제로 최근 몇 년 동안 〈포춘〉지가 선정한 세계 500대 기업들의 평균수명을 분석해봐도 고작 40~50년에 불과하다. 초우량기업조차 반세기를 못 버틸 만큼 경쟁이 치열한 시대에 살고 있기 때문이다.

기업을 둘러싼 위험과 도전이 날로 거세지면서 100년을 지속하는 우량기업을 영위하기가 매우 힘들어지고 있다. 특히 우리나라의 경우 경영환경 변화가 다른 나라에 비해 극심한 편이어서 장수기업의 출현은 상대적으로 더 어려운 게 우리 경영의 현주소다. 국내 기업과 미국 기업을 대상으로 100년 기업의 가능성을 분석한 결과들에서 한국 기업들은 미국 기업에 비해 우량기업으로 존속하는 기간이 훨씬 짧은 것으로 나타났다.

LG경제연구원의 자료에 따르면 한국의 매출액 100대 기업에 10년간 살아남은 기업은 1991년부터 2004년까지 평균 66개 정도였다. 반면, 미국의 경우에는 10년 동안 존속했던 기업이 1965년부터 1994년까지 평균 343개로 100대 기업으로 환산했을 때, 69퍼센트 정도가 존속했다. 미국에 비해 한국 기업의 생존율이 더 낮게 나왔다는 점은 그만큼 한국 기업환경의 변화속도가 매우 빠르다는 점을 시사한다. 일본만 하더라도 수백 년, 많게는 천 년 이상 된 장수기업들이 수두룩하다.

2005년 한국은행이 분석한 자료를 보면 전 세계 41개국의 창업 200년이 넘은 장수기업 5,586개 사 가운데 절반 이상(3,146개 사)이 일본에 몰려 있었다. 그 다음은 독일(837개 사), 네덜란드(222개 사), 프랑스(196개 사) 순으로 유럽 국가들이 차지했다.

반면, 한국은 200년은 고사하고 100년 이상 된 기업이라고 해봐야 두산과 동화약품, 단 두 곳에 불과하다. 유독 우리나라에서만은 장수기업이 많이 탄생하지 못하고 있는 셈이다. 물론 우리나라가 근대적 자본주의를 발전시킨 것이 얼마 되지 않았기 때문에 100년 기업이 많지 않을 수도 있다. 게다가 선진국에 비해 상대적으로 신흥시장인 탓에 국내 경영환경이 다른 선진국들에 비해 경쟁이 더 치열한 이유다. 미국의 경우는 이미 오래전에 기업과 시장이 발전해 안정화가 이루어진 단계에 접어들었기 때문에 한국보다는 변화가 덜할 수밖에 없다. 이 같은 환경차이를 감안하더라도 규모와 미래가치 측면에서 모두 좋은 평가를 받는 해외 초우량기업 중에서 특별히 장수기업이 많다는 점은, 한국기업에서는 왜 장수기업이 많이 나오지 않는가, 또한 장수기업이 지금 왜 중요한가를 분명히 말해주고 있다.

한 기업이 100년 이상 살아남는 것은 기적에 가깝다. 대부분 창업 30년이 지나면 10개 중 8개사가 역사 속으로 사라진다고 한다. 특히 오늘날의 기업환경은 적자생존의 전쟁터와 다름없어서인지 50년만 버텨도 우량기업으로 평가받는다.

망하기를 바라는 기업경영자가 있을까? 아무도 없다. 이왕 회사를 차려(혹은 전문경영자로 최고의 위치에 올라) 운영해야 한다면 자신은 물론, 후대에 길이길이 남을 초우량기업을 만들고 싶어하는 건 당연하다. 이것이 바로 오늘날 경영자들의 몫이자 사명이기 때문이다.

경영에도 시나리오가 필요한 시대

초일류기업 삼성을 이끈 이건희 삼성그룹 회장은 경영일선에 있으면서 수시로 삼성이 추구하는 경영 로드맵, 즉 자신의 경영철학을 제시하는 최고경영자로 유명하다.

"처자식 빼고는 다 바꿔라, 변하지 않으면 망한다"고 말한 신경영론(1993년)을 시작으로, 1996년에는 메기론(미꾸라지를 키울 때 메기가 있어야 긴장해서 살이 오른다)을 내세웠고, 2002년 천재경영(21세기는 한 명의 천재가 10만 명을 먹여 살린다), 2005년 디자인경영(21세기는 디자인 경쟁력이 기업경영의 승부처가 될 것이다), 2006년 마하론(음속을 돌파하기 위해서는 비행기의 모든 부품을 바꾸어야 하듯 회사도 일정 수준에서 더 도약하려면 모든 것을 바꾸어야 한다) 등 그때그때 현실에 맞는 다양한 경영철학을 선보여왔다. 삼성은 그의 철학대로 움직였고, 어느 부분에서는 굴곡(?)이 있긴 했지만 나름대로 초우량기업 삼성의 이미지를 유지해나가는 기본 틀로서의 역할은 톡톡히 했다. 그가 강조한 여러 경영 패러다임 중 지난 1996년 신년사에서 밝힌 내용은 불황과 위기의 늪에서 견뎌내야 하는 오늘날의 경영자들에게 유독 전달하는 바가 크다.

"여러 상황을 가정하여 각각에 맞는 대비책을 세워라!"

바로 '시나리오경영'이다. 미래에 일어날 수 있는 사건에 대해 몇 가지 가상 시나리오를 준비하여 각각에 대해 대응방안을 마련해놓음으로써 불확실한 미래에 대비하기 위한 경영기법이다. 이는 갈수록 불안하고 곳곳에 위험이 도사리고 있는 현대 경영환경에서 리스크를 최소화하기 위한 대안으로 주목받고 있다. 그만큼 최근의 경영환경이 정치, 경제, 사회, 문화, 기술 등 모든 영역에 걸쳐 빠른 속도로 변화하고 있어 한 치 앞을 내다보기 어려운 시기가 됐다는 점을 시사하는 메시지다. 이 때문에 연극이나 영화, TV드라마에서처럼 선택의 변수가 다양할 때 각각의 경우에 맞추어 여러 가지 대책을 상정해보는 노력이 필요해지는 건 당연하다.

1968년 유가가 안정되어 있어 그 누구도 유가폭등을 점치지 못했던 당시 글로벌 정유회사인 쉘(Shell)사의 경영진들은, 미국의 석유 비축량이 바닥을 보이고 있고, 1967년 6월 전쟁(제3차 중동전쟁) 이후 석유 산유국이 서방세계의 이스라엘 지원에 대한 반발로 정치적 결속을 강화할 것이라는 징후를 포착하고는 즉각 에너지 위기 시나리오를 작성했다. 유가가 안정되기 위해서는 아랍 이외의 지역에서 새로운 유정이 발견돼야 하는데 이는 거의 실행 제로에 가깝다고 판단해 쉘은 OPEC가 에너지 위기를 일으킨다는 점에 주력했다. 특히 OPEC가 에너지 위기를 일으키는 시기도 1975년 OPEC의 유가 재협상 이전이 될 가능성이 가장 높다고 예측했는데, 놀랍게도 1973년 10월 중동전쟁이 발발해 전 세계에 에너지 위기가 닥쳤다. 오일 쇼크가 발발하자 쉘은 다른 석유회사들과 달리 일찍이 원유공급 중단사태에 대해 철저한 연습까지 해놓았던 터라 신속하고 체계적인 대응으로 7대 정유회사 중 최하위에서 업계 2위로 올라서는 계기를 만들었으며 그 이후 가장 많은 이익을 내는 선두기업이 되었던 것이다.

현대 경영에서는 이처럼 환경변화의 진폭이 심하고 복잡성도 크게 높아진 탓에 사건이 발생한 이후에 대처하면 이미 늦다. 뛰어난 프로 농구선수는 공이 오기 전에 앞으로 전개될 경기의 흐름을 읽고 공을 잡자마자 적재적소에 패스하지 않는가. 기업경영도 마찬가지다. 바로 지금이 향후 전개될 경영환경의 흐름을 읽고 발생되는 상황에 신속히 대처하는 경영자세가 필요한 때다. 더욱이 불황에 휩싸여 미래에 대한 전망이 불투명할수록 그 같은 환경 분석능력과 전략적 계획능력의 필요성은 더욱 커진다.

시나리오경영학의 대가인 노스웨스턴대학교 켈로그경영대학원 석좌교수 필립 코틀러는 "경영자들은 눈앞의 현안 외에도 기업을 둘러싼 경제, 사회, 정치, 문화적 상황을 잘 파악해 시나리오를 짜야 한다"고 말한다. 경쟁이 심화되고 환경이 급변하는 현 시대에서 경영자의 감각에만 의존한다는 것은 외줄타기처럼 위험하다. 따라서 미래에 발생할 환경변화와 경쟁사의 전략을 상황별로 예측하여 대응책을 사전에 준비해두는 이른바 '시나리오경영'이 필요한 게 요즘이다.

초우량 장수기업의 성공 DNA는?

글로벌 컨설팅업체 액센츄어가 2008년 노키아, 제너럴일렉트릭(GE) 등 창립 50년이 넘는 14개 초우량 장수기업의 성공 DNA를 비교했는데, 이들 기업은 4가지의 성공조건을 갖추고 있었다.

■ DNA 1 – 시장 선택능력

이들 기업은 성장하는 시장을 미리 파악해 선점하고 시장이 성숙, 포화될 경우에는 재빨리 포기하는 결단력이 뛰어났다. 핵심사업에서 꾸준히 이익을 내는 한편 새로운 수익원을 계속 창출하기 위해 신사업 진출에도 적극적이었던 것이다. 세계 최대 복합기업 GE는 성장하는 시장을 선점했다가 적기에 물러서는 전략적 특징이 뚜렷했다. GE는 수십 년간 지속해온 사업 포트폴리오마저 과감히 바꿔가며 새로운 성장의 발판을 마련해왔다. 기술재 → 소비재·전력 → 산업재·항공 → 환경·에너지·금융 등으로 회사의 얼굴을 바꿔온 것이 주효했다.

■ DNA 2 – 탁월한 차별화 전략

다른 기업이 만들지 못하는 새로운 가치를 창출하는 능력이 있었다는 점 역시 이들 기업의 공통점이다. 월마트는 생산자－판매자－고객으로 이어지던 유통업계 모델을 180도 바꿔 고객을 맨 앞에 두는 혁신을 단행한 결과 창립 60여 년 만에 세계 1위 기업으로 성장했다. 이 회사는 1위에 오른 뒤에도 승자의 여유를 부리지 않았다. 소비자들을 지역별로 세분화하여 면밀히 분석하는 데 기업의 역량을 집중했다. 이에 따라 월마트에 납품하는 업체들은 월마트 시스템을 통해 자사 제품의 판매액과 재고 등을 스스로 분석할 수 있었고, 단기 매출액까지 예측할 수 있게 되었다.

■ DNA 3-안정된 노사관계

세계 최대 자동차회사로 군림했던 GM을 따라잡은 도요타의 비결에는 안정된 노사관계가 작용했다. 도요타는 생산성 향상과 국제경쟁력 강화가 고용안정의 밑거름이라는 인식 아래 노사가 협력하는 성공사례를 발굴하고 회사 전체에 전파했다. 물론 도요타도 위기는 있었다. 1950년 초 산별노조 등 상급기관 개입으로 극단적인 노사대립과 파국을 경험했다. 그러나 도요타는 이후 전국 자동차산업 노조를 탈퇴하고 독립 노조로 전환, 도요타만의 독특한 노사문화를 창출했다.

■ DNA 4-인재에 대한 아낌없는 투자

글로벌 장수기업들은 노사 상생의 문화를 일관되게 구축하면서 인적자원에 대한 투자도 아끼지 않는다. 경영에서 모든 사람이 공동의 목표를 향해 함께 일할 수 있도록 동기를 부여하고 이끄는 것보다 더 중요한 일은 없다고 판단했기 때문이다. 최고경영자를 포함한 회사의 핵심 간부들은 인재육성에도 직접 관여한다.

| 글로벌 장수기업의 성공 DNA

기업	역사	성과	성공 요인
월마트	1945년 잡화점 개업	전 세계 매출 1위 (매출 3,800억 달러)	소비자 수요 파악으로 압도적인 원가경쟁력 확보
도요타 자동차	1935년 자동차 제조	GM 판매대수 추월 (매출 2,029억 달러)	모범적 노사협력과 원가절감 실현
P&G	1837년 비누 제조	세계 최대 소비재 기업 (매출 765억 달러)	끊임없는 신제품 개발과 이로 인한 신규시장 창출
노키아	1865년 펄프 생산	글로벌 1위 휴대전화 업체 (매출 752억 달러)	과감한 사업조정을 통한 규모의 경제 실현

CEO로
산다는 것

실력 때문에 채용되지만 인간성 때문에 해고된다는 말이 있듯
CEO 자리 영위를 위해서는 실력 못지않게 인간의 감성적인 면도 중요하다.

성적표 앞에선 작아지는 그들

　최고경영자를 뜻하는 CEO(Chief Executive Officer), 수억 원대의 연봉을 받으며 넓고 큰 사무실에서 일하는 그들. 샐러리맨이라면 누구나 한 번쯤 꿈꿔봤을 화려한 자리다. 편안한 회전의자에 등을 기댄 채 부서장들의 결재서류를 검토하기도 하고, 때로는 자신의 뜻을 기업 내 의사결정 과정에 반영해서 자신이 추구하는 기업상을 현실화시키기도 한다. 한 기업의 최고경영자인 만큼 그들에 대한 파격적인 대우 또한 뒤따른다. 업무편의를 위해 곁에 항상 비서들이 수행하고, 사업상 바이어들과 만나기라도 하면 운전기사가 최고급 승용차로 미팅장소까지 데려다주기도 한다. 사무실 내에서는 턱짓만으로도 부하직원을 부릴 수 있고, 사무실 밖에서는 제아무리 사장이라는 직함이 난무하는 세상이라지만 그래도 대표이사라는 명함을 건네면 상대방의 태도가 달라지기 일쑤다. 이 모든 것이 겉으로 보이는 CEO들의 모습이다.

하지만 CEO들의 실상은 이렇듯 화려하지만은 않다. 오히려 더 외로운 존재다. 이는 오너경영자든 월급을 받는 전문경영자든 매한가지다. 홀로 수많은 식솔들의 명운(命運)이 달린 결정을 내려야 하고, 최고 위치인 피라미드의 정점에 있으니 언제쯤 밀려날까 하는 불안감에 잠 못 이루기도 한다. 부와 명예, 권력이라는 달콤함과 책임감, 그리고 그에 따르는 스트레스를 받는 쓰라림을 동시에 갖고 있는 것이 곧 최고경영자의 자리인 것이다.

그렇다면 화려함의 이면에서 CEO들의 머리를 아프게 하는 것은 무엇일까. 우문현답(愚問賢答)이라고 두말할 나위 없이 성적표다. CEO들에 있어 경영능력을 평가하는 기본 잣대이자 한 기업의 성과가 되는 경영지표는 곧 학점이다. 과목마다 평점이 매겨지듯 CEO 역시 주가, 매출, 기획, 관리, 인사, 마케팅 등 여러 부분에서 산출된 수치들이 합쳐져 '이윤' 이라는 종합점수로 경영을 평가받는다. 상장사의 경우 주가변동 여부가 최고경영자의 능력치를 보여주는 단면이 되지만 통상 매분기, 혹은 매년 작성되는 순익과 영업이익, 매출액 등의 경영지표가 CEO들에겐 성적표로 다가온다. 그런데 문제는 본인의 노력 여하에 상관없이 시장에 선보인 제품들이 참패하거나 예상하지 못한 변수에 의해 수익이 크게 나빠졌을 때다. 이 경우 CEO로서는 그 결과를 수용하기가 어렵다. 자신이 능력 없는 경영자로 비칠지도 모르기 때문이다. 이런 탓에 간혹 기대 이하의 성적표를 받아든 CEO들은 현실을 비관한 나머지 극단적인 선택으로 생을 마감하기도 한다.

2008년 늦가을, 우리는 어느 자산운용사 CEO의 조용한 죽음을 기억한다.

"더는 갈 데가 없습니다. 죄송합니다. 죽음으로써 빚을 갚겠습니다."

제2의 IMF 위기니 뭐니 많은 경영전문가들이 한국경제의 위기를 경고했고, 시장은 미국발 글로벌 금융위기로 인해 크게 얼어붙었던 2008년의 가을, 당시 그는 자신을 믿고 돈을 맡겨온 투자자들에게 손해만 끼친 것에 대해 자책을 느낀 나머지 결국 죽음으로 빚을 갚겠다는 말만 남긴 채 스스로 세상을 떠났다. 두 자녀를 미국에 보낸 기러기 아빠였기에 안타까움은 더했다. 이 같은 비보(悲報)가 남의 얘기만은 아니다. 얼마나 회사를 잘 운영하고 얼마나 많은 이익을 남겼는지, 그리고 CEO로서 직원들에게 신뢰와 믿음은 주었는지 등 실적과 평가에 대한 점수가 매겨지는 12월만 되면 두렵고 떨린다는 CEO들이 많은 게 요즘 기업의 현실이다.

1933년 3월, 대공황의 강력한 후폭풍 속에서 미국 대통령에 취임한 프랭클린 루스벨트는 이런 말을 남겼다.

"우리가 진정 두려워해야 할 대상은 두려움 그 자체다(The only thing we have to fear is fear itself)."

요즘 같은 시기, CEO들은 누구보다도 두렵다는 말을 자주 할지 모른다.

짧아지는 CEO 수명

CEO는 하루에도 수백 명씩 탄생한다. 하지만 그만큼의 CEO들 또한 경영일선에서 물러난다. CEO들의 수명이 생각만큼 그리 길지 못하다는 반증이다. 오죽했으면 미국에서는 경영자들 사이에 '18클럽'이라는 모임까지 있을까. 18개월 이내에 CEO 자리에서 물러난 사람들의 모임이 바로 이 클럽의 가입조건이라고 하니, 세계 최강의 경제대국인 미국에서도 이제 CEO는 결코 안정적이지 못한 것만은 분명하다.

LG경제연구원이 최근 국내 상장기업을 대상으로 조사한 결과에 따르면 매출액 2조 원 이상인 대기업의 경우 CEO 평균 재임기간은 2.3년이라고 한다. 미국 CEO의 8.9년에 비해 크게 차이가 난다. 미국 대기업과 비교해 한국 대기업 CEO들은 그야말로 파리 신세라고 해도 전혀 틀린 말은 아닐 정도다.

특히 글로벌기업 GE의 사례를 보면 느끼는 것이 많다. 1892년 설립된 GE는 2009년까지 제프리 이멜트 회장을 포함해 역대 CEO들을 다 세어봐야 12명에 불과하다. 110년이 훌쩍 넘은 기나긴 역사를 자랑하는 이 기업의 최고경영자가 단 12명밖에 배출되지 않은 것이다. 가히 GE의 CEO들이 얼마나 장수했는지를 가늠할 수 있는 대목이다. 더군다나 GE는 가장 위대한 경영자로 손꼽히는 잭 웰치를 포함하여 20년 이상 재임한 CEO도 무려 4명이나 된다. 하지만 GE는 장수 CEO에 대한 상징성의 예일 뿐 실제 이 같은 경우의 기업은 그리 많지 않다. 대다수의 미국 CEO들이 과거에 비해 재임기간이 점점 짧아지고 있음을 몸으로 느끼고 있기 때문이다. 아무 이유없이 18클럽이 생겨났겠는가?

이처럼 점차적으로 기업 CEO들의 수명이 짧아지고 있는 데는 우선 기업을 둘러싼 환경의 변화가 크게 작용했다. 앞서 평가받는 CEO들이 늘고 있다고 말한 것처럼, 이제 한 치 앞을 내다볼 수 없는 경영국면에서 적자생존하는 기업과 그 기업을 경영하는 CEO만이 현재의 CEO로 이름을 알릴 수 있게 된 것이다.

미국 보스턴에 본사를 둔 글로벌기업 리서치기관인 드레이크 빔 모린(DBM)이 발표한 'CEO 교체와 직업 안정성'이라는 보고서는 CEO들의 수명이 짧아지고 있는 환경적 요인에 대해 잘 설명해주고 있다. CEO들의 수명이 짧아진 배경에는 지난 1990년대부터 기업 간 경쟁이 치열해지면서 M&A(인수합병)가 잦아졌고, 이에 따라 구조조정에 의한 CEO 교체가 많아진 이유라고 강조하고 있다.

DBM 보고서는 한국의 9개 기업을 비롯하여 미국, 일본, 영국, 캐나다, 중국 등 전 세계 25개국에 있는 476개 대기업을 대상으로 지난 10년간 CEO들이 겪은 주요 변화를 조사·분석했다. 그 결과 1990년대 10년간 M&A로 인해 자리를 물러난 CEO는 전체 퇴임 CEO의 절반가량인 48.2퍼센트를 차지했다고 한다.

실제 1990년대 후반은 전 세계적으로 기업의 인수합병이 하나의 트렌드처럼 여겨지며 미증유(未曾有)의 기록을 세운 시기였다. 1999년만 놓고 보더라도 무려 3조 4,000억 달러 규모의 M&A가 이뤄져 역사상 최고 기록을 남겼으며, 이보다 앞선 1998년 역시 2조 5,000억 달러 규모를 형성했다. 결국 M&A 급증현상이 지난 1990년대 10년간 수많은 CEO들을 자리에서 물러나게 만든 주요 요인이 됐다고 할 수 있다.

CEO, 왜 해고되는가

기업 간 M&A 열기로 인해 잦아진 CEO 교체 풍조현상은 엄연히 외적인 요소에 의한 것이다. 즉, CEO 본인의 능력이나 역할보다는 기업을 둘러싼 주변의 환경변화에 따라 부득이한 경우다. 그런데 많은 경영전문가들은 외부가 아닌 CEO 개인적 자질과 성품에 있어 노출된 문제점으로 해임된 경우가 훨씬 더 많다는 점을 강조한다. 흔히들 해고되는 CEO는 재정적인 실적이 받쳐주지 못한 이유일 것이라고 생각하는데 이를 뒤집는 얘기다.

혹여 실적저조가 해고사유의 전부라면 지금까지 해고된 전 세계 CEO들 4분의 1이 여기 해당될 것이며, 실적악화로 적자를 낸 모든 CEO 역시 즉각 해고되어야 마땅하다는 게 경영전문가들의 논리다. 이는 결국 세계적으로 잘나가는 CEO들도 주가폭락이나 잘못된 수익 예측, 심지어 손실 등을 수차례 경험한 이들이어서 단순히 재정적 실패를 CEO들의 해고이유로 보기는 어렵다는 점을 드러낸다.

그렇다면 외부적인 요소를 배제한 어떤 요인이 CEO들을 해고하도록 만드는 것일까. 미국의 인력개발회사 리더십IQ의 마크 머피 회장과 연구팀은 몇 해 전 CEO를 해고시킨 286개 기업의 이사회를 대상으로 해고사유에 대한 설문조사를 벌인 적이 있다. 그 결과 재미있는 내용들이 산출되었다. 우선 이사회 멤버들은 그들이 해당 CEO를 축출한 종합적인 이유로 CEO들이 이사회의 신뢰를 잃었기 때문이라고 단언했다. 신뢰를 잃은 마당에 그와 같이 일하는 것은 무의미하다는 말이었다. 실력 때문에 채용되지만 인간성 때문에 해고된다는 말이 있듯 CEO의 자리영위를 위해서는 실력 못지않게 인간의 감성적인 면도 중요하다는 사실을 보여주는 조사결과다.

세부적으로 CEO들이 이사회의 신뢰를 잃는 이유를 살펴보면 크게 5가지 부분으로 집약된다.

첫째, 이사회의 31퍼센트가 대답한 변화관리 실패 때문으로, 변화관리에 둔감하고 변화에 대처했다고 해도 그것이 잘못된 방식이었던 게 문제다. 변화와 혁신이 기업경쟁력의 원천으로 인식되면서 많은 기업들이 변화하기 위해 다양한 노력을 전개하는 데에도 정작 해임된 CEO들은 개혁을 선언해놓고도 임직원들에게 제대로 동기부여도 못한 채 추진력 있는 변화를 이끌지 못했다고 한다. 이러니 이사회로서도 해당 CEO 역량에 대한 신뢰를 가지지 못할 수밖에 없었다는 것이다. 변화관리를 제대로 이끌지 못하는 CEO들의 유형이 여기에 포함된다고 할 수 있다.

둘째, 고객에 대한 무지(28퍼센트)다. 고객에 대한 지식이 충분하지 않거나 고객의 요구에 관심이 없거나 고객의 성향을 파악하지 못하는 CEO들 부류다. 아무리 지식과 경험이 많다고 해도 고객의 요구와 성향은 계속해서 진화하기 마련이다. 그런데도 고객에 대해 더 알려고 노력하지 않는 CEO들이라면 당연히 해임당할 조건을 가진 것으로 볼 수밖에 없다. CEO가 고객을 무시하거나 멀리할 때 그것은 사업과 이익을 손상시킬 뿐만 아니라 이사회의 지지 또한 악화시킨다는 관점에 따른 결과다.

셋째, 능력과 자질이 부족한 직원에 대한 잘못된 관리(27퍼센트)도 CEO들을 해고로 유인한다. 무능한 직원들을 내보내지 않고 그렇다고 교육과 훈련을 통해 그들을 개발시키지도 않는 경우, 그런 조직은 정실주의와 사무실 정치에 따라 의사결정이 정해질 가능성이 높다. 이사회 멤버들은 해고당한 CEO들이 종종 중요한 비밀과 정보를 누설할지도 모르는 (자질이 부족한) 직원들의 바람막이 역할을 했는지에 대해서도 지금껏 의심스러워하고 있다.

넷째, 현실을 부정(23퍼센트)하는 경우다. 위기는 누구에게나 찾아오며 준비를 하는 경우에는 어렵지만 극복할 수 있다. 이사회가 정말 참기 힘든 CEO들은 위기를 제대로 인식하지 못하거나 부정하는 CEO들이었다. 나쁜 문제를 해결하려고 하기보다는 아예 뉴스가 없다고 말하거나 귀에 솔깃한 '사탕발림 뉴스'만 전하려 들었다는 것이다. 이런 성향의 CEO는 회사와 관련된 나쁜 소식을 제일 마지막에 듣는 인물일 가능성이 높다. 그래서 대개 고립되어 있거나 일선현장과 거리가 있는 경우가 많다는 게 이사회 측 설명이다.

마지막으로, 말만 앞서고 실행은 뒷전인 CEO들(22퍼센트)이 이사회의 신뢰를 얻지 못한 채 낙향의 고배를 마셨다. CEO는 장대한 비전과 전략을 세우고 이를 조직구성원들이 실천할 수 있도록 이끌어 나가야 하지만, 신뢰를 잃는 CEO들은 많은 약속들을 하고도 누가, 언제, 어디서, 무엇을, 어떻게 하는 자세한 전술에 대한 계획이 없었다고 한다. 실천하지도 못할 공허한 약속만을 늘어놓은 셈이다.

이처럼 오늘날의 CEO들은 예전에 비해 자리보전이 훨씬 어려워진 구조 속에서 사업을 영위하고 있다. 달리 말해 준비하고 노력하지 않는다면 그 어떤 유능한 CEO들이라도 어느 날 갑자기 예기치 못한 해임장을 받는 상황이 연출될지도 모른다는 것이다. 결국 기업에 있어 최고경영자는 꼭 필요하지만 내가 아니어도 다른 사람이 얼마든지 그 역할을 대신할 수 있다는 점을 가슴에 새겨야 하는 게 요즘 경영자들이다.

월스트리트(Wall Street)의 냉엄한 CEO 평가

서브프라임 대처능력에 따라 극과 극

세계적으로 CEO의 실적평가에 대한 냉정한 결과를 보여주는 대표적인 곳이 바로 미국 월스트리트다. 그곳에서는 철저하게 실적에 따라 CEO들을 우대한다. 무엇보다 연말 보너스 액수를 보면 CEO들에 대한 평가가 여실히 드러난다.

골드만삭스의 로이드 블랭크페인은 2008년 연말 보너스로 6,790만 달러(약 638억 원)를 받았다. 현금 2,680만 달러와 스톡옵션 등 다른 보수가 4,110만 달러다. 2009년 기본급 60만 달러까지 합하면 모두 6,850만 달러(약 644억 원)으로 월스트리트의 CEO 중 역대 최대 연간 수입 기록이다. 그가 이처럼 두둑한 연말 보너스를 받을 수 있었던 것은 다른 투자은행들이 서브프라임 모기지 부실여파로 대규모 손실을 기록한 것과 달리 골드만삭스는 2008년 4분기에 32억 2,000만 달러의 순이익을 기록한 점이 인정되었기 때문이다. 블랭크페인이 위기를 미리 간파하고 대비했기에 그런 실적을 이뤄냈다고 본 것이다.

이에 반해 모건스탠리의 CEO 존 맥과 베어스턴스의 CEO 제임스 케인은 2007년 4,000만 달러의 보너스를 받았으나 2008년에는 대규모 손실에 대한 책임을 지고 준다는 보너스를 모두 반납했다. 이로써 모건스탠리 사상 첫 분기 손실을 기록했다는 불명예를 안은 맥은 기본급 80만 달러, 케인은 기본급 25만 달러에 만족해야 했다. 메릴린치의 스탠리 오닐 역시 2007년 월스트리트 금융권 CEO 중 가장 많은 수입을 올렸으나 서브프라임 부실 때문에 쫓겨났다. 변호사 출신으로 금융감각이 부족했다는 평가를 받은 씨티그룹의 찰스 프린스도 CEO 자리를 내놓고 스스로 물러난 케이스다.

기업인의 참된 가치는 비즈니스적 차원을 뛰어넘어야 한다

경영자의 작은 칭찬 하나가 직원들의 사기는 물론
잠재력을 발휘하는 데 중요한 견인차 역할을 한다.

소수 엘리트에서 집단 지성으로

"인간은 변화를 일으키는 존재다!"

영국 역사학계의 거장 J. M. 로버츠가 그의 저서 《세계사(History of the World)》에서 '인간'에 대해 내린 정의다. 로버츠는 책을 통해 지난 수천 년간 인간을 제외한 모든 생물은 아무런 변화를 일으키지 못한 채 어제와 같은 오늘, 그리고 오늘과 같은 내일을 살아가고 있지만 인간만이 생활방식과 환경을 바꿔가며 변화를 주도하고 있다고 말한다. 실제 인간은 항상 변화를 추구하며 살아왔으니 맞는 이야기다. 기업을 운영하는 경영자들도 매한가지다. 시대의 흐름에 맞게 다양한 경영 패러다임을 추구해왔고 시장에서도 그러한 경영방식이 성공과 실패를 거듭하면서 진화하고 발전해왔다.

그런데 최근 들어 관심을 가져야 할 부분은 현대사회의 빠른 발전속도에 발맞춰 과거의 방식과 전혀 다른, 혹은 미처 생각지도 못한 곳에서 기업의 알짜수익이 창출되는 경우가 많아지고 있다는 점이다. 경영환경이 복잡하고 다양해진 만큼 기업의 주 수익원 역시 예측되지 않은 다양한 곳에서 나오고 있다는 말이다. 이는 과거의 방식과 비즈니스적 사고만으로는 변화에 따라갈 수 없다는 점을 시사한다. 예컨대 대중에게서 아이디어를 얻어 수익으로 연결시키거나, 충성도가 높지 않은 고객에게서 주 수익원이 발생하는 것이 그와 같은 경우다.

우선 경영현실에서 파레토의 법칙이 깨지고 롱테일의 법칙이 인정받는 구도가 만들어지고 있다. 미국의 유명한 비즈니스 잡지 〈와이어드〉의 크리스 앤더슨 편집장이 주창한 '롱테일 법칙'은 매출의 80퍼센트가 20퍼센트의 충성고객에 의해 이뤄지고 생산량의 80퍼센트는 20퍼센트의 우수사원이 만들어낸다는 파레토의 법칙을 전면 뒤엎는 이론으로, 아마존과 구글의 성공사례가 대표적이다.

세계 최대의 온라인 서점 아마존의 주 수익원은 베스트셀러가 아니다. 20퍼센트의 베스트셀러보다는 '반스앤노블'과 같은 대형 서점에서는 진열조차 안 되어 있는 비주류 단행본이나 희귀본의 매출이다. 전체 수익의 절반 이상이, 1년에 겨우 한두 권 구매하는 80퍼센트 고객에게서 창출된다는 얘기다.

인터넷 포털업체 구글의 예도 이와 다르지 않다. 주 수익원은 〈포춘〉지가 선정한 500대 기업과 같은 거대 기업들이 아닌 꽃배달업체나 제과점, 웨딩숍 등과 같은 작은 기업들의 광고에서 나온다. 기존 광고시장에선 명함도 못 내밀던 작은 영세사업자들이 집합적 매스를 이루자 구글에게는 하나의 거대한 수익원이 된 것이다.

앞의 예에 해당하는 기업들의 상품별 판매량을 그래프로 표시해보면 공통적으로 공룡의 꼬리와 같은 모양이 나타난다. 즉, 한 기업에서 판매하는 다양한 상품을 많이 팔리는 상품부터 적게 팔리는 상품 순으로 가로축에 길게 늘어놓고 각각의 판매량을 세로축으로 표시했을 때 판매량을 선으로 연결하면 공룡의 꼬리처럼 긴 모양을 이루는데, 바로 이 꼬리 부분이 80퍼센트의 상품판매량이 잘나가는 20퍼센트의 상품판매량을 압도한다는 롱테일 법칙에 해당한다.

또 하나, 오늘날 경영자들이 과거에는 결코 예상하지 못한 새로운 경영세태로는 '집단 지성'을 들 수 있다. 그 누가 소수의 엘리트 집단보다는 다수의 군중이 더 지혜롭다고 생각이나 할 수 있었겠는가? 하지만 집단 지성이 기업경영에 접목되면서 협업의 경영방식이 새삼 주목받는 시기가 도래했다.

1999년 겨울의 어느 날, 캐나다 토론토에 위치한 금광회사 골드코프 회의실에선 긴장감이 흘렀다. 새 금맥을 찾지 못하면 파산할 수밖에 없는 위기상황에 처했기 때문이다. 심사숙고 끝에 롭 맥이웬 사장은 직원들을 어리둥절케 하는 중대 결정을 발표했다.

"50년간 모은 광산 지질데이터를 인터넷에 공개하고 57만 5,000달러의 상금을 내걸어 금맥 후보지 발굴 콘테스트를 열 것이다!"

당연히 직원들은 혀를 차며 그를 거칠게 비난했다.

“금광에 대해 아무것도 모르는 전직 펀드매니저가 정신이 나간 게로군. 산업 특성상 지질자료는 회사에서 가장 중요한 자산 가운데 하나인데 이를 공개해 콘테스트로 금맥을 찾겠다니 말이 되는 소리야?”

하지만 뚜껑을 열어보니 믿을 수 없는 일이 벌어졌다. 참가자들은 밀려들었고 전문 지질학자를 비롯해 대학원생, 수학자, 군대 장교 등 세계 곳곳에서 다양한 사람들이 110곳의 새 금맥 후보지를 추천해주었다. 희한하게도 이들 후보지 중 80퍼센트 이상에서 금이 나왔다. 연 매출 1억 달러에 불과했던 골드코프가 90억 달러 규모의 거대 광산업체로 급부상할 수 있었던 결정적인 계기였다.

경영환경은 이처럼 경영자들이 지배하느냐, 아니면 지배당하느냐에 따라 다른 경영성과로 나타난다.

디지털시대의 아날로그경영

기업의 목적은 이윤을 추구하는 것이다. 남는 것이 있어야 장사를 하지, 소위 땅 파서 장사하는 기업이 어디 있겠는가. 오늘의 경영자들은 어떻게 하면 회사의 수익을 많이 남길 수 있을까 하는 데 몰두한다. 또한 그게 보편적인 모습이기도 하다. 능력 있는 경영자들은 회사의 매출을 올리고 순익도 증가시켜 주가를 높이는 데 기여하는 이른바 ‘돈 잘 버는 사람’으로 평가되기도 한다.

경영자들에게 있어 기업의 매출이 높아지고 시장점유율이 상승하는 것도 중요하지만 그 못지않게 중요한 것은 자신이 경영하는 기업의 이미지나 철학에 관련된 부분이다. '착한 기업'이 소비자들로부터 뜨거운 사랑을 받고 있듯, 소비자도 소비자지만 경영자 역시 조직구성원들로부터 신임과 존경을 받는 CEO가 각광받는 추세다.

1980년대 중반쯤이었던가. 당시는 전자시계가 유행을 타던 시기로, 많은 이들이 전자시계가 향후 시계시장을 선점해 아날로그시계는 시장에서 도태될 것으로 내다보았다. 편리하고 정확한 디지털시계에 눈길이 모아져 사용상 불편한 기존의 아날로그시계는 점차 소비자들의 시선을 끌지 못할 것이라는 게 그 이유였다. 하지만 이 같은 예상은 보기 좋게 빗나갔다. 30여 년이 지난 지금까지도 아날로그시계는 그 명맥을 이어오고 있지 않은가. 오히려 명품시계시장에서는 아날로그시계가 대세다. 시각을 숫자로 보여주는 전자시계에 비해 사람들이 아날로그시계를 여전히 더 좋아하고 있음을 반영한 결과라고 할 수 있다.

아날로그시계의 완승에는 나름대로 합리적인 이유가 있었다. 시침과 분침이 있는 아날로그시계는 현재 시각만을 숫자로 보여주는 전자시계와 달리 시간단위로 생활하는 현대인들에게 있어 시간 이상의 정보를 주고 있다. 예컨대 분침이 20분을 가리키고 있다면 20분이 지났으니까 일을 서둘러야 한다든지, 아니면 몇 시까지는 40분이 남아 있으니 좀 느긋하게 해도 되겠다는 식으로 사용자에게 미리 준비할 수 있는 여유를 가져다주는 시각효과가 있다. 이는 아주 단편적인 비교처럼 보일는지 모르지만 시간의 과거와 현재, 그리고 미래를 보여주고 예고하는 아날로그시계가 시각적으로 보여줌으로써 단순한 시간정보를 넘어 시간에 대한 통찰력까지 제공한다는 의미다. 결국 아날로그시계의 긴 생명력이 뜻하는 바는 디지털시대의 편리함 속에 아날로그식 패러다임은 수그러들 것 같지만 여전히 그만의 고풍(古風)은 시대변화와 상관없이 우리들의 마음을 움켜쥐는 모티브가 된다.

경영에 있어서도 마찬가지다. 모든 회사의 역량을 이윤추구에 집중하는 것도 좋지만, 인간의 영역 중 하나인 기업활동이 너무 성과 중심으로 흐르다 보면 진짜 잃지 말아야 할 것을 잃는 수도 생긴다. 그러므로 경영자들은, 고객은 물론 자신이 이끌고 있는 수많은 조직 구성원 각자의 인격을 존중하고 지나친 이성과 지시에 의존하기보다는 따뜻한 마음과 감성으로 호소하는 습관을 가질 필요가 있다.

착한 기업이 주목받으면서 최근 들어 감성경영이 부각되고 있는 것도 이와 궤를 같이한다. 디지털시대지만 소비자든 조직구성원이든 그들에게 한 걸음씩 따뜻한 마음을 갖고 다가가고자 노력하는 감성경영, 즉 아날로그식 경영은 시간이 걸리더라도 기업의 이윤증대를 이끌어내는 원동력으로서의 역할을 분명히 해줄 것이다.

심리학 용어 중에 피그말리온 효과라는 말이 있다. 로젠탈 효과, 자성적 예언, 자기충족적 예언이라고들 흔히 말하는데, 그리스신화에 나오는 조각가 피그말리온의 이름을 따서 만들어진 용어다. 조각가였던 피그말리온은 현실세계에서 자신의 이상형인 여자를 찾을 수 없게 되자 상아로 이상적인 여성상을 만들어 그 여인상을 진심으로 사랑하게 되었고, 이에 여신 아프로디테(로마신화의 비너스)가 그의 사랑에 감동해 여인상에게 생명을 주었다는 게 이 용어의 유래다. 피그말리온 효과는 이처럼 타인의 기대나 관심으로 인해 능률이 오르거나 결과가 좋아지는 현상을 말한다. 이런 피그말리온 효과를 기업경영에 접목한다면 기업의 수익을 극대화할 수 있다. 경영자의 작은 칭찬 하나가 직원들의 사기는 물론 잠재력을 발휘하는 데 중요한 견인차 역할을 한다. '호프데이' 모임에 참석한 최고 경영자가 직원들의 어깨를 일일이 두드려주거나, 자신이 직접 친필로 작성한 편지를 그들의 손에 쥐어준다면 그 회사는 피그말리온 효과로 인해 임직원들의 기업에 대한 충성도가 높아짐은 물론, 핵심인재 양성에 있어서도 시너지 효과를 누릴 수 있을 것이다.

코끼리 없는 서커스단

흔히 시장에서 두각을 드러내는 CEO라고 하면 해외 MBA를 나왔거나 유수의 대학에서 경영학을 전공했겠거니 하는 선입견을 가지기 일쑤다. 그도 그럴 것이 충분한 경영지식과 이론이 바탕에 깔려 있는 경영자들일수록 실제 경영현장에서도 제대로 된 실력을 뽐내는 경우가 많기 때문이다. 하지만 경영환경이 과거에 비해 복잡하고 다양해짐에 따라 이제는 CEO들의 전문지식이 경쟁력을 가진다고 장담할 수는 없게 되었다. 오히려 CEO의 머릿속에 잠재되어 있는 창의력(아이디어)이 MBA에서 배운 지식보다 경쟁우위에 서게 되는 경우가 더 비일비재하다. 다음에 설명하는 기 랄리베르테(Guy Laliberte)는 작은 생각의 차이로 세계 최고의 서커스단 CEO가 된 케이스다.

'서커스' 하면 으레 대형 천막이 드리워진 공연장에서 우스꽝스런 광대가 나와 관객들을 웃기고 화려한 곡예나 코끼리의 공굴리기 쇼를 떠올리기 마련이다. 하지만 랄리베르테의 서커스단에는 코끼리가 없다. 아니 코끼리뿐 아니라 원숭이나 여타 동물을 한 마리도 찾아볼 수가 없다. 그런데도 관객들은 그의 서커스를 보기 위해 비싼 돈도 마다하지 않고 공연장을 가득 메운다. 연간 매출 1조 원대에 육박하고 전 세계 5,000만 명의 관객을 보유한 세계 최대의 서커스단 '태양의 서커스(서큐 드 솔레이, Cirque du Soleil)' 이야기다.

이 서커스의 가장 큰 특징은 동물이 없고 연극과 뮤지컬을 보듯 탄탄한 줄거리 속에 배우들의 감칠맛 나는 연기가 있으며 화려한 무대와 라이브 음악이 더해졌다는 점이다. 캐나다의 길거리 서커스단으로 출발한 태양의 서커스는 미국 현지의 상설공연 외에도 세계 130여 개 도시를 돌며 빡빡한 순회공연을 소화하고 있는데, 이처럼 넓은 활동반경으로 에미상, 드라마데스크상, 에이스상, 펠릭스상 등을 받았고, 창시자이자 CEO인 랄리베르테는 2004년 〈포브스〉가 선정한 세계 500대 갑부에도 뽑혔다. 도대체 랄리베르테의 서커스는 무엇이 달랐을까?

경영적 관점에서 볼 때 태양의 서커스는 블루오션(Blue Ocean)의 대명사로 일컬어진다. 침체일로에 있던 기존 서커스시장의 영역을 벗어나 새로운 방식의 서커스를 추구했기 때문인데, 서커스는 이래야 한다는 기존 관행을 철저히 무너뜨렸다. 서커스의 재미와 스릴은 살리면서 연극처럼 스토리를 가져 지적 세련미와 풍부한 예술성을 담아낸 것이다. 특히 클래식 콘서트나 뮤지컬, 연극, 체조경기, 발레, 패션쇼 등이 무대 위에서 하나의 스토리를 통해 이어지도록 구성한 것에 관객들은 매료당한다. 이를 위해 랄리베르테는 광대나 동물묘기쇼 등 돈이 들어가는 요소를 과감하게 줄이는 대신 연극적인 요소를 도입해 테마와 이야기가 있는 공연을 꾸몄다. 여기에 브로드웨이 뮤지컬처럼 내용에 맞는 주제가와 음악도 준비했다. 음악의 경우, 반주테이프(또는 CD)를 통해 녹음된 음악을 틀어준 기존 서커스단의 그것과 달리 밴드가 무대에 자리 잡고 공연 두 시간 내내 보컬을 겸하며 끊임없는 라이브 음악을 관객들에게 들려주기도 했다.

태양의 서커스가 전 세계인의 사랑을 받고 있는 또 다른 이유는 세계 최대의 '인재 풀(Pool)'을 보유하고 있다는 점이다. 쉽게 말해 세계에서 내로라하는 서커스 인재들은 다 모인 드림팀을 운영하고 있는 것이다. 1984년 설립 당시만 해도 73명이던 단원 수는 2008년에는 배우 700명, 스태프 2,600명 등 총 3,300명을 넘어섰고 체조선수 출신 연기자도 수백 명에 달했다. 의상과 소품담당 디자이너만도 300여 명, 여기에 염색기술자, 목수, 제화기술자 등의 기술 인력도 상당수다. 특히 서커스의 꽃이라 불리는 곡예사는 유명 기계체조선수들이 다 등록되어 있다. 미국, 중국, 브라질 등을 비롯해 체조기술이 뛰어나기로 유명한 러시아, 루마니아, 불가리아 등에서 올림픽 대표급 선수들을 영입해 동종업계 최고의 대우를 해주고 있기 때문이다. 올림픽 메달리스트만 17명이며 각국의 국립 발레단급 발레리나도 수십 명 보유했을 정도다. 현재는 700여 명에 달하는 연기자들의 국적만 40여 개국, 사용 언어만도 25가지나 된다.

랄리베르테의 인재 양성 의지는 별도의 인재발굴 팀을 만들어 세계 곳곳에서 벌어지는 페스티벌이나 스포츠 현장을 직접 돌아다니며 인재를 스카우트하는 것으로 유명하다. 특히 올림픽 시즌이 태양의 서커스 스카우트가 가장 바빠지는 시기라고 하니, 다른 서커스업계로부터는 인재독점이라는 비난까지 받을 만하다. 그러나 랄리베르테는 이에 아랑곳하지 않고 직접 인재를 양성하는 서커스스쿨까지 운영하며 자신만의 인재정책을 고수하고 있다.

그밖에 태양의 서커스는 상품화전략 면에 있어서도 철저히 차별화를 추구하고 있다. 좋은 상품을 만들어야 소비자가 찾듯 다양한 서커스 상품(공연내용)을 내놓으며 관객을 찾아가는 서커스단이 아닌, 관객이 기다리는 서커스단으로 탈바꿈시키는 데 성공했다. 상설과 순회의 두 가지 방식으로 공연이 운영되는데, 뮤지컬과 달리 절대로 라이선스를 주는 법이 없다. 즉, 공연을 보고 싶으면 관객은 상설공연장을 찾거나 순회공연을 기다려야 한다. 이처럼 랄리베르테는 남들이 생각지 못했던 부분에 대해 작은 변화를 준 것만으로도 세계 최고의 갑부 반열에 올랐다.

'서커스를 뮤지컬처럼 만들어보자!'

이 간단한 아이디어가 그를 세계에서 주목하는 CEO로 만들어놓은 것이다. 경영자들이 오늘날 처한 변화무쌍한 경영현실 속에서 다른 기업과의 차별성을 염두에 두어야 하는 이유가 바로 여기에 있다.

경영자가 꼭 잡아야 할 소비자는 누구?

지피지기(知彼知己)면 백전백승(百戰百勝)이라고 경영자는 소비자를 제대로 알고 자신의 기업(능력치)을 제대로 아는 것이 시장경쟁력의 한 요소가 될 수 있다.

통계청에서는 해마다 사회인구 소비통계를 분석해 새롭게 떠오를 블루슈머를 유형별로 발표한다. 블루슈머란 블루오션(Blue Ocean)과 소비자(Consumer)의 합성어로 '경쟁자가 없는 시장의 소비자'를 뜻하는 말이다. 따라서 경영자들은 매년 이 유형을 체크해 그들을 대상으로 집중적인 마케팅을 펼치다보면 매출상승 효과도 기대할 수 있을 것이다.

| 2009년 한국의 블루슈머 10

(자료 : 통계청)

번호	유형	관련 서비스	사업 아이템
1	백수탈출	취업 및 창업 지원 서비스	진로 및 적성검사 대행업, 이미지 컨설팅, 헤드헌터

2	똑똑한 지갑족	합리적 소비를 돕는 상품 및 서비스	각종 대여업, 온라인 중고장터
3	나홀로 가구	1인 가구를 대상으로 하는 상품 및 서비스	1인용 소파, 소형 복합가전, 미니 아파트
4	녹색 세대	친환경 · 에너지 절약 상품	절수형 변기, 에너지 절약 램프
5	U-쇼핑족	쇼핑몰 창업을 위한 상품 및 서비스	온라인 창업 컨설팅, 제품 촬영 대행, 스튜디오 대여
6	내 나라 여행족	국내여행 관련 상품	아웃도어 의류, 저가 국내여행 상품
7	자연애(愛) 밥상족	유기농 · 친환경 식사를 위한 상품 및 서비스	홈 쿠킹 제품, 간이 텃밭용 화분 및 농기구
8	아이를 기다리는 부부	불임 방지 상품 및 서비스	불임방지 의자, 불임방지 남성 속옷, 불임방지 요가교실
9	거울 보는 남자	남성용 패션 및 메이크업 제품	남성용 기능성 화장품, 남성 몸매 보정속옷
10	가려운 아이들	아토피 피부염 방지 상품과 서비스	새집증후군 예방 제품, 아토피 피부염 치료 캠프

"기업의 흥망과 생사는 궁극적으로 기업가의 사람됨에 달렸습니다. 이윤추구에 목표를 두는 것이 당연하지만 그래도 바른 길을 가겠다는 신념과 철학을 잊어서는 안 됩니다."

시련과 동고동락한 열정의 젊은이

흔히 일본에서 가장 존경받는 기업가 세 사람을 이야기할 때 마쓰시타 고노스케(마쓰시타 창업자)와 혼다 쇼이치로(혼다 창업자), 그리고 이 사람을 꼽는다. 가난한 어린 시절을 이겨내고 세계 초일류 기업 교세라세라믹을 운영한 이나모리 가즈오 명예회장이다. 특히 이나모리는 오늘날 수많은 젊은 경영자들이 그의 경영철학을 배우기 위해 줄을 설만큼 경영의 달인으로 평가받는다. 이나모리 가즈오, 그는 경영자로서 어떤 사람인 것일까.

1932년 일본 가고시마 현에서 4남 3녀 중 차남으로 태어난 이나모리는 태평양전쟁이 발발해 가게(인쇄소)와 집이 소실되면서 집안 형편이 어려워졌다. 때문에 어머니는 안팎으로 늘 바빴고 이런 어머니의 관심을 끌기 위해 이나모리는 툭하면 우는 울보가 되기도 했다. 소학교 시절, 그래도 또래의 아이들을 이끌며 골목대장 노릇을 하던 그는 유달리 노는 것을 좋아한 탓에 공부를 소홀히 하여 중학교 입학시험에 떨어지고, 결핵에 걸리면서 건강도 나빠졌다. 집안 형편이 크게 어려워 방과 후면 가족들과 함께 소금이나 기모노, 종이봉투 등을 암시장에 내다 파는 일도 그의 일과 중 하나였다. 그 시절, 종이봉투는 반응이 좋아 도매로 판매할 정도가 됐는데, 이때부터 이나모리는 사업인의 기질을 발휘했다는 평가다.

고등학교를 졸업하고 나서 대학입시 1차 전형에선 떨어졌지만 2차에서 간신히 지방대에 합격했다. 원하던 오사카대학교에는 못 갔지만 그렇게 가고시마 공대에 입학했고, 또 졸업할 수 있었다. 하지만 대학을 졸업한 기쁨도 잠시, 졸업 이후 경기불황이 지속되면서 취업시장은 꽁꽁 얼어붙었고 지방대 졸업생이었던 탓에 그를 선뜻 받아주는 기업이 없었다. 이 시기에 이나모리는 "나는 뭘 해도 안 된다"는 자학에 시달렸고 '인텔리 야쿠자'가 되겠다는 결심을 하기도 했다. 그러던 중 지도교수의 소개로 교토에 있는 쇼후공업사에 취직하게 되면서 그의 인생은 전환점을 맞았다.

고압절연체를 제조하는 쇼후공업사는 당시 새로운 사업 분야였던 뉴세라믹을 연구하고 이를 사업화하는 기업이었다. 비교적 성장

가능성이 높은 기업이었음에도 불구하고 가족 간 경영권 다툼이 심했고 월급도 제때 나오지 않는 등 많은 문제점이 있었다. 결국 쇼후공업사는 재정상태마저 악화되면서 법정문제에 시달리게 되었고 이나모리와 함께 입사했던 동기들은 모두 회사를 떠나고 말았다. 혼자 남은 이나모리는 밤낮으로 연구와 실험에 몰두하며 기술자로서의 열정을 쏟은 덕분에 마쓰시타전기가 주문한 TV 브라운관 부품 합성에 성공하면서 입사 2년 만에 특수자기과 팀장으로 승진했다. 그럼에도 불구하고 이나모리의 시련은 또다시 재발했다. 새로 부임한 연구부장과 신제품 개발과 관련해 서로 의견이 맞지 않아 대립각을 세웠고, 급기야 기술자로서의 꿈을 실현하기 어렵겠다는 생각에 회사를 나오게 되었다.

이후 이나모리는 쇼후공업사에서 함께 일했던 동료 7명과 함께 1959년, 27세의 어린 나이로 교토세라믹(현재의 교세라)을 창업했다. 남의 창고를 빌려 설립한 이 회사는 당시 자본금 300만 엔, 종업원 28명에 불과한 벤처기업이었다. 창업과정에서는 특히 자신의 재산을 아무런 조건 없이 기탁한 한 지인의 도움이 결정적이었다.

"당신은 생각이 확실하고 장래성이 있어 보여서 돈을 내준 것입니다. 앞으로 회사를 이끌어가면서 돈에 휘둘리는 경영을 해서는 안 됩니다. 당신의 기술로 출자했다고 생각하세요."

자신의 집을 담보로 하면서까지 이나모리의 창업을 지원해준 미야키전기의 전무였던 니시에다 씨의 말을 가슴에 새긴 이나모리는 이후 세계 세라믹 시장의 70퍼센트를 장악하는 우량기업으로 교세라를 키워냈다. 그는 또 통신 디지털 부품, 휴대전화, 카메라, 반도체 부품 등의 사업에도 진출해 오늘의 교세라그룹을 완성했다. 현재 교세라는 매출 5조 엔, 전 세계 160여 개의 자회사와 6만여 명의 직원을 거느린 거대 그룹으로 우뚝 성장했다. 이런 그를 두고 주변에서는 제2차 세계대전 이전의 재벌과 달리, 맨주먹으로 대기업을 일군 일본 벤처업계의 대부라는 평가를 내놓고 있다. 2005년 경영일선에서 물러난 후 그는 출가하여 현재는 불교의 승려로 일상을 보내고 있다.

전 사원을 경영자로 만든 아메바경영

경영의 달인이라는 수식어를 갖고 있는 이나모리는 젊은 시절 시련과 동고동락할 만큼 어려운 역경에 자주 맞닥뜨렸다. 하지만 그는 꿋꿋이 자신만의 경영철학으로 벤처기업을 초일류 글로벌 기업으로 성장시켰고, 오늘날 후배 경영자들의 추대를 받고 있는 위치에까지 올랐다. 그렇다면 오늘날의 이나모리를 유명하게 만든, 후대의 경영자들이 그에게 배우고 싶어하는 경영철학이나 노하우는 도대체 무엇일까?

소집단의 활동을 중요시한 '아메바경영'이 그 해답이다. 창업 직후 이나모리의 교토세라믹은 무서운 속도로 성장했다. 처음 28명이던 사원 수는 5년이 채 되지 않아 100명을 넘었고 점차 200명, 300명으로 늘어갔다. 그렇지만 이나모리는 제품 개발에서부터 제조, 영업까지 혼자 도맡아 사업현장을 이리 뛰고 저리 뛰는 등 항상 분주

했다. 그러다 보니 제 아무리 경영의 달인이라 해도 힘에 부치기는 어쩔 수 없는 일. 이나모리는 커진 조직을 어떻게 컨트롤해야 할지, 계속 성장해가는 회사를 어떻게 운영해야 할지를 곰곰이 생각했다.

'사원 수가 100명일 때까지는 혼자서 관리할 수 있었으니 회사를 소집단 조직으로 나누면 어떨까? 리더 혼자서 100명을 관리하기는 힘들겠지만 20~30명의 소집단은 맡을 수 있지 않을까? 많아진 직원들을 여러 소집단 리더로 나눠 관리한다면 될 법한데, 어차피 회사를 소집단으로 나눈다면 그 조직을 독립채산으로 할 수는 없을까? 맞다! 회사를 비즈니스의 단위가 성립하는 최소단위까지 분할하고 그 조직에 각각 리더를 두어 마치 작은 마을의 공장처럼 독립된 채산을 관리해보자!'

이렇게 탄생한 것이 현재의 이나모리를 유명하게 만든 아메바경영이다. 그는 아메바경영을 통해 임직원 모두가 창업 당시의 열정을 유지하면서 회사 일을 할 수 있을 거라는 확신을 가졌다. 생물학적으로 아메바는 단세포의 원생동물로서 큰 것이라고 해봐야 0.2밀리미터에 불과하다. 따라서 형태가 일정하지 않아 위족으로 먹이를 싸서 흡수하며 살아가는데, 그만큼 환경변화에 신속히 대응하는 생물이기도 하다. 이나모리는 이 같은 아메바의 생존원리를 기업경영에 접목했다. 전체 조직을 공정별, 제품별로 나누어 각각 하나의 중소기업처럼 경영하도록 한 것이다. 이렇게 되면 대부분의 조직들은 독립채산 형태가 되므로 전 사원이 경영자 역할을 하게 된다. 이는 회사가 커져도 사업목적이나 일의 내용에 따라 조직을 세분화하며 생존할 수 있다. 각각의 아메바 조직이 환경변화에 민첩하게 적응하면서 끝없이 자기증식을 해나가는, 일종의 '세포분열'을 하는 셈이다. 특히 소규모 기업경영자와 같은 생각을 가진 리더와 구성원이 자연스럽게 생기게 되니 회사가 성장하고 조직이 늘어난다 해도 창업 초기처럼 일할 수 있는 분위기가 조성되는 구도다. 또 아메바 구성원 모두가 스스로의 목표를 세우고 그 목표를 달성하고자 노력하게 되고, 이 과정에서 개인은 자신의 능력을 키우며 일하는 보람도 찾을 수 있게 된다.

창업 초기, 이나모리는 10~30명 규모의 아메바 조직을 갖춘 이래 오늘날 전 세계적으로 3,000개가 넘는 아메바들을 보유하고 있다. 물론 지금 이 순간에도 교세라의 소집단들은 실제 아메바처럼 꾸준한 세포분열을 통해 증식을 거듭하고 있을 것이다. 아메바경영에 있어 중요한 요소는 바로 아메바 간의 가격책정이다. 제조업의 경우 공정별로 아메바 조직을 만들면 아메바 간의 가공 중 상품을 매매할 수 있게 된다. 그 경우 당연히 가격책정이 필요하기 때문에 아메바 간의 매가를 책정해야 하는데, 각각의 아메바는 자신의 채산을 조금이라도 더 올리려 할 것이기에 어떻게 매가를 책정할 것인가는 아메바 리더에게 중요한 관심사가 된다.

이쯤에서 아메바 간의 매가를 어떻게 정해야 하는지 알아보자. 우선 각 공정의 가격을 정하는 것은 어느 제품의 매가가 정해지면 그 상품을 만드는 데 필요한 각 공정에서 대체적으로 같은 정도의 '시간당 채산(아메바가 창출하는 시간당 부가가치)'이 나올 수 있도록 아메바 간의 매가를 정하는 것이 원칙이다. 아메바 간의 매가를 책정하는 경영자는 어느 부문에 대해 비용이 얼마나 발생하는지, 노력은 얼마나 필요한지, 기술적으로 얼마나 어려운 제품인지, 동종 제품의 시장가격과 비교해 어떠한지 등을 충분히 숙지해야 한다. 즉, 아메바 간의 매매가격을 판단하는 경영자들은 항상 공평하고 모두를 설득할 수 있는 능력을 갖춰야 한다. 각 아메바의 실적은 절대적인 이익보다는 자체적으로 설정한 목표를 기준으로 평가하고 매월 실적을 공개하되 실적이 부진한 아메바는 지원부서나 우수 아메바의 도움으로 실적개선을 유도하도록 한다.

이처럼 교세라의 독특한 경영방식은 일본의 불황기에 교토 지역 기업들이 고수익 및 고성장을 구가하면서 유명해진 교토식 경영의 모델이 되었다. 물론 아베마경영에도 성공의 전제조건은 있다. 사원 모두가 윈-윈의 경영철학을 가져야 한다는 점이다. 회사는 몇몇 사람을 위해서가 아닌 전체 구성원을 위해 존재한다는 철학과 믿음을 공유해야 한다.

아메바경영은 다른 경영 노하우처럼 생각하고 따라 한다고 해서 제대로 기능하지 않는다. 철저히 사람을 중심으로 한 경영관리시스템이기 때문이다. 아메바경영에서는 이처럼 사람의 마음가짐이 가장 중요하다. 인체에 수많은 세포들이 한 가지 의지 아래에서 조화를 이루듯 회사에 있는 아메바 구성원 모두가 마음을 합해야 하나의 회사가 굴러간다는 게 이나모리식 경영철학이다.

세상을 위해, 사람을 위해 일하다

교세라를 창업한 지 3년째 되던 해, 이나모리는 그에게 회사경영의 방향성을 깨닫는 한 사건을 접한다. 고등학교를 갓 졸업한 후 교세라의 신입사원으로 입사한 지 만 1년이 지난 11명의 직원들이, 어느 날 혈서를 들고 그의 집을 찾아왔다. 다름 아닌 임금보장을 요구하기 위해서였다. 이들은 '최소 얼마의 승급과 미래의 보너스를 보장하라'는 요구문이 쓰인 혈서를 이나모리에게 내밀었다. 장래를 보장해주지 않으면 그만두겠다는 게 그들의 요구사항이었다.

이나모리는 즉각 그들의 요구를 거절했다. 회사를 시작한 지 이제 겨우 2년을 넘었는데, 나 스스로도 자신이 없는 상황에서 사원들을 붙잡기 위해 장래처우까지 보장하겠다는 약속을 도저히 할 수가 없었기 때문이었다.

"미래에는 여러분들의 요구보다 더 좋은 처우를 해주도록 노력하겠습니다."

이런 대답을 하고 그들을 돌려보내려 했지만 사원들의 태도는 완고했다.

며칠이 지난 후 이번에는 이나모리가 그들을 불렀다.

"저 혼자만 경영자로서 잘되면 된다는 생각은 털끝만큼도 없습니다. 여러분 모두가 이 회사에 입사하길 잘했다고 생각할 수 있도록 만들고 싶습니다."

하지만 혈기 왕성한 젊은이들은 여전히 "자본가들이나 경영자들이란 원래 그런 듣기 좋은 말만 해서 우리를 속이지요"라며 이나모리의 말을 귀담아듣지 않았다. 궁지에 몰린 이나모리는 젊은 사원들에게 단호하게 말했다.

"회사를 그만둘 용기는 있으면서 왜 나를 한번 믿어볼 용기는 갖지 못하는 겁니까? 나는 목숨을 걸고 모두를 위해서 회사를 지켜나갈 것입니다. 만약 내가 사리사욕을 위해 회사를 경영하는 일이 있다면 그때는 내 목숨을 내놓겠습니다."

이들과의 논쟁은 3일 밤낮으로 계속되었고, 결국 사원들은 이런 이나모리의 뜻을 받아들여 현장으로 돌아갔다. 협상 후 이나모리는 생각에 잠겼다. 회사가 존재하는 의의를 다시금 되짚었고 회사가 아무리 보잘 것 없어도 젊은 사원들은 자신의 일생을 맡기고 입사했다는 사실을 새삼 깨달았다.

'애당초 나는 기술자로서의 꿈을 실현하기 위해 회사를 설립했다. 하지만 사원들은 자신의 일생을 맡기고 회사에 들어왔다. 따라서 회사에는 내 꿈이 실현되는 것 이상으로 사원들과 그 가족의 생활을 지키고 그들의 행복을 지향하는 일 또한 중요하다. 내가 앞장서서 사원들의 행복을 지향하는 것이 곧 경영자로서의 운명이다.'

이나모리는 이 일을 계기로 교세라의 경영이념을 '전 직원들의 물심양면에 걸친 행복 추구와 인류사회 발전에 공헌한다'고 정했다. 이런 그였기에 교세라는 1974년 오일쇼크 기간에 수주가 절반으로 감소했을 때도 임금을 동결하는 대신 감원은 하지 않았고, 이후에도 종신고용 정책을 그대로 유지하고 있다.

이나모리가 세계적 경영 구루(Guru, 도사)로 평가받는 또 다른 이유는 '세상을 위해, 사람을 위해 일한다' 는 철학을 경영현장에서 일관되게 실천한 인물이기 때문이다. 그의 이런 생각은 1948년 전기통신사업의 자유화 방침에 따라 KDDI를 창업하는 과정에서 여실히 드러났다. 이나모리는 거대 공룡 NTT에 맞서며 통신회사인 KDDI를 설립할 때 매일 밤 잠들기 전 다음과 같이 자문했다고 한다.

'내가 전기통신사업에 뛰어들고자 한 것은 정말로 국민을 위해서인가, 아니면 회사나 나의 이익을 꾀하고자 하는 사심이 섞여 있는 것인가? 설립동기는 한 점 부끄러움 없는 순수한 것인가?'

그리고 나서 6개월 후 그는 외부인들에게 고백했다.

"세계적으로 비싼 일본의 통신요금을 낮춰 국민들에게 좀 더 나은 삶을 만들어주자는 선한 목적 외에 전혀 사심이 없다는 사실을 스스로 확인한 후에야 KDDI를 설립해야겠다는 용기와 결단이 생겼습니다."

이렇게 출발한 KDDI는 3개 사가 참여한 제2민영통신업체 중 줄곧 선두를 달리고 있다. 이나모리는 지금도 KDDI의 성공은 전 종업원이 자신의 이익이 아닌 국민의 이익을 위해 일했기 때문에 생긴 결과라고 확신한다.

열정, 그리고 7가지 경영원칙

이나모리는 자신의 모든 경영철학은 열정(Passion)에서 비롯됐다고 강조한다. 실제로 그는 수많은 강연과 저서를 통해 'PASSION' 이라는 단어의 철자를 딴 7가지 필수 경영원칙을 내세우며 이것이야말로 오늘날 교세라의 성장을 견인하게 한 경영철학임을 역설했다.

제1원칙 이익(Profit)

"이윤추구 대신에 판매 극대화 및 비용 극소화 원칙을 따르면 이익이 생긴다."

이익은 추구되는 것이 아니라 노력 뒤에 오는 결과이며, 훌륭한 경영자는 고객에게 이익을 가져다줄 수 있는 사람이어야 한다는 게 이나모리식 경영의 기본이다.

어떤 소비자도 상점 주인을 만족시키기 위해 상점에 가지 않는다. 따라서 수익성 있는 사업의 방법은 원천적으로 고객을 기쁘게 하는 데 있다. 고객이 제품에 돈을 지급하고 만족할 수 있는 최대가격(시장가격)은 이미 결정되어 있기 때문에 기업들은 실제 이익의 증대를 위해 제조경비를 최소화할 수 있도록 노력해야 한다.

제2원칙 야망(Ambition)

"당신의 야망이 잠재의식을 꿰뚫을 때까지 끊임없이 야망을 키워라."

진정한 야망은 특수하고도 고결한 대의명분을 갖고 마음속에 자신과 조직이 성취하고자 하는 것을 생생하게 구체화하는 데 있다. 인간은 자신이 믿지 않는 것에 대해서는 노력하지 않는다. 이상적이긴 하지만 불가능하다는 생각은 야망을 좀먹을 뿐이다.

경영에는 무수한 돌풍기류가 있다. 부화뇌동하지 말고 자신의 사고방식이 선풍을 일으킬 정도로 독립적이며 공격적인 야망을 갖고 있어야 성공한다.

제3원칙 진실성(Sincerity)

"모든 업무처리에 상대를 배려하고 둘 다 승리하는 상황을 목표로 하라."

'당신이 존재한다. 고로 나도 존재한다' 는 관점에서 시작되는 정직과 진실성이 경영자 자신과 조직을 리드하고 성공시킨다. 성공적인 거래는 쌍방이 만족하는 거래인데, 그것의 기초는 바로 진실성이다. 스포츠와 달리 경영은 항상 승자와 패자를 낳지는 않는다. 고객에 대한 정직이 신뢰를 낳고 신뢰가 존경을 낳고, 존경은 고객을 리드하게 되는 법이다. 따라서 경영자는 사전에 부하직원들의 특성을 평가하여 적격자에게 위임한 후에도 모든 것을 다 맡겨서는 안된다. 그 후 예의주시하며 평가, 독려, 지원해야 한다.

제4원칙 용기(Strength)

"용기는 진정한 힘이다. 절대로 비겁한 태도로 처신하지 마라."

진정한 힘은 부와 명예도, 물리적인 힘도 아닌 올바른 것을 하겠다는 용기다. 부하직원들은 경영자의 부족한 점에 매우 민감하기 때문에 공정하지 못하고, 비겁한 리더는 확신을 주지 못한다.

의사들 99퍼센트는 자기 가족을 수술하지 못 한다고 한다. 이는 그들이 의사로서의 기술에 용기와 확신을 가지지 못하기 때문이다.

고로 객관성 있는 용기를 가져야 한다.

"선원은 죽음과 자신의 사이에 오로지 널빤지 하나만을 가지고 있다"는 말이 있다. 풍요로운 현대사회에서 과거와 같은 위기의식과 행동을 요구할 수는 없으나 자신의 한계에서 벗어나려는 용기를 가져야 한다.

제5원칙 혁신(Innovation)

"지속적인 발전을 위해 자신의 창의력을 이용하라."

혁신이란 우리가 결코 할 수 없다고 생각하는 것들을 습관적으로 실행해가는 행동으로 간주할 수 있다. 경영자가 조직에 창조적인 것을 끊임없이 도입하지 못하면 그 조직의 운명은 비극으로 치달을 가능성이 크다. 따라서 경영자는 목표성취를 위해 심오한 사고와 필사적인 노력으로 창조해나갈 수 있어야 한다. 어떤 기업도 근로자의 순수 근면이나 전통 가치에만 의존하지 말고 그들을 위한 철학을 개발하여 진정한 일의 의미와 인생의 목적을 제공해주어야 성공한다는 얘기다.

제6원칙 낙관주의(Optimism)

"항상 긍정적이며 쾌활한 마음을 갖고 희망과 꿈이 가득한 순수한 마음을 지녀라."

성공은 실패의 두려움 없이 낙관적으로 생각하고, 비관적으로 기획하고, 낙관적으로 실행할 때 가능하다. 꿈에 도취된다는 것은 그

꿈을 현실화시킬 수 있는 열정을 부여한다. NTT의 독점에 도전하겠다는 꿈이 KDDI를 만들어냈다. 교세라가 성공한 이유 중 하나는 직원들이 실패했다고 해서 징계를 가하는 등의 부정적 조치를 취하지 않았기 때문이다.

 포기하지 말 것(Never give up)

"다른 누구보다도 더 열심히 일하라. 아무리 지루한 일이라도 중단하지 말고 꾸준히 실천하라."

강렬한 욕망을 갖고 그것이 언젠가는 실현될 수 있을 거라고 믿는다면 어떠한 불가능한 상황에서도 길을 찾고 목표를 성취할 수 있다. 목적의식을 갖고 전진하는 사람과 인생을 허비하는 사람 간의 가장 큰 차이는 욕망의 크기다. 환경의 노예는 불길한 본질만 찾고 강한 욕망의 소유자는 해답을 찾을 때까지 포기하지 않는다.

나는 철학을 갖고 있기 때문에 성공했다

오늘날 경영자들은 이나모리에게 '철학을 가진 기업가' 라는 수식어를 부여하고 있다. 그 역시 저서를 통해 "나는 철학을 갖고 있기에 성공했다"라고 강조할 정도다. 이 때문에 '이나모리＝철학자' 라는 공식이 전혀 어색하지 않다. 실제 교토세라믹을 창업할 수 있었던 데에도 그가 마음속에 담고 있던 철학이 결정적인 역할을 했다. 앞서 설명했듯 미야키전기의 니시에다 전무가 이나모리의 창업을 지원하면서 그는 이나모리에게 다음과 같은 부탁을 남겼다.

"결코 돈의 노예가 되지 마세요!"

하지만 이나모리는 회사가 해를 거듭해 이익을 내자 창업 당시 빌려줬던 돈을 가능한 한 빨리 갚아야겠다는 마음에서 그에게 돌려주겠다는 의사를 표했다. 그러나 그는 필요 없다며 이나모리의 손을 뿌리쳤다.

"나는 당신이 부유해지도록 투자한 것이 아닙니다. 단지 당신의 철학 때문에 선뜻 투자했던 겁니다."

니시에다로부터 이 같은 가르침을 얻은 이나모리는 기업에서 가장 중요한 것은 기업가의 그릇임을 깨닫고, 1980년 세이와쥬쿠(盛和塾)라는 공부모임을 만들어 경영을 배우고 싶어하는 젊은 경영인들에게 자신의 경영철학을 전수하는 것으로 보은했다. 이후 그는 1984년 그의 성공을 사회에 환원하는 차원에서 개인적으로 2억 달러를 기부해 이나모리 재단을 설립하고, 사회 공헌에도 앞장섰으며, 교토 상공회의소장을 맡아 교토 지역 발전을 위해서도 노력했다.

그는 또 기업가는 종업원들의 행복 추구와 인류사회의 발전에 기여해야 한다는 이념을 제시하기도 했다. 그가 자신의 좌우명과 교세라의 사시를 경천애인(敬天愛人)으로 정한 것도 이와 무관치 않다.

이나모리도 위대한 경영자였지만 그의 주변에는 늘 가르침을 주는 스승들이 있었다. 그의 부인도 예외는 아니었는데, 그가 부인으로부터 한 수 배운 일화는 지금도 유명하다. 이나모리 회장의 부인은 공교롭게도 한국농업 근대화의 아버지이자 씨 없는 수박으로 유명한 고(故) 우장춘 박사의 넷째 딸이다.

어느 날 회사 운전기사가 집으로 이나모리 회장을 모시러 왔을 때의 일이다. 마침 부인도 외출할 채비를 갖추고 있었다. 이에 이나모리 회장은 가는 데까지 같이 타고 가자고 했다. 하지만 부인은 "당신(개인) 차면 타고 가겠지만 회사 차는 안 돼요"라며 한사코 거절했다. 게다가 "공사 구분은 확실해야 한다며 회사 차를 사적으로 이용해서는 안 된다고 당신 스스로 얘기했던 것, 기억 안 나세요?" 하고 되물었다.

이나모리는 이 일화를 계기로 도덕경영, 윤리경영을 항상 가슴에 새기며 생활했다. 우리나라에도 훌륭한 경영자들은 많지만 오늘날 우리 경영자들은 이나모리 회장의 기업관을 가슴에 새겨볼 필요가 있다.

"기업은 경영자의 꿈을 실현하는 도구도, 경영자의 배를 불리는 도구도 아닙니다. 종업원과 그 가족의 장래를 챙겨주고 나아가 인류사회 발전에 공헌하는 것, 이처럼 크고 고매한 대의명분을 목적으로 삼을 때 그 회사는 건전하게 발전해나갈 수 있습니다."

이나모리 가즈오는 누구?

1932년 일본 가고시마 현에서 태어나 가고시마 공대를 졸업하고 작은 회사에서 기술자로 일하던 중, 1959년 자본금 300만 엔에 28명의 종업원으로 교토세라믹주식회사(현 교세라)를 설립한다. 파인 세라믹스라는 새로운 분야를 개척한 그의 선견지명으로 인해 교세라는 출범 첫해에 매출 2600만 엔을 달성했고 당시 불모지였던 미국 시장에도 진출하여 연 매출 5조 엔이 넘는 세계 최고의 세라믹회사로 키웠다. 이나모리 가즈오는 회사를 효율적으로 관리하기 위해 '아메바경영'이라는 새로운 경영방식을 창조해냈고 지금도 그의 경영방식을 배우기 위해 일본은 물론 전 세계의 수많은 경영인들이 교세라그룹을 따라하고 있다.

이나모리가 전하는 10가지 경영 메시지

❶ 나는 철학을 갖고 있기 때문에 성공했다. 여러분도 자신만의 경영철학을 반드시 가져라.

❷ 경영자는 자신을 희생하는 용기를 가져야 한다.

❸ 인간의 무한한 잠재력을 완전히 계발해서 삶을 풍요롭게 할 수 있다는 것을 믿어라.

❹ 당신의 정열이란 불씨 관리자에게 점화하게 하여 그 불을 전사적으로 태우도록 하라.

❺ 정열은 당신의 잠재의식이라는 거대한 능력을 열어줄 수 있다.

❻ 일시적인 해결책을 찾지 말고 자연적으로 기업이 발전하도록 매일 혁신하는 노력에 심혈을 기울여라.

❼ 리더십과 카리스마에 대한 천부적인 능력을 타고난 사람들도 있다. 그러나 뛰어나진 않지만 훌륭한 리더로 자신들을 훈련시킬 수 있다.

❽ 모든 것을 무에서 다시 배우지 않고 다른 사람보다 더 열심히 일하지 않는다면 성공을 기대할 수 없다.

❾ 가장 중요한 것은 객관성 있는 용기를 가져야 한다는 것이다. 그 다음 확신을 갖고 자신의 능력을 믿는 것이다.

❿ 인기 없는 리더여야 한다.

Chapter 2

CEO, 아테네 철학에서 길을 묻다

조직의 원활한 운영을 위해 CEO 자신은 끊임없이 쇄신해야 한다. 본인은 물론 기업구성원 모두의 생산성을 높이는 일이 되기 때문이다. 눈앞에 닥친 급한 일에 너무 휘둘리지 말고 장기적인 전망을 기획하며 자신의 심신을 단련하는 기업경영자의 모습을 가져라.

철학과 경영은 얼마나 밀접하게 닿아 있는가

철학에서 경영을 배운다는 것, 그리고 경영에서 자신만의 철학을 갖는다는 것,
이 모두가 현대 경영인들에게는 필요충분조건이 되고 있다.

무엇이 경영일까

무언가를 경영한다는 것, 과연 경영이란 무엇일까. 누구나 생각하는 경영의 범주에 기업은 당연히 포함되는 것이겠지만 실제 그 범위는 상당히 넓고 다양하다. 대학 동창회를 운영하며 동문들을 연결해준다거나 교회 청년부를 맡아 주일 예배 후 부원들을 관리하는 일, 심지어 조기축구회에서 다른 축구 모임과 시합을 주선할 때에도 모두 경영이라는 단어가 관여한다. 경영이란 이처럼 조직 내에서 가치를 창출하기 위한 활동, 즉 기업이란 틀을 적용한다면 기업이 생존하고 유지하고 성장하는 모든 활동을 일컫는다. 한마디로 기업을 '굴러가게' 하는 모든 일을 경영활동이라고 볼 수 있다.

오늘날의 경영은 나름대로 수많은 시간과 시행착오를 겪어 발전

하고 변화된 경영역사의 산물이다. 경영의 효시로는 기원전 5000
년경 고대 수메르인들의 경영활동이 꼽힌다. 당시 수메르 사람들
은 정부와의 상업적 활동에 경영을 활용했다. 이후 이집트의 피라
미드 건설이나 로마제국의 번영, 그리고 14세기 이탈리아 베니스
의 상업적 성공도 모두 '경영'의 한 단면을 보여주는 역사적 사실
들이다.

오늘날과 같은 기업경영의 형태는 산업혁명 이후부터 나타난 대
량생산 체제 하에서 시작되었다. 산업혁명은 사회적이나 경제적으
로 큰 변화를 야기했는데, 특히 섬유재나 소비재를 제조하는 데 있
어 한 단계 도약하는 계기로 작용했다. 때문에 이 시기는 자본으로
시설이나 물자, 인력 등을 사서 물건을 만들기만 하면 많이 팔리던
시절이었다. 주로 가내수공업에서 공장식 기계공업으로 전환하던
대량생산 체제에서의 경영으로, 애덤 스미스가 《국부론(1776년)》에
서 거론했듯 분업이 활발히 이루어졌고 시장은 '보이지 않는 손'에
의해 균형을 이루는 등 현대의 시장경제 체제와 비슷한 모습을 갖
추며 기업경영이 발전속도를 내기 시작한 시기다.

이후 20세기로 접어들면서 프레드릭 테일러에 의해 고전적 경영
학(과학적, 관료적, 관리적 경영을 중시함)이 선보였고, 헨리 포드 시대
에 와서는 자동차의 대중화를 위해 조립라인 방식으로 자동차를 생
산하는, 이른바 포드 시스템이 확립되며 기업경영의 모델로 조명받
기도 했다. 물론 이때 경영의 본질과 목적은 단순히 '무엇을 만들어
파는 것'이 아닌 '많이 만들어 파는 것'이 중요하던 시기였다.

21세기가 되어서는 현대 경영학의 아버지로 통하는 피터 드러커 등이 지식과 정보의 가치성을 강조한 '지식경영'과 같은 새로운 경영방법론을 들고 등장했다. 그리고 비전경영이니 감성경영이니 다양하고 복잡해진 경영방법이 현대 기업사에 우후죽순처럼 등장하게 된 것이다.

지난 수천 년의 시간을 통해 기업경영의 방식은 다양하게 진화하고 경영활동의 범주도 더 넓어진 것만은 분명하다. 여기서 깊이 생각해야 할 것은 앞서 설명했듯, 경영이라는 것이 인간의 의지와 전혀 무관하게 존재하거나 스스로 움직이는 자연현상과는 대조적으로 인간이 의도적으로 하는 모든 활동이라는 점이다. 따라서 경영활동은 인간과 떼려야 뗄 수 없는 불가분의 관계인 탓에 기업경영자들은 자신들의 경영활동 하나하나가 때로는 사회나 국가적으로 미치는 영향 또한 상당하다는 점을 항상 각인해야 한다. 이런 이유를 들어 우리는, 아니 우리 사회는 그 어느 때보다 위대한 경영자에 대해 더 갈망하고 있는지도 모르겠다.

그렇다면 도대체 어떤 경영자가 위대한 경영자라 할 수 있는가. 피터 드러커의 말을 빌리자면 위대한 경영자는 기초적인 이론은 잘 알되 이를 잘 활용할 줄 아는 사람이다. 아무리 훌륭한 의사라 하더라도 이론적인 체계 없이 민간요법에 의지해 환자를 수술하는 의사라면 병원을 찾은 환자들이 그를 불신할 수밖에 없는 이치와 같다. 결국 어떤 경영을 펼칠 것인가에 대한 자신만의 명확한 이론과 철학, 그리고 확신을 가지지 않고서는 위대한 경영자가 될 수 없다.

자신만의 경영철학을 실제 기업경영에 적용만 잘해도 우리는 누구나 위대한 최고경영자로 평가받을 수 있다는 말이다.

인문학에 몰려드는 CEO들

"갈수록 CEO하기 힘들어지네요."

작게는 국내, 크게는 전 세계적으로 개방화 물결이 거세지면서 기업과 기업, 국가와 국가 간 거래는 이미 거미줄처럼 얽혀 있다. 그러다 보니 세계 경제에 영향력이 큰 특정 기업이나 국가가 한번 휘청거리기라도 한다면 그와 거래관계에 있는 수많은 나라의 기업들은 도미노처럼 그 여파를 고스란히 떠안을 수밖에 없다. 2008년 하반기에 불었던 미국발 글로벌 금융위기가 대표적이다. 지금까지도 글로벌 금융위기는 현재진행형이지 않은가. 이처럼 '내가 이끄는 기업 하나만 잘 운영하면 되겠지' 하는 안이한 생각을 갖고서는 살아남을 수 없는 시대에 우리가 살고 있다.

또한 기업경영자들은 단순히 이윤만 챙기는 데 주력해서도 안 된다. 돈을 번만큼 사회에 다시 풀어줘야 하는 환원활동에 대해 소비자들이 돋보기를 들이밀며 해당 기업을 평가하고 있다. 물론 사회를 위해 헌신하는 모습을 보인다는 것이 굳이 소비자들을 의식하는 차원이면 안 되겠지만, 어쨌든 기업들의 사회적 책임(CSR)경영에 대한 욕구 또한 점차 높아지고 있는 것은 분명한 사실이다. 이는 기업의 CEO들이 과거에 비해 더 어려운 환경 속에서 기업을 이끌어 가야 하는 상황에 처해 있다는 점을 암시한다. 사회가 더 복잡해지고 기업구성원의 성향 또한 과거에 비해 더 다양화되었으며, 경영 전망 역시 한 치 앞을 예상할 수 없는 안개 속 국면인 만큼 CEO하기 어려운 시대가 더 확연해지고 있다. 슈퍼맨이 되지 않고서는 살아남기 힘든 자리가 CEO인 듯하다.

이런 상황 때문인지 최근 몇 년 사이 해외는 물론 국내 기업경영자들 사이에서 흥미로운 일이 벌어지고 있다. 다름 아닌 경영 전반에 걸친 이론과 실무와 관련된 경영수업 대신 인문학을 배우기 위해 펜과 노트를 들고 강의실을 찾는 최고경영자들이 급증하고 있는 것이다. 매월 삼성경제연구소의 인문학 조찬 강좌 '메디치 21'이 있는 날이면 서울 장충동 신라호텔 입구에선 아침 일찍부터 꼬리를 물고 늘어선 검정색 고급 승용차 행렬을 볼 수 있다. 500여 명에 가까운 CEO들이 인문학 강좌를 듣기 위해 몰려들기 때문인데, 수업료가 천만 원이 훌쩍 넘는 서울대학교 최고지도자 인문학과정이나, 능률협회가 주관하는 '지혜의 향연' 조찬회에도 이 같은 풍경은 어김없이 연출된다.

이는 정확한 과학 원리와 정밀한 계산능력, 그리고 근면과 성실함만이 기업 발전의 원동력이라 믿어왔던 과거의 경영이념이 서서히 깨지고 있다는 점을 반영한다. 경영자들의 학습열기는, 결국 경영도 사람과 사람 사이에 이뤄지는 것인 만큼 사람에 대한 관심에서 출발하는 인문학을 통해 기업경영의 지혜와 근본원리를 깨우치겠다는 의미이기도 하다.

서울대학교 인문대의 인문학 최고지도자과정(AFP)을 마친 수료 생들은 강의 후 평가 자리에서 하나같이 인문학이 기업경영에 중요한 나침반이라고 입을 모았다.

"타운하우스 건설은 단순히 건물을 짓는 것이 아니라 문화를 바꾸는 일이라고 생각했는데 그 답을 이번 과정에서 찾았습니다."(이광훈 드림사이트코리아 사장)

"시중 은행이 중점을 두고 있는 투자은행(IB) 분야에 창조적인 아이디어를 제공하는 인문학을 접목시킬 계획입니다. 지금은 전공이 무엇이든 인문학에 대한 관심과 지식을 가지고 있는 인재가 요구되는 때가 아닐까 생각해요."(최영한 국민은행 부행장)

심지어 인문학 강좌에서 영감을 얻어 회사명을 바꾼 경우도 있다. 최하경 지음주택건설 대표는 건축 부동산 분야에서 가장 중요하게 여기는 가치가 바로 신뢰라며, IRID라는 영어이름을 버리고 '서로 마음을 잘 알아준다' 는 의미의 지음(知音)으로 바꾸었다고 한다(지음은 중국 춘추전국시대 거문고의 명수 백아와 그의 친구 종자기 사이에서 있었던 고사에서 비롯된 한자성어). 인문학을 향한 글로벌 CEO들의 열의도 국내의 경우와 별반 다르지 않다. 독서광으로 알려진 빌 게이츠 전 마이크로소프트 회장은 "인문학 없이는 나도, 컴퓨터도 있을 수 없다"며 기업경영에 있어서 인문학의 가치를 높이 평가했고, 게이츠와 비견할 만한 시대의 아이디어 뱅크인 애플의 CEO 스티브 잡스도 새로운 아이디어가 필요할 때마다 윌리엄 블레이크의 시(詩)를 읽었다.

CEO들의 인문학 붐과 관련해 능률협회에서 인문학 강연을 펼치고 있는 김형철 연세대학교 철학과 교수는 "한국의 CEO들은 그동안 인문학에 접근할 수 있는 기회를 원천적으로 차단당해 왔다"며 "한국 CEO들은 상당수가 대학에서 4년 동안 경영학만 배운 경영학 전공자들이다. 그러나 유럽과 미국의 학부과정에는 경영학과 자체가 없다. 그러다 보니 학부에서는 인문학을 배우고 경영대학원에 가서야 경영학을 배우게 된다"고 그 배경을 설명했다. 김 교수에 따르면 외국 CEO들은 우리나라로 말하면 정치학이나 역사, 심리학에 정통한 이들이 상당수다. 그래서 외국 기업과의 접촉이 빈번해지고 인문학에 대한 갈증을 호소하는 한국의 경영자들이 늘어나고 있다고 한다.

소크라테스와 점심 한 끼만 먹을 수 있다면

기업경영자들이 찾는 인문학은 인간이 처한 조건에 대해 연구하는 학문 분야로 철학, 문학, 역사학, 고고학, 언어학, 종교학, 여성학, 미학, 예술 등 여러 갈래가 있다. 그중 오늘날 경영자들이 가장 많이 찾는 분야를 꼽으라면 바로 철학이다. 이는 곧 자신만의 경영철학을 찾고자 하는 경영자들이 많아졌다는 사실을 보여준다. 기업에 있어 최고경영자라는 직위는 의사결정을 주 업무로 하는 자리다. 의사결정을 내리기 위해 피 말리는 고민을 하기도 하고, 때로는 주위의 반대에도 불구하고 추진력 있게 자신만의 정책을 고수해야 할 때도 있다. 무엇보다 CEO 자리가 무거운 것은 자신이 내린 결단으로 인해 기업의 운명이 좌우되고 조직원들로부터의 상향식 평가를 받기 때문이기도 하다.

한때 포스코, 하나로통신, 좋은사람들 등의 기업체 사원 100명을 대상으로 모 기업이 실시한 설문조사에 따르면 응답자의 51퍼센트가 CEO의 가장 큰 덕목으로 결단력을 꼽았다고 한다. 언제 CEO에게 가장 불만스럽냐는 질문에도 "우유부단한 모습을 보일 때"라는 대답이 가장 많이 나왔다고 한다. 경영자에게 있어 가장 큰 '잣대' 역할을 하는 것이 의사결정을 내리는 건데, 결단력이 없다는 것은 자신만의 원칙인 경영철학을 갖추지 못했다는 얘기다. 이 때문에 정보화사회 속의 현대 기업환경에서는 빠른 의사결정을 위해 자신만의 경영철학을 확고히 하는 것이 경영자들에게는 더 중요해졌다.

철학은 아무리 케케묵은 고대의 것이라 하더라도 오늘날의 경영자들에게 분명 많은 메시지를 던져주고 있다. 지금이라도 당장 철학서 한 권에서 지혜와 답을 얻어보라. 더 늦으면 경쟁에서 그만큼 뒤처지는 경영자가 될 수 있다. 바람직한, 그리고 자신에게 맞는 경영철학을 갖기 위해 지금 이 순간에도 전 세계의 수많은 경영자들은 철학에 관심을 갖고, 혹은 인문학에 애정을 쏟고 있다.

애플 CEO인 스티브 잡스는 "만약에 내가 소크라테스와 점심을 같이할 수 있다면 우리 회사가 가지고 있는 모든 기술을 그것(소크라테스의 철학)과 바꾸겠다"고 했다. 경영의 귀재로 통하는 그마저 고대 그리스 철학자인 소크라테스에게서 경영철학을 배우고 싶어 한다. 김형철 교수는 실제로 세계적 CEO들이 철학을 중시하며 경영에 접목하고자 하는 사례가 많다면서 소크라테스는 우리가 현재 쓰고 있는 기술이나 조직의 복잡성을 미처 보지 못했지만 오늘의 최고경영자들은 그의 철학과 지혜를 21세기에서 다시 재해석하려 한다고 전한다.

이왕 점심 얘기가 나왔으니 워런 버핏 얘기도 덧붙여보자. 역사상 최고의 성공 투자가로 평가받는 워런 버핏은 1년에 한 번씩 자신과 함께 점심을 할 수 있는 특권을 경매에 붙인다. 매번 억대의 응찰이 붙는데, 한번은 210만 달러에 낙찰받은 이도 있을 정도로 그와의 짧은 만남은 큰 가치를 지니고 있다. 재미있는 사실은 3시간에 걸쳐 버핏과 점심을 했던 사람들 모두가 자신이 낸 점심 값을 아까워하지 않았다는 점이다(점심 값 전액은 자선단체에 기부된다).

왜 세계의 경영자들이나 부자들은 그렇게 비싼 돈을 주고 그와 식사를 하려 드는 것일까. 도대체 식사자리에서 어떠한 대화가 오가기 때문일까. 3시간에 걸친 식사 시간 동안에 버핏은 하버드 대학원 입학 실패담, 코카콜라와 질레트의 대주주가 된 과정 등 주로 자신이 겪었던 인생담을 들려줌으로써 최고의 투자가로 성공할 수 있었던 그는 삶의 철학을 들려준다고 한다. 정답은 역시 경영철학에 있었다. 철학과 경영, 비경제 분야와 경제 분야라는 극명한 대조를 이루는 두 개념이 이젠 점차 좁혀지고 있다는 느낌이 든다. 철학에서 경영을 배운다는 것, 그리고 경영에서 자신만의 철학을 갖는다는 것 이 모두가 현대 경영인들에게는 필요충분조건이 되고 있다.

피터 드러커는 경영관리에 관련된 사람, 즉 경영자라면 반드시 지녀야 하는 한 가지 자격이 있다고 강조한 바 있다. 그것은 천재적인 재능도, 예리함도 아닌 그 사람(경영자)의 품성, 즉 인격이다. 그렇다면 그 인격은 어디서 나오냐고? 바로 그 사람이 지닌 철학에서 탄생한다는 게 드러커의 논리다. 앞서 김 교수의 말처럼 성공한 글로벌 CEO들 중에서는 의외로 철학을 전공한 이들이 많다. '성공의 대명사'로 일컬어지는 칼리 피오리나 전 HP 회장이 그랬고 애플의 스티브 잡스도 철학을 전공했다. '투자의 귀재' 조지 소로스 역시 런던스쿨 이코노믹스에서 철학을 전공하며 경영과의 접목에 힘썼다고 한다.

장수기업의 비밀? 경영철학에 있다

초일류기업으로 평가받는 회사들은 하나같이 확고한 경영철학을 내세워 위기에도 전혀 굴하지 않고 꿋꿋이 일어서는 오뚝이 같은 모습을 보여준 기업들이다. 이들 기업은 기업의 존재 이유를 경영철학으로 구체화했고 이를 최고경영자에서부터 말단사원에 이르기까지 모두가 실천했기에 세계적인 기업이 될 수 있었다.

■ 3M, 직원들에게 창의성을!

3M은 '고객의 경쟁력을 위해 혁신적 솔루션을 제공한다'는 경영이념을

실현하기 위해 직원들에게 창의성을 심어주는 데 주력하고 있다. 3M의 전 회장 맥나이트는 장기적으로 볼 때 올바른 생각을 가진 사원이 저지르는 실수는 경영진이 권한을 내세워 사원에게 일하는 방식을 일일이 지시하는 실수보다 심각하지 않다고 강조했다. 맥나이트 회장은 실수를 저질렀을 때 경영진이 심하게 비판하는 것은 사원의 자발성을 죽이는 행위라며 직원들의 실수와 실패까지 포용하는 경영철학을 실천했다. 3M의 대표적인 히트 제품인 '포스트잇'이 세상의 빛을 볼 수 있었던 것은 이처럼 실수를 인정해주는 조직문화가 있었기에 가능했다. 당초 포스트잇은 실패작에 가까웠지만 1970년 3M 중앙연구소의 한 연구원이 강력한 접착제를 연구하다가 잘 붙기는 하지만 쉽게 떨어져버리는 접착제를 만든 것에서 창안했다.

■ P&G, 소비자와 함께 행복하자

세계적인 환경기업인 P&G는 지난 2002년, 2,000만 달러를 들여 추진해온 프로젝트가 재정위기로 무산될 처지에 놓였다. 깨끗한 물을 마시자는 것인데, 저개발국 주민들의 생명을 구할 수 있을 뿐 아니라 장기적인 수익도 낼 수 있다는 판단에 따라 시작한 식수정화사업이 예상 외로 안정적인 수익을 내지 못했다. 그러나 P&G는 식수정화사업을 철수하는 대신 기업의 사회 공헌활동으로 전환했다. 사회, 건강, 의료, 인도주의 구호단체 등 비영리조직과 제휴를 맺고 식수정화제품인 '퓨어'를 원가에 공급하기로 한 것이다. 결과는 성공적이었다. 비영리단체를 상대로 한 매출은 증가했고 특히 2004년 말 인도네시아 쓰나미 사태 이후 퓨어의 판매량은 급신장했다. P&G가 위기를 기회로 바꿀 수 있었던 것은 소비자의 생활을 향상시킬 수 있는 최상의 제품을 제공함으로써 경제적 이윤을 얻고, 이윤을 다시 지역사회에 재투자해 지역 공동체와의 공동번영을 추구한다는 경영철학에 충실했기 때문이었다.

■ 삼성, 뼈를 깎는 혁신 정신

세계 시장에서 삼성이라는 글로벌 브랜드가 탄생한 것도 혁신을 향한 이건희 회장의 경영철학이 한몫했다. 인재를 중시하고 그 우수한 인재를 잘 관리하면 혁신은 자연스럽게 따라온다는 게 이 회장의 사상이다. 삼성은 1993년 이 회장의 '신경영 선언'에 따른 혹독한 혁신으로 세계무대에 이름을 알렸고, 이어 1998년 IMF사태 속에서도 뼈를 깎는 혁신으로 글로벌 기업의 발판을 마련하는 데 성공했다. 특히 2006년도에 제시된 '창조경영론'은 일종의 지속성장 매뉴얼이자, 시간(속도)을 중심으로 하는 4차원의 새로운 관점에서 거대 조직을 변화와 혁신으로 이끌어낸 삼성 경영철학의 골격으로 회자되고 있다.

■ 두산, 단결이 최우선이다 / 동화약품, 한 우물만 파는 장인이 돼라
국내 최장수기업은 110여 년의 역사를 자랑하는 두산과 동화약품을 들 수 있는데, 이들 역시 경영철학이 녹아 있는 회사라고 할 수 있다. 두산은 5대째 이어오는 가족 기업으로 '인화 제일주의', '돌다리도 두드리며 건너자'는 등의 안전우선주의 경영철학을 갖고 있다.
동화약품도 국민건강을 최우선으로 하는 일에 한 우물을 파겠다는 경영철학이 있었기에 100년이 넘는 세계적인 명품 브랜드인 '활명수'를 탄생시킬 수 있었다. 전통을 바탕으로 누구보다 한국인의 체질에 적합한 의약품을 만들기 위해 노력했고, 직원들을 한 가족처럼 생각하는 가족 중심의 경영철학을 실제 제품생산과정에 담은 것이다.

현상 이면의 원리를 발견하고
해석할 수 있는 혜안

철학을 통해 경영을 얻기도 하지만 경영을 하다 보면 자연스레 철학의 개념을 깨닫고
이를 재활용해 경영자의 시각을 넓히기도 한다.

유대인들의 철학이 없었다면

세계에서 가장 부자가 많은 민족을 꼽으라면 단연 유대인이다.
석유재벌 록펠러를 비롯해 세계 반도체산업을 좌지우지하는 인텔
의 앤드루 그로브, 마이크로소프트의 빌 게이츠와 애플의 스티브
발머, 델 컴퓨터의 마이클 델, 오라클의 래리 애릭슨, 금융계의 황
제 조지 소로스와 워런 버핏 등 내로라하는 세계 부자들의 혈맥을
찾아보면 거의가 유대인들이다. 비단 부자뿐이 아니다. 그들은 세
계 인구의 0.25퍼센트에 불과하지만, 전체 노벨상 수상자의 30퍼센
트, 경제학 관련 수상자 41퍼센트, 미국 명문대학 교수 60퍼센트를
차지하고 있다. 여기에 미국의 금융가인 월스트리트 임직원의 30퍼
센트 정도도 유대인인 것으로 전해진다. 사실 월가가 미국 금융의

중심지가 된 것은 유대인들과의 깊은 인연이 그 유래다. 제2차 세계 대전 당시 히틀러의 박해를 피해 미국으로 건너온 유대인들은 미국 정부가 만들어준 허드슨 강가의 정착촌에서 살았다. 그런데 강물이 범람하자 이를 막기 위해 일종의 방수벽인 옹벽을 설치했고, 이를 '월(Wall)'이라 불렀다. 이후 이곳에 자리 잡은 유대인들이 금융업을 일으켰고 오늘날의 월스트리트가 됐다. 이런 유대인들이 지금은 전 세계의 경제권을 비롯해 학계, 금융계 등 부와 명예를 두루 갖춘 몇 안 되는 민족 중 하나로 평가받고 있는 것이다.

하지만 시간의 추를 수천 년 전으로 되돌려보면 그들은 나라 없이 떠도는 전 세계의 미아에 불과했다. 기원전부터 치면 20세기에 이르기까지 거의 4,000년 역사의 대부분을 나라 없이 세계 각지에 흩어져 살아온 떠돌이 민족이었던 것이다. 기원전 2000년경 메소포타미아에서 팔레스티나로 이주하여 헤브라이어를 말하는 사람들과 그 자손인 유대인들은 기원전 1000년경부터 예루살렘에 정착해 산 것도 잠시, 이후 바빌로니아를 비롯하여 페르시아, 그리스, 로마 등 수많은 민족에 의해 국토가 점령당했다. 특히 로마제국 치하에서 벗어나고자 예루살렘을 떠난 이후부터는 민족 모두가 세계 곳곳으로 뿔뿔이 흩어져 생활하는 신세가 됐다. 이후 그들의 삶은 비참해졌다. 서구 기독교 사회로부터 가는 곳마다 예수를 죽인 민족이라는 집단적인 증오를 받아야 했으며 이로 인한 박해는 물론, 그들이 거주하던 나라에서도 제한된 구역으로 밀려나 살아야 했다. 직업도 마음대로 가질 수 없었던 민족이 바로 유대인들이다. 평탄한 삶을 살다가도 언제 다시 생의 터전이 송두리째 파괴될지 모른다는 불안감 속에서 그들은 살아왔다.

그랬던 유대인들이 오늘날 전 세계의 경제권을 흔들 만큼 힘 있는 민족이 될 수 있었던 배경은 과연 무엇일까. 바로 그들의 정신, 즉 철학에 있다고 할 수 있다. 급격한 환경변화 속에서도 그들이 멸망하지 않고 지금까지 살아올 수 있었던 데에는 그들에게 공동체 의식을 심어준 정신적인 철학서 《탈무드(히브리어로 '가르치다' 라는 뜻)》와 유대교의 신념들이 힘이 되어준 것이다. 유대인들에게 있어 철학은 수천 년의 시간 동안 세상을 떠돌아 살면서도 유대민족이라는 공동체 의식을 심어주었고, 민족을 하나로 만들어주는 연결고리 역할을 했다.

"유대인은 탈무드를 만들었고 탈무드는 인류를 만들었다"는 말이 있다. 탈무드는, 역사책은 아니지만 역사에 대해 이야기하고 있으며, 법전은 아니지만 법에 대해 말해주고 있다. 또 인명사전은 아니지만 많은 인물들에 대해 말하고 있으며 백과사전은 아니지만 백과사전과 같은 역할을 하고 있는 게 탈무드다. 이로 미루어보아 한 민족의 운명을 좌지우지하는 가장 큰 정신적 자산은 바로 철학이라고 감히 말할 수 있다. 이런 논리라면 개별 기업의 운명을 뒤흔드는 것도 역시 철학이 아닐 이유는 없지 않을까.

'15퍼센트 룰'을 탄생하게 한 스카치테이프

이제부터는 스카치테이프 얘기를 해보려 한다. 무엇인가 붙이거나 물에 젖지 않도록 종이 등에 코팅 효과를 줄 때 요긴하게 쓰이는 스카치테이프. 직장인은 물론 주부나 어린이 등 너나 할 것 없이 가장 흔히 사용하는 문구류 중 하나가 바로 이 스카치테이프다. 느닷없이 웬 접착테이프 얘기냐고 어리둥절해할 수도 있겠지만 스카치테이프의 탄생 전후사정을 들여다보면 오늘날 경영자들이 건져내야 할 교훈거리가 여럿 있다. 상품 하나가 위기에 처한 한 기업을 세계 초일류기업으로 우뚝 서게 할 수 있고, 경영 마인드가 없던 경영진들에게 독특한 경영철학도 심어줄 수 있는 점이 그것이다.

스카치테이프는 사무용품 회사로 유명한 3M에서 처음 만들었다. 지금이야 3M이 사무용품 전문회사로 유명하지만 1902년 5명의 사업가들이 모여 회사를 설립할 당시만 하더라도 광산에서 강옥이나 사금을 캔 후 연마기 같은 공업용 기계 제작업자들에게 판매하는 것을 주 업무로 삼았다. 그러던 이 회사의 주력 업종이 사무용품으로 바뀌게 된 것은 결국 스카치테이프에 의해서다.

3M의 연구원인 리처드 드류는 당시 코팅 접착제 엔지니어이기도 했다. 드류는 차량 도색작업자들이 자동차를 두 가지 색으로 칠하는데 어려워하는 것을 발견하고는 '마스킹테이프'를 만들어야겠다는 생각을 가졌다. 마스킹테이프는 다른 색깔에 페인트가 묻거나 깔끔하게 색칠하지 못하는 문제점을 보완해 페인트가 묻지 않도록

일정한 면을 가려준다. 이때부터 실험에 돌입한 드류는 나름대로 몇 가지 마스킹테이프 시제품을 만들어내기는 했으나 완성도 높은 제품개발에는 매번 실패하고 말았다. 상황이 이렇게 되자 처음에는 그를 믿고 지원해주던 맥나이트 사장도 결국에는 연구중단을 지시하기까지 했다. 하지만 이 일이 드류에겐 오히려 개발의지를 더욱 불태우는 동기가 되었다. 남들 몰래 근무 외적인 시간까지 투자하며 불철주야 마스킹테이프 개발에 매달렸고, 마침내 그는 1925년 자동차 도료용 마스킹테이프를 만드는 데 극적으로 성공했다.

이어 1930년에는 방수 포장테이프를 만들어달라는 주문을 받고 마스킹테이프 개발에 들어간 기술을 활용, 오늘날의 스카치테이프를 완성하기에 이른다. 기름, 합성수지, 고무 등을 이용해 투명한 접착제를 만들고, 뒤에 셀로판을 입힌 '스카치 브랜드 셀룰로오스 테이프(스카치테이프의 원래 이름)'를 만들어낸 것이다. 스카치테이프는 당시만 해도 변변한 수익을 내는 모델이 없어 고전하던 3M에게 글로벌기업으로 탈바꿈하는 단초 역할을 했다.

특히 미국 경제공황의 그림자가 엄습하기 시작하던 1930년대 초부터 일반 소비자들 사이에 사용하던 물건을 버리지 않고 다시 쓰자는 움직임이 일면서 스카치테이프는 폭발적인 인기를 누렸다. 생활용품을 재활용하는 방법을 궁리하던 소비자들이 못쓰게 된 물건들을 수리하는 중요한 도구로 사용하는 등 점차 상용범위가 다양해진 것이다. 매출증가는 자연스레 뒤따를 수밖에 없는 일, 3M은 천문학적인 금액의 돈을 벌어들이기 시작했다.

당시 최고경영자였던 맥나이트 사장은 스카치테이프의 이런 성공에 고무되어 향후 자신이 회사를 35여 년간 이끌어가는 데 핵심 경영철학이 되어준 '15퍼센트 룰'을 만들었다. 자기가 원하는 일에 업무시간의 15퍼센트를 마음대로 쓸 수 있도록 한 것이 바로 15퍼센트 룰. 드류에게 마스킹테이프에 대한 연구개발을 중단시켰음에도 그가 끝까지 포기하지 않고 자신이 하고 싶어 하는 일에 몰두해 성공했던 사실을 자신의 경영철학과 3M의 정책으로 승화시킨 셈이다.

맥나이트의 신경영철학인 이 15퍼센트 룰은 이후에도 3M이 혁신의 대표기업으로 성장하는 데 견인차 역할을 했고, 20세기가 채 끝나기 전에 세계 80위권의 우량기업으로 발돋움하는 데 일조했다. 이에 따라 당시 미국의 〈포춘〉지는 3M을 매년 가장 명망 있는 기업의 상위권에, 영국의 〈파이낸셜타임즈〉는 세계에서 가장 존경받는 50대 기업으로 선정하기도 했다. 스카치테이프에서 자신만의 경영철학을 찾은 맥나이트는 이후 종업원들의 자발성과 혁신을 장려하는 3M 비즈니스 문화도 만들어냈다. 그는 주변에서 경영의 기본방침을 묻기라도 하면 으레 다음과 같이 대답하곤 했다.

"누군가 실수를 저질렀을 때 이를 심하게 비판하는 경영진은 종업원의 자발성을 죽이는 행위를 하는 것입니다. 기업이 계속 성장하기 위해서는 자발적인 직원들이 절대적으로 필요하다는 얘깁니다."

경영철학은 최고경영자의 머리와 가슴에서 나오기도 하지만 때로는 이처럼 자신이 사업을 펼치는 도중에 일어나는 사건과 이슈

속에서도 도출된다. 철학을 통해 경영을 얻기도 하지만 경영을 하다보면 자연스레 철학의 개념을 깨닫고 이를 재활용해 경영자의 시각을 넓히기도 한다.

보통 사람들을 위해 차를 만들다

철학이 경영자들에게 폭넓은 시각을 갖도록 해준다는 얘기는 철학이 경영 전반에 정책으로 현실화되고 연쇄과정을 거치게 되면 기업의 체질을 개선할 수 있음은 물론, 효자상품(전체 매출액의 7퍼센트, 순이익의 17퍼센트를 차지)을 양산할 수도 있다는 점을 반증한다. 앞서 거론한 3M의 스카치테이프라는 상품이 기업에 경영철학을 심어줬다면 다음에 설명하는 포드 자동차는 경영자의 시각전환이 기업의 운명을 바꿨다고 할 수 있다. 이것이 포드 자동차의 사례를 통해 얻어낼 수 있는 철학과 경영 간의 상관관계를 단적으로 의미하는 말이다.

"작은 (시각) 차이가 큰 (성과) 차이를 만든다!"

2008년부터 일기 시작한 전 세계 금융위기로 인해 세계 완성차 업계를 호령하던 GM과 크라이슬러가 파산위기에 내몰리고 있다. 하지만 자동차 빅 3 가운데 유독 포드만이 예전의 명성을 유지하며 굳건히 버티고 있다. 전 세계적인 금융위기 공포 속에서도 포드가 떨지 않을 수 있는 것은 탄탄한 재무구조도, 경영진의 탁월한 경영능력도 이유가 될 수 있겠지만 무엇보다 기업 설립 때부터 전개해 온 창업주 헨리 포드의 "누구라도 탈 수 있는 자동차를 만들겠다"는 신념과 철학이 기업 전반에 걸쳐 깔렸던 점을 무시할 수 없다.

포드 자동차가 설립된 1903년만 하더라도 자동차는 가격이 비쌌을 뿐 아니라 일부 부유층만의 사치품으로 인식되었다. 그러나 다른 자동차 기업들과 달리 헨리 포드는 모든 사람들이 차를 살 수 있도록 하겠다며 과감히 자동차의 대중화를 선언했다. 차별화인 동시에 발상의 전환을 꾀한 것이다. 그의 이 같은 소비자 중심 철학에 의해 1908년 첫 번째 결과물인 'T형 포드'가 출시되었다. 당시 혁명적인 자동차로 불렸던 이 차는 다른 경쟁회사의 차 가격이 2,000달러 수준일 때 825달러라는 파격적인 가격으로 소비자들의 구매욕구를 자극했다. 가격에 비해 성능도 꽤 괜찮았다. 직렬 4기통 2,890시시에 22마력 엔진을 얹었고, 2단 기어로 시속 60킬로미터까지 달릴 수 있었다. 출시 이후 반응은 대단했다. 예상 외로 많은 소비자들이 T형 포드를 구입하는 데 몰렸고 이에 고무되어 처음 825달러였던 이 차 값은 이후(1925년) 260달러까지 낮아져 포드 자동차를 굴지의 글로벌기업으로 키우는 데 효자상품 역할을 톡톡히 했다. 자동차의 생필품화 전략이 기가 막히게 적중했던 셈이다.

당시의 자동차들은 수제품으로 값이 매우 비쌌다. 부품의 규격이 일정하지 않아 차를 조립할 때마다 절삭기나 연마기 같은 공구를 이용해 부품을 조정해야 했고, 모델이 자주 바뀌는 바람에 대부분의 부품도 장기생산이 불가능했다. 이런 상황에서 헨리 포드의 대중화 전략은 '모험' 에 가까웠다. 포드는 자동차 모델을 단일화시키고 부품도 표준화하면서 값을 최대로 낮추었는데, 그에 따른 효과는 기대 이상이었다.

한 가지 더 포드로부터 배울 만한 것은 그의 자동차 대중화에 대한 철학이 근본적으로 소비자를 겨냥한 개념이었지만, 사내 경영에서는 조직구성원들의 능력을 중시하는 '인재경영' 의 한 단면으로도 발전했다는 점이다. 소비자 입장을 중시했던 그가 핵심인재에 대해서도 편애(偏愛)를 아끼지 않았던 것이다.

"나의 공장을 가져가고 차를 부셔도 좋습니다. 하지만 내게서 포드 사람만 빼앗아가지 마십시오. 그래야만 내가 이 사람들과 함께 (포드가 망하더라도) 언제든지 지금의 포드를 다시 만들 수 있지 않겠습니까?"

철학과 경영은 서로 보완관계인지라 '닭이 먼저냐, 알이 먼저냐' 하는 질문처럼 경영자의 철학에서 효자상품이 만들어지거나, 경영자의 철학이 만들어지기도 한다.

공간에 대한 CEO들의 발상 전환

경영자들의 깜짝 발상전환은 의외로 조직구성원들의 업무능력 향상을 이끄는 동기가 되기도 한다. 기업 CEO들이 펼치는 사무실 공간을 활용하는, 이른바 공(空)테크(공간 테크놀로지)' 가 대표적이다.
MP3 플레이어 '아이리버' 로 유명한 레인콤은 서울 서초구에 새 사옥인 '아이리버 하우스' 를 마련하면서 이 건물의 가장 높은 층인 8층 전체 공간을 디자이너들이 사용하도록 했다. 사옥에서 가장 전망이 좋은 공간을 디자이너들에게 내준 셈인데, 그곳에는 디자이너들이 자유로운 분위기에서 토론할 수 있도록 바 형태의 공간은 물론 만화책과 자동차, 그리고 헬리콥터와 같은 무선조종 장난감들도 비치해놓았다. 창조적인 디자인을 통해 경쟁력을 확보하겠다는 이 회사 경영자의 디자인 경영철학이 반영된 것이다.

'리니지'의 엔씨소프트 역시 본사 15층 옥상 정원에 약 400제곱미터 넓이의 잔디를 깔아놓고 이 공간을 직원들의 휴식공간과 회사 어린이집의 아이들 휴식공간으로 활용하고 있다. 세상 사람들을 더 즐겁게 만들자는 김택진 엔씨소프트 사장의 경영철학이 담겨 있는 공간이다.

SK텔레콤도 서울 중구 을지로2가의 본사 사옥인 'T타워' 2층 공간을 통째로 비워 첨단 정보기술(IT) 전시관인 '티움(T.um)'을 만들었다. 미래 IT서비스의 모습을 재현하고 직원들이 신규사업 아이디어를 생산할 수 있도록 유도하기 위해서다.

이 밖에 재미(Fun)와 팀워크를 기업의 핵심가치로 내세우는 글로벌 인터넷 기업 야후나 야구 게임 '마구마구'로 유명한 CJ인터넷 등의 기업도 사내에 카페 등의 공간을 별도로 마련해 직원들의 사기를 높이고 있다.

거액의 예금통장과 같은
지혜의 보물창고

오늘날의 기업경영에서 '소유'는 중요하지 않다. 무언가를 자꾸 가지려고 하지 말고 지금 있는 단 한 부분이라도 확실하게 경영하는 것이 필요한 때다.

쓰레기 더미의 축복, 남이섬

경영자에게 있어 철학은 폭넓은 시각을 갖게도 하지만 현실에서 당면한 문제나 미래의 비전을 제시해주기도 한다. 당초 강한 자신감을 갖고 추진하던 신규사업이 의외로 시장에서 시원찮은 반응을 얻거나, 잘나가던 사업이 예측하지 못한 돌발상황과 변수에 의해 하루아침에 접어야 할 처지에 몰렸을 때 철학은 적절한 해결책을 선사한다. 또 한 치 앞을 알 수 없는 불투명한 미래를 맞아야 하는 경영자로서는 하루하루의 경영성과를 토대로 회사의 비전을 세워 나가야 하는데, 비전이 현실화되는 과정에서 시행오차를 최소한으로 줄이는 데 도움을 주는 것도 바로 철학이다.

앞선 사례가 기업경영의 현실 속에서 철학이 경영자들에게 폭넓은 시각을 던져주었다고 한다면 이제부터 설명하는 철학의 두 번째 선물은 '지혜'로 요약할 수 있다. 합리적인 판단을 통해 기업의 운명을 바꾸거나 차별화된 경영전략을 펼쳐 사업이 승승장구한 사례들 속에는 경영자들의 철학적 지혜가 담긴 경우가 많다.

아시아, 특히 일본의 한류열풍을 이끌었던 드라마 〈겨울연가〉를 기억할 것이다. 주인공 준상 역의 탤런트 배용준을 원조 한류스타로 이끈 바 있는 이 드라마는 배 씨뿐 아니라 드라마 촬영지였던 남이섬(강원 춘천시 남산면 빙하리)도 한류 관광지로 키워냈다. 〈겨울연가〉의 후광효과 덕분에 남이섬은 2001년 27만 명에 불과하던 관광객이 이제는 연간 200만 명을 웃돌 만큼 대한민국 대표 관광지로 확실히 자리매김했다. 오늘의 남이섬이 탄생하기까지는 경영자인 ㈜남이섬의 강우현 대표이사의 역할이 컸다.

그가 취임한 2001년 9월만 하더라도 남이섬은 쓰레기만 쌓여가던 황무지 섬에 불과했다. 시간을 더 되돌려 전 한국은행 총재인 수재 민병도(2006년 작고) 씨가 남이섬을 사들인 1965년만 하더라도 남이섬은 모래만 가득하던 곳이었다. 이후 민 씨가 잔디와 나무를 그곳에 심기 시작했고, 1년 뒤 골프장도 만들었다. 그러나 1년 만에 골프장은 문을 닫게 되었고 남이섬은 도시에서 놀러온 사람들이 그저 술 마시고 춤을 추는 삼류 유원지로 전락하고 말았다. 취객들의 고성과 소음, 행락객들이 버리고 간 쓰레기들로 남이섬은 갈수록 황폐해져 갔다.

그랬던 남이섬이 점차 달라진 것은 강우현 사장의 역발상 경영전략이 발휘되면서부터다. 홍익대 미술대학을 졸업한 후 그래픽 디자이너 겸 그림 동화작가로 활약해온 그는 '쓰레기'를 '쓸 애기'로 바꾸자는 생각으로 하나하나씩 남이섬을 고쳐나가기 시작했다. 우선 섬에 파묻어놓았던 엄청난 양의 쓰레기를 관광자원으로 탈바꿈시켰다. 남이섬의 명물인 '이슬정원'도 이런 과정을 통해 탄생했다. 3,000여 개의 빈 소주병을 이용해 정원을 만들고 소주상표인 '참이슬'에서 따온 이름을 새긴 게 오늘날 명물이 되었다. 또 쓰레기를 태운 재로는 도자기를 만들었고 가지치기한 나무들은 토막으로 잘라 건물 벽을 장식하는 데 활용했다. 이어 화장실 변기는 화분으로, 자투리 합판은 안내판으로 재탄생했다.

"할 수 있는 것만 생각하기에도 바쁜데 뭣 하러 안 되는 걸 구태여 생각합니까? 가진 게 폐품뿐이고 쓰레기뿐이라면 그걸 써먹을 궁리를 해야죠. 돈이 없어서, 직원들이 일을 못해서 사업을 못하겠다고요? 돈이 없으면 벌어서 쓰고 직원들이 마음에 안 들면 가르치면 됩니다. 중요한 건 불가능을 가능으로 바꿀 상상력, 발상의 전환입니다. 불가능은 희망의 블루오션이에요."

강 사장의 이 같은 엉뚱하고 기발한 아이디어는 관광객들에게 달라진 남이섬을 선물했다. 술병은 꽃병으로 기능을 바꾸었고, 잡초는 화초로 개념을 달리했으며, 고객들을 먼저 생각한다는 뜻에서 남이섬은 '남의 섬'으로 관광객들에게 인식되기 시작했다. 2006년부터는 관광객에게 여권을 발급하고, 상형문자와 화폐를 도입하는 등 문화독립선언을 통한 '남이공화국(나미나라공화국)'을 선포하면서 선풍적인 인기를 끌었다. 경제적인 수치로도 (주)남이섬은 연 매출 20억 원을 궁궁하면서도 적자기업이었던 것이 그의 손에 의해 100억 원이 훌쩍 넘는 흑자기업으로 전환되었다. 불과 수년 만에 매출액은 5배, 방문객은 6배나 늘어났다.

강 대표의 관광경영철학은 하루아침에 만들어진 게 아니다. 자신이 잘 할 수 있는 것(디자인)을 자신의 경영철학으로 삼는 지혜를 발휘한 것이 현재의 남이섬을 있게 한 원동력이 된 셈이다. 그 스스로도 남이섬의 성공동기를 다음과 같이 말한다.

"대부분의 화가는 백지에 그림을 그리기 시작합니다. 완성된 작품 이미지를 먼저 상상해두고 그걸 마음의 눈으로 보면서 닮은꼴로 완성해가는 과정을 거치는데, 이때 화가의 상상력은 완성작품 수준에 가깝습니다. 경영자나 직원의 수준도 이처럼 상상력이 좌우합니다. 상상력은 미래를 예측하는 통찰력이잖아요. 남이섬의 경영을 처음 맡았을 때도 그랬습니다. 손님도 없고 돈도 없었죠. 하지만 가장 먼저 손님이 들끓는 모습을 상상했습니다. 수많은 손님들로 혼잡한 숲길 여기저기서 외국어가 난무하며 사진 찍는 모습을 생각하니 먹고 사는 문제는 저절로 해결되더군요."

나는 상상력 있는 경영자인가? 가슴에 손을 얹고 한번 되새겨볼 말이다.

공장이 있어야 제조기업인가

　최고의 기업에는 돈이든, 인재든, 언제나 최고나 최대의 수식어가 뒤따른다. 때문에 규모가 큰 기업일수록 사업을 확장하거나 사업 인프라를 갖추는 데에도 많은 투자를 아끼지 않는 게 일반적이다. 하지만 사업 인프라를 어떻게 구성할 것이며 적재적소에 어떻게 배치할 것인지는 경영자의 선택에 따라 얼마든지 바뀔 수 있다. 이는 곧 기업의 체질이 달라질 수 있다는 얘기인 동시에 기업성패의 열쇠가 될 수도 있다는 말이다.

　홍콩을 대표하는 기업 중에 리앤펑(Li & Fung)이란 회사가 있다. 의류와 장난감, 액세서리 등의 소비재를 생산하고 수출하는 이 회사는 연 매출액만 우리 돈으로 19조 원을 넘나든다. 그런데 이 회사를 보는 세계 경영계의 시각이 예사롭지가 않다. 유수의 경영 · 경제 전문지들조차 하나같이 리앤펑을 파워기업으로 여기고 있다. 한때 〈비즈니스위크〉는 세계에서 가장 영향력 있는 회사 29개 중 하나로 선정했고, 〈포브스〉 역시 아시아에서 가장 놀랄 만한 기업 50위 중 하나로 리앤펑을 꼽았을 정도다. 도대체 리앤펑의 어떤 점이 경영계를 놀라게 했을까?

　많은 경영전문가들은 리앤펑이 세계 유수의 기업들과는 다른 독특한 비즈니스 모델을 채택한 것이 영향력 있는 기업이 된 배경으로 꼽는다. 이 회사는 의류전문 소비재 기업임에도 불구하고 전 세계에 단 하나의 공장도 소유하고 있지 않다. 여기에 단 한 명의 재봉사도 고용하지 않는다. 큰 덩치의 기업으로선 다소 의외의 선택이다. 그러면서도 매년 20억 벌 이상의 의류를 생산할 만큼 생산성은 절대 뒤떨어지지 않는다. 어떻게 이런 일이 가능한 것일까. 구체적인 업무 프로세스를 살펴보면 이렇다.

만약 미국의 어느 의류회사가 리앤펑에 남자 바지 20만 벌을 주문했다고 치자. 그럼 리앤펑은 단추는 중국, 지퍼는 일본, 실은 파키스탄에 주문을 하고 파키스탄에서 받은 실은 중국에 보내 직물로 짜서 염색하게 하며, 이 모든 것을 꿰매는 일은 방글라데시의 공장에 맡긴다. 고객이 빠른 배달을 원하기 때문에 세 개의 공장에서 분담하여 작업하는 것이다. 리앤펑은 이런 방식으로 전 세계 40개국에 퍼져 있는 3만 개의 공급업체(공장)와 200만 명 이상의 공급업자(직원)들을 움직인다. 그럼에도 이 회사가 직접 월급을 주는 종업원은 단 1퍼센트도 안 된다.

바로 이 부분에서 경영자의 철학적 지혜가 큰 역할을 한다. 경영자의 선택으로 인해 20조 원에 가까운 매출을 자랑하는 글로벌 기업이지만 공장 하나 가지지 않고서도 수많은 물량의 주문을 충분히 소화해낼 수 있는 저력, 성장성을 갖게 되는 셈이다.

리앤펑은 원부자재부터 최종 제품생산에 필요한 자사의 설비나 자산을 가지고 있지 않지만 이러한 과정을 원활히 할 수 있는 전 세계 제조 및 유통전문 업체만 약 7,500곳과 접촉할 수 있는 풀을 갖고 있다. 이 회사가 관리하는 브랜드도 전 세계적으로 900개가 넘는다. 리앤펑그룹을 이끌고 있는 빅터 펑 회장은 네트워크를 통제

하는 오케스트라의 지휘자라고 자신을 표현한다.

"오늘날 경쟁이란 기업 대 기업이 아니라 팀 대 팀, 즉 하나의 공급사슬과 다른 공급사슬 간의 경쟁을 의미합니다. 이때 중요한 것은 지휘자의 역할이지요. 오케스트라 지휘자가 재능 있는 음악가들을 이끌어가는 것처럼, 강한 공급업자의 네트워크를 설계하고 이끌어가는 키잡이가 필요합니다."

리앤펑의 사례가 보여주는 것은 과거의 기업처럼 자체 생산기지 규모가 어느 정도인지, 보유인력은 몇 명이나 되며, 부동산은 어느 정도인지 등 소유에 대한 집중보다는 어떻게 회사를 운영하고 이끌어나갈 것인가 하는 경영에 초점을 맞추는 기업이 성공가능성도 높다는 점이다. 결국 경영자의 경영방식과 철학이 과거에 비해 더 중요해진 셈이다.

환자가 동창회를 여는 병원

경영자들은 늘 경쟁해야 한다. 남들과 똑같은 사업구상을 하고 똑같은 방식으로 마케팅을 펼쳐서는 그들과의 경쟁에서 쉽게 우위를 점할 수 없기 때문이다. 다음에 소개하는 캐나다의 쇼울다이스 병원은 그야말로 기업이 경쟁에서 어떻게 살아남아야 하는지, 경영자들은 어떠한 생각과 지혜를 갖고 기업경영에 임해야 하는지를 여실히 보여주는 사례다.

　　1945년에 세워진 쇼울다이스 병원은 탈장전문 병원으로 유명하다. 토론토 대학에서 외과수술을 가르치던 에드워드 얼 쇼울다이스 박사가 설립했는데, 2차대전에 군의관으로 참전한 그는 많은 군인들이 탈장 때문에 고통받고 있다는 사실을 깨닫고 제대 후 탈장전문 병원을 짓겠다는 의지를 다져 이 병원을 설립했다. 이후 쇼울다이스 병원은 60년이 넘게 세계 제일의 탈장전문 병원으로 호평을 받고 있다. 특히 특별한 광고를 하지 않는데도 불구하고 입소문을 타면서 캐나다 전 지역은 물론, 미국이나 유럽에서까지 비행기를 타고 쇼울다이스를 찾는 환자들이 몰려들 정도다. 잘나가는 병원이 되다 보니 하버드 비즈니스스쿨의 성공사례에까지 채택된 바도 있다.

　　그런데 쇼울다이스 병원의 성공전략을 짚어보면 다소 의아한 부분이 많다. 일반적으로 환자는 철저히 돌봐야 할 보호대상자로 생각하기 마련인데, 이 병원은 스스로 병을 이겨내야 하는 주체로 환자를 대하고 있다. 환자가 알아서 병원을 찾아와야 하고 수술 후에는 스스로 재활까지 다 해야 한다는 게 이 병원의 기본 운영 콘셉트인 것이다.

　　입원과정부터가 여간 까다롭지 않다. 탈장전문 병원이라는 이름에 걸맞게 탈장질환 환자만을 받는데 동맥경화, 치질, 정맥류 환자들은 받지 않으며 탈장 환자라도 심장에 병이 있다든가 과거 1년 내에 수술을 받은 적이 있는 환자는 병원에서 입원 자체를 허락하지 않는다. 예약과정도 만만치 않다. 반경 75킬로미터 이내의 환자들은 병원에 직접 와서 필요한 개인적인 검사를 받아야만 예약이 가능하다. 시간도 정해져 있어 평일은 오전 9시 30분부터 오후 3시 30분 사이, 토요일에는 오전 10시부터 오후 2시까지만 접수를 받는다. 멀리 떨어져 있는 환자라면 의료정보질문서와 보험정보서를 홈페이지에서 내려받아 작성한 후 팩스나 우편으로 보내야만 접수가 가능한데, 이마저도 접수 후 처리되는 기간만 2~3일이 족히 걸린다.

환자들의 본격적인 고생(?)은 수술하고 난 이후부터다. 수술을 받은 환자들은 스스로 걷는 연습을 해야 한다. 걸어 다니는 것이 회복에 빠르다고 판단하기 때문인데, 가급적이면 휠체어나 목발을 사용하지 않도록 환자들에게 요구하고 있다. 부축하거나 아니면 엘리베이터를 이용해 다른 층을 오가는 것도 잘 용납하지 않는 게 이 병원만의 특별함이다. 대신 병원에서는 환자들의 재활을 돕기 위해 복도에는 융단을 깔고 계단의 경사는 완만하게 설계한데다, 바깥 잔디밭으로 연결되는 산책로도 만들었다.

쇼울다이스 병원이 환자들을 괴롭히는 것 중 또 다른 하나는 일반병실에서 TV를 볼 수 없다는 점이다. TV를 보기 위해선 각 층의 중앙에 마련된 공용 TV로만 봐야 하고, 심지어 화장실조차 따로 마련되어 있지 않은 병실이 대부분이다. 우리의 시각으로선 도저히 이해 안 가는 병원이 바로 쇼울다이스다. 아픈 환자에게 TV도 마음 놓고 보지 못하게 할 뿐 아니라 불편한 몸을 이끌고 직접 화장실로 가서 용변을 보게 하다니 말이다.

하지만 쇼울다이스는 환자에게 많은 것을 요구하는 만큼 그들에게 고품격 의료서비스(수술 및 진료의사 인력은 세계 최고 수준이다)로 되돌려준다.

설립자인 쇼울다이스는 경쟁병원과는 또 다른 시도로 환자 간의 커뮤니케이션 형성에도 주력하고 있다. 사회복귀 훈련을 받고 있는 사람이나 다른 사람들과 잘 사귀지 못하는 사람들은 아예 환자로 받지 않는다.

특히 다른 병원에 없는 환자공동체가 결성되어 있어 환자에게 많은 업무를 부담시키는 방식으로, 환자로 하여금 병원에서 많은 경험을 하도록 한다. 취미가 같은 환자들끼리 대화할 수 있도록 같은 병실에 입실시킨다. 카드가 취미라면 카드 병실에, 뜨개질이 취미라면 뜨개질 병실에 들였다.

이러다 보니 매년 1월 캐나다 토론토의 로열 요크 호텔에는 이 병원에서 치료를 받은 1,500여 명 이상의 환자들이 '환자동창회'를 연다고 한다. 그들은 입원기간에 서로를 격려하고 위로하며 충분히 알고 지낼 수 있는 시간을 통해 공동체의식을 만들어가고, 이것이 병원에 환자가 몰려드는 보이지 않는 가장 큰 힘으로 작용하고 있다. 쇼울다이스 병원이 '환자가 동창회를 여는 병원'으로 유명해진 것도 이 때문이다.

남이섬, 리앤펑, 쇼울다이스에서 배우는 경영전략

■ 남이섬 – 자신감경영

- 내가 자신 있어 하는 부분, 즉 자신만의 전공을 최대한 살려 기업경영에 접목하라.
- 사고의 전환이 중요하다. '쓰레기'를 '쓸 애기'로 인식하면 그 결과가 달라진다.
- 빈 소주병으로 정원을 만들고 쓰레기 태운 재를 이용해 도자기를 만든 것은 상상력이 동원되지 않고서는 이룰 수 없는 부분이다.
- 미래에 잘될 것을 미리 상상하라. 그리고 그 상상의 그림을 현실 속에서 하나씩 그려가라.

■ 리앤펑 – 네트워크경영

- 규모가 크다고 해서 반드시 모든 사업 인프라를 크게 가져갈 필요는 없다. 알짜배기 경영이 더 중요하다.
- 공장이 없다는 것은 제조업을 경영하면서 가장 큰 단점이 될 수 있지만, 이것 또한 가장 큰 장점이 될 수도 있다. 공장이 없는 만큼 생산비를 줄여 아웃소싱 효과를 보라.
- 사업이든 개인사든 네트워크가 생명이다. 나 혼자만 잘되면 된다는 독불경영을 버리고 내 옆에 있는 회사와 그리고 우리 기업의 발전을 끄집어낼 수 있는 회사라면 어디든 손잡아라.
- 오늘날의 기업경영에서 '소유'는 중요하지 않다. 무언가를 자꾸 가지려고 하지 말고 지금 있는 단 한 부분이라도 확실하게 '경영'하는 것이 필요한 때다.

■ 쇼울다이스 – 차별화경영

- 이제 환자는 보호받아야 할 대상이 아니다. 스스로 병을 이겨내고 주위의 가족들에게도 시름을 덜어내는 주체적인 존재여야 한다.

- 남들에게 의지하지 않을 때 나만의 힘과 자신감이 생긴다. 남들과 똑같은 운영방식을 고수했더라면 오늘날의 쇼울다이스 병원은 그저 그런 평범한 병원에 불과했을 것이다.
- 환자라는 특수한 신분은 외로운 존재다. 주변에 같은 환자들과의 공동체 의식을 갖게 한 것은 이 환자들에겐 말로 표현할 수 없을 만큼 큰 힘이 된다. 그리고 병원 입장에서도 로열티가 높은 환자들을 많이 배출하여 일거양득인 셈이다.

복잡한 사회 속에서
난관을 극복하기 위한 돌파구

미래에 대해 철저하고 자세하게 설명하여
임직원의 동의를 구하는 것이 나의 역할이다.

위기극복의 열쇠가 되는 경영자의 관(觀)

요즘 연예인들은 참 힘들다. 인터넷이 등장하지 않았을 때만 하더라도 그나마 연예계 활동에만 전념할 수 있는 여건이 형성되었지만 지금은 그렇지 못하다. 자신을 둘러싼 기사의 악플에 상처받을 수도, 자신도 모르는 사이 사진이 찍혀 그 모습이 인터넷을 떠돌아 다닐 수도 있다. 이래저래 과거에 비해 인기관리는커녕 그냥 관리만 하기도 어려워진 셈이다. 오죽했으면 지나친 악플에 대항해 형사고발까지 할까? 정보기술의 발전으로 연예인과 일반인들 간의 커뮤니케이션이 활발해진 좋은 면도 있지만, 이처럼 부정적인 면도 불가피하다. 기업경영자들 역시 같은 처지다. 과거에 비해 정보화 속도가 빨라지면서 많은 혜택을 받고 있는 것은 사실이지만, 복잡하고 다양화된 첨단시대인 탓에 오히려 크고 작은 난관들에 직면하는 경우가 잦아졌다. 과거에 비해 훨씬 더 위기상황에 노출되는 경우가 많아진 것이다.

이런 관점에서 오늘날의 경영자들에게 위기를 헤쳐나가는 슬기를 제공하는 것도 바로 철학이 가진 장점이다. 실제 수많은 어려움을 극복하고 뛰어난 경영성과를 이뤄낸 국내외 CEO들을 살펴보면 자신만의 확고한 경영철학을 뿌리로 삼고, 이를 경영에 접목한 이들이 적지 않다.

삼성전자를 초일류기업으로 성장시키는 데 주도적인 역할을 한 윤종용 전 부회장은 재직시절 한국의 간판급 CEO답게 〈포춘〉지의 '아시아에서 가장 영향력 있는 비즈니스 리더 25인' 중 5위에 선정됐다. 〈포브스〉로부터는 "10년 전 무기력하고 독창성 없던 삼성전자가 언덕에서 굴러내려 오는 눈덩이 같은 존재가 되었다"는 평가를 이끌어냈다. 무려 16여 년간 삼성전자의 사령탑을 맡았던 그가 이처럼 세계의 리더 반열에 오를 수 있었던 것은 망하지 않으려면 항상 위기감을 가지라는 그만의 독특한 경영철학이 있어서였다. 평소 삼성도 파산할 수 있다는 위기의식을 가지고 잘나갈 때일수록 더욱 조심해야 할 것을 임직원들에게 당부한 윤 전 부회장은 본인 스스로도 '혼돈 제조기'라고 말할 만큼 기업경영에서 위기의식을 가지는 것보다 큰 것은 없다는 지론을 펴왔다.

윤 전 부회장이 위기가 오기 전에 위기를 대비한 케이스라면 경영의 신으로 불리는 제너럴일렉트릭(GE)의 잭 웰치와 스콧페이퍼의

CEO 던롭의 비교사례는 위기상황이 직면했을 때 경영자의 철학적 주관이 어떤 역할을 하는지를 단적으로 보여준다.

1994년 미국 스콧페이퍼의 CEO로 취임한 던롭은 비용삭감을 내세워 재임기간 전체 직원의 30퍼센트 수준인 1만 2,000명을 대량 해고했다. 취임 이틀 만에 11명의 고위임원 중 9명을 잘라내기도 해 전기톱이라는 별명까지 얻었다. 그러나 던롭은 채 20개월도 채우지 못하고 CEO 자리에서 물러났으며, 1995년 말 스콧페이퍼마저 경쟁사인 킴벌리클라크에 매각되고 말았다. 반면, 20년 이상을 장수하며 재임기간 내내 GE를 세계 최고의 기업으로 만든 잭 웰치의 구조조정에 대한 철학은 던롭과 확실히 달랐다. 웰치 역시 중성자탄이라는 별명을 얻었으며, 수익성이 없는 부문은 과감히 팔아버리고 직원평가를 통해 무능한 직원을 솎아내어 CEO로 장수하고 명예롭게 은퇴하지 않았던가.

이 두 CEO의 차이는 바로 경영자의 관(觀)에 있다. 미국 남가주 대학의 워런 베니스 교수는 이를 가리켜 명확한 목표설정의 차이라고 표현했다. "웰치가 대규모 구조조정과 같은 위기상황을 맞아 '우리는 1, 2등만 키운다'는 명확한 비전을 제시해 직원들의 공감을 얻어낸 반면, 던롭은 원칙 없이 성과향상을 위한 단기적 대응에 그쳤다"며, 같은 구조조정이라 하더라도 어떤 철학과 원칙을 갖고 임했느냐에 따라 차후 성과가 달라진다는 얘기다.

이왕 구조조정 얘기가 나왔으니 일본의 경우도 끄집어내 보자. 파나소닉의 창업자인 마쓰시타 고노스케는 위기극복의 신(神)으로 평가받는다. 그는 23세에 회사를 창업해 94세로 사망할 때까지 무려 70여 년간 그만의 독특한 경영철학으로 불황을 극복해냈다. 1929년 대공황 당시 회사는 매출급감과 함께 쌓여만 가는 재고로 위기상황에 처했다. 그때 한 간부는 종업원을 반으로 줄여야 한다며 그에게 충언했고 당시 병상에 누워 있던 고노스케는 이렇게 대답했다.

"나는 장래에 마쓰시타를 더욱 키우고 싶다. 때문에 한 사람도 해고해서는 안 된다. 모두가 힘을 합쳐 위기를 헤쳐나가면 되기 때문이다."

그의 말이 떨어지기가 무섭게 회사는 생산을 반으로 줄이고, 반 일근무라는 특단의 조치를 취했다. 직원의 월급은 전액 지급하는 대신 휴일에도 전 사원이 재고품을 팔기로 했다. 그의 이 같은 선택은 머지않아 긍정적인 성과로 돌아왔다. 2개월 후 재고는 모두 처리되었고, 직원들의 사기는 충만해졌다.

경쟁의 시대, 우위에 서는 방법

복잡한 경영환경에서 또 하나 빼놓을 수 없는 위기국면은 다른 기업과의 치열한 경쟁을 피할 수 없다는 점이다. 큰 기업이든 작은 기업이든 한 번쯤은 주력제품을 놓고 경쟁사와의 피 말리는 눈치작전을 펼쳐보지 않은 기업은 없을 것이다. 특히 시장의 파이(pie)가 포화된 상태에서의 경쟁에서라면 경쟁사의 약점을 노골적으로 드러내는 네거티브전략도 난무하고 있는 게 경영의 현주소다. 이런 점에서 소니와의 정면승부를 펼쳐 경쟁에서 우위를 점한 닌텐도의 위기극복전략이 던져주는 메시지는 실로 크다. 닌텐도의 이와타 사장은 자신의 성공전략을 의외로 간단하고 명료하게 다음과 같이 말했다.

"지금껏 게임에 친숙하지 않았던 사람들도 가벼운 마음으로 즐길 수 있도록 고객층을 확대하는 것이 닌텐도의 핵심전략입니다. 어머니들이 폭력성을 자극하는 게임기가 거실에 들어오는 것을 환영하지 않는 것을 보고, 게임산업의 미래는 어머니들의 부정적인 시각을 불식시키는 데 달렸다고 판단해 건전한 게임 개발에 주력한 점이 주효한 것이죠."

2000년대 초만 하더라도 닌텐도는 큰 위기를 맞고 있었다. 게임기시장에서 소니는 1위 탈환에 성공했고, 마이크로소프트 역시 맹렬한 속도로 2위 자리를 치고 올라오던 때였다. 지금은 닌텐도가 잘나가는 기업으로 평가받지만 그때만 해도 절체절명의 위기 순간이었다. 그러나 닌텐도의 창업자 손자인 야마우치 히로시 사장이 협력사인 할(HAL) 연구소 소장이었던 이와타 사토루를 CEO로 영입하면서 2002년 닌텐도의 위기극복 역사는 시작되었다. 당시 42세의 이와타는 협력업체 출신이어서 회사 내 지지기반이 약하고 직원들을 이끄는 구심력을 발휘하기 어려울 것이라는 주변의 우려를 낳았지만, 조용한 혁신을 위기극복 패러다임으로 삼으며 닌텐도의 체질개선을 추구했다.

우선 그는 조직을 과거 게임 개발에 실패한 사람들로 구성했다. 개발 실패로 사내에서 외면받던 직원들을 모아 사장 직속의 프로젝트팀을 만들어준 것인데, 이는 실패를 두려워하지 않는 분위기를 조성하기 위한 조치였다. 이어 기술지향적인 제품개발 로드맵을 고객지향적으로 전환하도록 임직원들을 설득했고 결국에는 그들의 동의를 얻어냈다. 그의 이 같은 체질개선전략은 그대로 적중했다. 닌텐도는 '닌텐도 DS', '닌텐도 wii' 등의 잇따른 히트작을 배출했고 취임 이전보다 매출은 3.6배, 순이익은 4배나 성장한 기업으로 만들었다. 이와타는 평소 "미래에 대해 철저하고 자세하게 설명하여 임직원의 동의를 구하는 것이 나의 역할"이라는 말로 자신의 경영자론을 피력하곤 했다.

오늘의 닌텐도를 있게 한 또 다른 원동력을 찾아보면 닌텐도 경영자들이 수평적 사고를 중시한다는 점을 들 수 있다. 사실 닌텐도 게임기가 탄생한 배경도 사장의 운전기사가 내뱉은 한마디 말에서 기인했다. 닌텐도는 초창기에 게임기가 아닌 화투를 주력상품으로 삼았다. 그러나 시장에서는 그다지 빛을 보지 못했고 급기야 회사는 빚더미에 휘청거리기까지 했다. 그러던 중 어느 날 야마우치 후사지로 사장(닌텐도 창업주)의 운전기사인 요코이(도시샤 공대의 성적 불량 졸업생이었다고 한다)는 사장에게 불쑥 이런 말을 건넸다.

"사장님, 전자계산기처럼 생긴(액정화면) 게임기를 만들면 잘 팔리지 않을까요?"

이 한마디를 마음속에 새긴 야마우치는 1980년 액정화면 게임기인 '게임&워치'를 만들었고, 이 게임기가 세계 휴대용 게임기의 효시가 되면서 오늘의 닌텐도 DS나 닌텐도 Wii와 같은 걸작의 탄생을 유도했다.

첫 게임기인 게임&워치가 만들어지는 과정에서 의미 있는 장면이 하나 있다. 게임기의 액정을 공급해준 협력회사 얘기인데, 1970년대 덴타쿠(전자계산기) 전쟁에서 카시오에 참패했던 샤프가 바로 그 주인공이다. 성적불량 졸업생인 운전기사의 말을 들은 것이나 이처럼 나락으로 치닫던 샤프와 손잡은 것이나 모두 닌텐도의 경영자들이 탁월한 경영철학을 갖고 있었다는 점이다. 시든 기술의 수평적 사고가 바로 훗날 운전기사 출신인 요코이가 말한 닌텐도의 성공비결이다. 엄청난 발명품 하나도 없는 닌텐도지만 경영자들의 수평적인 사고로 인해 초일류기업이 될 수 있었다.

2등에서 1등으로

성경에 이런 말이 있다.

'먼저 된 자가 나중 되고 나중 된 자가 먼저 되리라.'

이 의미를 기업시장에 접목해보면 '후발주자가 노력하면 선발주자를 이길 수 있고, 선발주자도 방심하면 후발주자에 밀릴 수 있다' 쯤이 되겠다. 우리가 태어난 것이 우리의 선택이 아니었던 것처럼 기업경영에서 후발주자들은 선발주자를 뒤따르는 구도 속에서 경영을 시작할 수밖에 없다. 이는 달리 생각할 때 후발주자들만이 느끼는 하나의 난관이자 첫 위기가 되는 셈이다. 다음에 열거하는 사례들은 만년 2위에서 1위 기업을 딛고 일어선 기업들의 숨은 경영전략을 엿볼 수 있는 것들이다.

펩시 〉 코카콜라 : 탄산보다는 웰빙음료

세계적으로 콜라전쟁을 일으키며 100년 동안이나 코카콜라의 뒤만 쫓았던 펩시콜라가 정상에 올랐을 때 118년 만에 1위 등극이라는 평가가 뒤따랐다. 부동의 1위 코카콜라를 2004년도 들어 매출로(292억 달러〉219억 달러) 따라잡더니 2년 뒤인 2006년에는 순익(56억 달러〉50억 달러)으로 눌러버린 것인데, 펩시콜라의 성공을 이끈 것은 이 회사 경영진들의 과감한 발상전환에 있었다.

탄산음료시장에서는 코카콜라의 아성을 무너뜨릴 수 없다고 판단해 비탄산음료를 주력상품으로 전환한 것이다. 웰빙을 중시하는 소비자의 취향을 읽어 펩시는 '게토레이' 같은 이온음료나 과일 천연주스 등의 비탄산음료 생산에 주력하는 등 전체 매출에서 탄산음료 비중을 20퍼센트로 줄이는 대신 비탄산음료 비중을 80퍼센트까지 끌어올렸다. 여기에 피자헛, KFC, 타코벨 등 외식업체와도 손잡고 코카콜라와 우회적으로 승부를 걸었다. 특히 미국 스낵의 60퍼센트를 점유하고 있는 프리토레이와 기능성 식품 퀘이커오츠사를 과감히 인수하는 등 연합전선을 펼친 것도 코카콜라를 무너뜨린 최고의 공격 포인트가 되었다.

HP > IBM : 하드웨어보다는 솔루션

100여 년의 역사를 지니며 세계 최고의 컴퓨팅(하드웨어＋소프트웨어) 회사였던 IBM도 HP의 아성에 무릎을 꿇은 케이스다. 2003년까지만 해도 적자상태였으며 매출액도 IBM의 68%에 불과하던 HP는 2005년 2월 CEO로 부임한 마크 허드의 지휘력으로 업계 선두를 노크했다. 그는 과감한 구조조정과 M&A를 펼치며 '넘버 원'에 도전장을 던졌는데, 철저한 비용절감책을 펼친 게 주효했다.

그해 7월, 1만 5,300명을 감원하고 퇴직제도를 고쳐 30억 달러 이상의 비용을 절감한 HP는 PC 부문에서 델(Dell)의 직거래 모델을 탈피하고 소매점을 통한 전통적인 채널 전략을 취했다. 여기에 결정적인 1위 등극의 요인이 된 '하드웨어 중심 탈피' 전략도 펼쳤다. 전 세계 시장의 45%를 점하고 있는 프린터의 경우 하드웨어 외에 웹 문서 인쇄를 효과적으로 지원하는 소프트웨어는 물론, PC 및 프린터, 복사기 등을 관리해주는 서비스인 WMS(Work place Management Service)를 제공했다. 또 서비스 강화를 위해 소프트웨어 업체인 머큐리 인터렉티브 사를 45억 달러에 인수하는 등 2년 동안 30개 사의 소프트웨어 업체를 인수하며 하드웨어 기업 이미지를 탈피한 것도 적중했다.

하이트맥주 > OB맥주 : 보리보다는 물

골리앗을 이긴 다윗의 국내 사례로는 OB맥주를 1위 자리에서 끌어내린 하이트맥주가 대표적이다. 세계적으로 콜라전쟁이 있었다면 국내에선 '맥주전쟁'이 있었던 지난 1993년, 70퍼센트 이상의 시장점유율을 보이던 OB맥주(당시 동양맥주)에 비해 경쟁 브랜드였던 크라운맥주(조선맥주)는 기업생존을 위한 최저 시장점유율이던 20퍼센트 선에서 곤두박질치고 있었다. 이마저도 다른 대기업이 크라운을 인수해 맥주시장에 진출하는 것을 막기 위해 OB맥주가 일부러 내준 시장점유율에 불과했다. 그러나 하이트맥주가 출시된 지 3년이 지나자 1위 브랜드가 OB에서 하이트로 바뀌고 말았다. 40년만의 일이었다.

하이트의 성공신화는 맥주 맛의 노하우가 보리와 물에서 기인한다는 점을 깨달은 경영진들이 깨끗한 물에 포커스를 맞추자는 전략이 들어맞은 덕분이다. 물론 1991년 벌어진 두산전자의 낙동강 페놀 방류사건도 결정적이긴 했지만, 지하 150미터 천연 암반수를 모토로 걸고 나온 하이트에 비해 보리맥주를 들고 나온 OB맥주는 그다지 소비자들의 시선을 끌지 못했다.

다시다 〉 미원 : 가공보다는 천연

조미료 시장에선 '다시다'의 제일제당 경영진이 펼친 '자연주의' 전략이 대표적인 모델이다. 1970년대 중반에 등장한 제일제당의 '다시다'는 천연조미료라는 새로운 영역을 개척해 정상에 올랐는데, 당시 조미료 시장의 1위는 단연 미원이었다. 화학조미료 시장에서 '미풍'이란 브랜드로 미원을 추격하던 제일제당은 이미 화학조미료의 대명사가 돼버린 미원을 당해낼 수 없자 '화학조미료'가 아닌 '천연조미료'를 승부수로 내걸며 다시다를 출시했는데, 결과는 대성공이었다. 시기적으로 국민소득이 증가하면서 음식에 대한 사람들의 관심이 인공적인 것에서 자연의 것으로 넘어가던 것과 잘 결부되었던 것이다.

더페이스샵 > 미샤 : 가격보다는 고급화

저가 화장품 시장의 개척자이자 절대 1위였던 미샤는 싼 가격 외에 자연주의라는 새로운 범주를 내걸고 나타난 더페이스샵에 덜미를 잡혔다. 더페이스샵의 경영진들은 미샤가 길거리에 점포를 늘리는 데 중점을 둔 것을 파악해 로드 점포와 지하철역은 물론이고 백화점이나 면세점, 대형 할인점 등에도 입점하며 고급화 이미지를 심어나갔다. 여기에 소비자들의 접근성을 높이는 전략도 취했다. 더페이스샵은 주로 지하철역 내부에 점포를 개설했는데 이는 재임대 형태로 이뤄지기 때문에 대형 화장품회사나 코스닥 등록기업인 미샤 등은 쉽게 선택할 수 없는 영업방식이었다. 그 결과 더페이스샵은 창사 2년 만인 2005년에 매출 1,501억 원을 달성하여 단숨에 국내 화장품 업계 3위에 올랐으며 2007년에는 처음으로 매출 2,000억 원을 넘어서며 미샤의 아성에 강력한 도전장을 던지고 있다.

스티븐 코비 박사가 말하는 위기극복 CEO의 7가지 습관

세계적인 경영 베스트셀러 《성공하는 사람들의 7가지 습관》의 저자이 자 경영석학인 스티븐 코비 박사가 강연을 통해 강조한 '위기시대에 살아남는 CEO들의 습관'을 정리하면 다음과 같다.

■ 습관 1 – 위기를 기회로 활용하라

위기의 시대에 있는 CEO들이 이를 기회로 극복하기 위해서는 우선 충분한 시간을 들여 조직구성원 간의 의견을 최대한 들어봐야 한다. 허심탄회한 토론을 열어 기업 차원에서의 해결책을 공통으로 모색해 봐야 한다는 것이다. 얼핏 보기에 해결책으로는 작은 방법처럼 보일지 모르나 이것이 결국에는 위기극복의 열쇠가 된다.

■ 습관 2 – 그레이트 리더십을 가져라

위기 시대에는 주목받는 리더십도 달라진다. 코비 박사는 이를 '위대 한 리더'라는 패러다임으로 정리했다. 위대한 리더는 조직의 목표달성 을 위해 조직구성원들로 하여금 최대한 자신들의 재능과 능력을 발휘 하게 하는 리더십이다.

■ 습관 3 – 긴급한 일보다는 중요한 일을 처리하라

기업 CEO로서 업무의 앞뒤 순서를 잘 정하는 일도 위기 국면에서는 절대적으로 요구된다. 시간관리의 중요함이 어느 때보다 더 절실한 탓 인데, 긴급한 일보다는 중요한 일에 더 매달려야 한다.

■ 습관 4 – 도덕적 권위를 가져라

리더십은 도덕적으로 접근해야 한다. 하부 조직원들의 절대적인 신뢰 감으로부터 나오는 게 리더십이라고 볼 때 기업 CEO는 철저하게 정 직하고 투명함으로 도덕적인 권위를 가져야 할 필요가 있다.

■ 습관 5 – 직원들의 내면의 소리를 들어라

위기상황에 처한 기업의 CEO일수록 직원들이 말하는 내면의 소리를 귀담아들어야 한다. 과거처럼 경영진이 기업실적의 모든 부분을 책임져야 하는 것에서 벗어나 이제는 기업의 문화나 팀도 동반 책임져야 한다.

■ 습관 6 – 기업 간 파트너십을 활용하라

불황 탈출을 시도하는 기업들에게 절대적으로 필요한 것 중 하나는 기업 간 파트너십이다. 시너지가 기업의 경쟁력을 높이고 최악의 상황에 대한 위험을 줄여준다는 이유에서다. 산업화 시대가 리더의 명령과 통제에 의한 수직적인 경영이었다면 정보화 시대인 21세기는 상호 의존성과 팀워크를 중시하는 수평적인 경영, 즉 파트너십 경영이 부각되고 있다.

■ 습관 7 – 끊임없이 쇄신하라

조직의 원활한 운영을 위해 CEO 자신은 끊임없이 쇄신해야 한다. 본인은 물론 기업구성원 모두의 생산성을 높이는 일이 되기 때문이다. 눈앞에 닥친 급한 일에 너무 휘둘리지 말고 장기적인 전망을 기획하며 자신의 심신을 단련하는 경영자의 모습을 가져라.

말더듬이, 골프 캐디, 그리고 하키선수

1935년 11월 19일. 잭 웰치는 미국 보스턴 인근 작은 도시에서 철도 공무원인 아버지와 절실한 크리스천 어머니 사이에서 외아들로 태어났다. 지금은 최고의 달변가로 평가받는 그이지만 어렸을 땐 친구들로부터 '말더듬이'라고 놀림을 받고 자랐다.

그가 학교 근처 식당에서 참치 샌드위치 하나를 주문했을 때의 일이다. 이상하게도 매번 주문만 하고 나면 웰치는 두 개의 샌드위치를 건네받아야만 했다. 영어로 참치를 뜻하는 튜나를 웰치가 '튜, 튜나' 하며 더듬자 매장 직원이 '투 튜나(two tuna)'로 알아듣고 참치 샌드위치 2개를 준 것이다. 그런 일이 벌어질 때마다 그의 어머니는 아들에게 힘을 주는 한마디를 던지곤 했다.

"네가 말을 더듬는 이유는 너무 똑똑하기 때문이란다. 머리에서 나온 똑똑한 생각들을 차마 네 혀가 따라오지 못해서 그런 거야."

잭 웰치가 고등학생이었을 때는 이런 일도 있었다. 당시 다니던 세일럼고등학교에서 아이스하키 팀 주장을 맡았던 웰치는 그가 주장으로 있는 동안 인근의 베벨리고등학교와의 경기에서 매번 참패를 당했다. 그러던 중 마지막 게임에서 승리를 눈앞에 둔 상황에서조차 역전패를 당하자 분노를 참지 못한 나머지 하키 채를 얼음판 위에 내동댕이쳤다. 그러고 나서 라커룸에 들어와 씩씩거리고 있는데, 그의 어머니가 들어와서는 웰치의 멱살을 잡고 소리쳤다.

"바보 같은 녀석아, 진 것을 받아들이지 못한다면 앞으로 무슨 일을 하든지 라이벌을 이길 수 없을 거야!"

잭 웰치는 훗날 그의 경영신념 중 상당부분을 어머니로부터 배웠다고 고백했다.

"어떤 사람이 실수를 했을 때 처벌은 최후의 수단이 되어야 합니다. 이때 필요한 것은 그 사람에게 격려와 자신감을 심어주는 일이죠. 누군가가 좌절하고 있을 때 그를 꾸짖는 것은 경영자들이 가장 경계해야 될 행동입니다."

어머니한테 자신감과 긍정적인 마인드를 배우고 자랐다면 아버지에게서는 골프를 통해 비즈니스의 기본을 배웠다. 골프는 사람과 경쟁을 완벽하게 이해해야 할 수 있는 스포츠라고 극찬한 것도 아버지의 영향이 컸다. 하지만 골퍼로의 첫 발걸음은 사실 돈을 벌기 위해서였다. 9살짜리 꼬마 잭 웰치가 당시 골프장 캐디로 일하며 하루에 번 돈은 단돈 3달러였다. 그럼에도 그렇게 일을 하면서 틈틈이 배운 골프 실력은 훗날 PGA 챔피언인 그렉 노먼과 벌인 친선경기에서 69타로 승리할 만큼 정상으로 발전하는 데 기초가 되었다.

이처럼 어린 시절의 웰치에게 있어 스포츠는 올바른 경쟁의 자세를 배우고 경영인 자질을 키우는 중요한 동기로 작용했다.

냅킨에 그린 3개의 동그라미

위대한 철학자들의 후대에 길이 남는 이론은 의외로 사소한 일에서 유래된 것이 많다. 잭 웰치 역시 마찬가지다. 메모광으로 유명한 그는 경영철학의 상당수를 메모지 한 장에서 얻어왔다.

1983년 1월의 어느 날, 웰치는 오랜만에 (첫)부인인 캐롤라인과 레스토랑에서 식사를 하며 즐거운 한때를 보내고 있었다. 그러던 중 그가 갑자기 만년필을 꺼내 들고 냅킨에 무언가를 마구 써내려 가기 시작했고 옆에서 지켜보던 부인은 순간 놀랐다.

"#1 n #2 …"

이어 동그라미 3개를 그리고는 각각의 원 상단에 이렇게 썼다.

"Core, High Tech, Service"

후대에 GE를 대표하는 역사적인 경영전략의 하나인 '1등 혹은 2등 전략'이 만들어지는 순간이었다. 1등 혹은 2등만이 시장에서 생존할 수 있으며 GE가 미래에 나갈 방향은 핵심사업 부문(GE의 전통사업 중 미래에도 세계 1등이나 2등은 할 수 있는 부문), 하이테크 부문(미래에 성장가능성이 높은 부문), 서비스 부문(한 번도 해보지 않았던 금융이나 방송 등의 사업)임을 강조한 이 전략은 이후 '고쳐라! 매각하라! 폐쇄하라!'는 슬로건과 함께 GE의 급성장을 견인하게 된다. 웰치는 특히 서비스나 기술산업을 중심으로 지속적인 수익향상이 가능한 사업만을 가치가 있다고 보았고, 그 외의 시장점유율에서 1등이나 2등을 차지하지 못한 사업은 가차없이 정리해고의 대상으로 여겼다.

경쟁력 없는 발전설비 사업부와 현실성 없는 원자료 사업부는 대표적인 정리부서다. 이 중 발전설비 사업부의 경우 매출규모에 비해 순이익은 빈약했고 관리자들은 특권의식에 사로잡혔으며 사원들 역시 열정과 에너지가 결핍한 것으로 판단해 웰치는 과감히 정리를 지시했다. 웰치는 취임 후 15년간 400여 개의 사업이나 생산라인을 처분했고 전체 직원의 4분의 1 수준인 11만 3,000명을 해고하는 등 강력한 구조조정을 통해 거품빼기에 주력했다. 이 때문인지 1984년 〈포춘〉지는 웰치를 겨냥해 미국에서 가장 무자비한 10명의 경영자 중 1위라는 혹평을 하기도 했다. 하지만 웰치는 기업의 성장은 단기적인 면보다는 장기적인 안목을 갖고 봐야 한다는 자신의 경영철학을 고집하며 문어발식 사업구조를 취했던 GE의 체질개선에 고삐를 늦추지 않았다.

당시 GE는 사업의 시너지 효과와 상관없이 다양한 사업 분야에 진출해 있었다. 때문에 거의 대부분의 시장에서 1등이나 2등은 하고 있었던 터였다. 그러나 전체적으로 볼 때는 수익과 성장가능성이 낮은 분야의 사업이 많았다. 이에 웰치는 앞서 설명한 3개의 원으로 사업분야를 나눈 후 원 밖의 산업은 철저히 매각했다. 그의 이같은 경영전략과 과감한 실천은 GE를 1981년 매출 270억 달러에서 2000년 1,290억 달러로, 순이익은 15억 달러에서 127억 달러로 증가시켰고 1999년 미국 외 매출액이 457억 달러(총 매출액의 약 41퍼센트)로 세계화 추진에 성공했으며, 총 자산 4,052억 달러에 GE를 4,589억 달러(2001년)의 시장가치를 지니는 기업으로 키워놓았다.

벽이 없는 GE

오늘날 잭 웰치의 GE를 20세기 기업경영의 교과서로 평가하는 또 하나의 시각은 바로 GE의 학습문화 때문이다. 웰치는 끊임없이 배우고 배운 것을 행동으로 옮기는 학습조직을 만들어 이를 기업경영의 성과물로 이끌어냈다.

앞 장에서 설명한 아리스토텔레스의 지식경영을 현실적으로 가장 잘 소화해낸 경영자라고 할 만하다. 웰치는 학습조직론을 내세우면서 기업은 학습할 수 있는 능력이 있어야 하고, 또한 학습된 내용을 빠르게 전파시켜 행동으로 옮길 수 있는 능력도 있어야 시장에서 경쟁적인 우위를 갖게 된다고 강조했다. 특히 좋은 아이디어라면 얼마든지 외부에서 받아와 자사의 것으로 승화시켜야 한다는 점을 반복했다. 퇴임을 앞두고 있던 1999년 10월, 웰치는 한국을 방문해 수많은 국내 경영자들이 지켜보는 가운데 GE의 학습조직을 다음과 같이 소개했다.

"우리 회사 자체적으로 발명한 것은 별로 없습니다. 잘 아시다시피 6시그마의 경우는 모토로라에서 빌려왔고 자산관리 테크닉은 도요타에서 배워왔습니다. 게다가 신제품 출시 프로세스 역시 휴렛팩커드사에서 발명한 것을 우리가 가져와 쓴 것뿐입니다. 그러나 GE가 자랑할 수 있는 것은 우리가 직접 발명한 것이 많진 않지만 우리는 늘 (비록 남들이 먼저 고안한 것이라 하더라도) 새로운 아이디어에 대해 항상 개방되어 있다는 사실입니다. 그래서 그 아이디어를 우리 기업의 상황에 맞게 재가공하고 잘 활용할 수 있도록 학습하는 것입니다."

웰치는 기업이 성장하고 발전하는 데 견인차 역할을 하는 아이디어가 있다면 그 아이디어의 출처는 중요한 게 아니라고 여겼다.

"우리가 오늘 이 순간에도 일하고 있는 목적은 어제와 다른 무엇인가 좀 더 나은 방법을 찾기 위함입니다. 그 아이디어가 어디에서 왔는지는 상관이 없지요."

아이디어를 조직 안에서 제대로 활용하기 위해서는, 즉 기업이 철저히 학습조직을 갖추기 위해서는 벽이 없어야 한다고 역설했다. 이른바 그의 손꼽히는 경영전략 중 하나인 '벽 없는 조직' 개념이 여기서 나온다.

"Boudaryless!"

미국인들도 발음하기 힘들어 자주 틀리는 이 단어를 웰치는 GE의 직원들 앞에서 발음이 안 돼 자주 더듬거렸다고 한다(어렸을 때 말을 더듬거린 버릇이 재발했을 수도 있겠다). 그가 수많은 직원들 앞에서 발음을 틀려가면서도 수십 번, 수백 번 강조한 벽 없는 조직, 이 말이 가리키는 의미는 도대체 무엇일까.

바로 자유로운 의사소통을 가로막는 어떠한 장애물도 존재하지 않는 조직, 즉 조직과 조직 간 벽이 없는 조직을 웰치는 Boudary less로 보았다. 쉽게 말해 기업 내에 부서 간, 혹은 기업 간 장벽을 허물어야 한다는 개념인 것이다. 이를 토대로 웰치는 벽 없는 조직을 실현하기 위해 벽 없는 조직에 대한 필요성을 느끼지 못하는 임원들은 해고하고, 구성원의 아이디어를 존중했으며, 핵심적인 아이디어가 실행되고 발전될 수 있는 환경을 구축하여 모든 조직과 조직구성원 간 자유로운 정보공유가 가능한 시스템을 구축하는 데 심혈을 기울였다.

실제로 기업의 중대한 현안을 토론하는 전략회의의 진행방식을 그는 완전히 바꾸었다. 보통 회의라고 하면 준비된 보고서를 읽으며 프레젠테이션하는 방식을 많이 취하는데, 웰치는 그런 회의문화 자체를 탈피시켜 즉흥적이고 자발적인 난상토론방식으로 변화를 주었다. 때로는 의견이 다른 구성원들 간에 격렬한 토론이 생기거나 감정싸움까지 치닫는 경우도 발생했지만 이 같은 자율회의는 다양한 아이디어가 생산되도록 유도했고 이를 통해 지식의 창출과 전파를 촉진하는 계기를 만드는 역할을 했다.

이런 웰치의 노력 덕택에 GE는 시장변화에 적극적이고 즉각적인 대응을 할 수 있었고 유연하고 탄력성 있는 열린 기업문화를 창조해낼 수 있었다. 사원들의 의견도 경영자에게 직접적으로 반영되어 수평적인 조직구조도 현실화되었다.

한편 웰치는 벽 없는 조직을 통해 지식이 전파되는 과정에 있어 스피드를 내세우며, 그것이 결과적으로는 성과로 이어져야 한다는 점도 강조했다.

"월요일에 아이디어를 찾았다면 금요일에는 관련직원 수백 명이 이를 공유하고 있어야 합니다. 또 이는 영업이익률과 재고회전율 등 구체적 성과로 가시화되어야만 하죠."

인재는 차별해야 큰다?

"당신은 조직에서 꼭 필요한 사람입니까?"

만약 잭 웰치가 당신 회사에 들렀다면 경영자인 당신이 보는 앞에서 직원들을 불러놓고 제일 먼저 했을 법한 말이다. 웰치는 훌륭한 경영자로 평가받지만 일각에선 냉철한 리더라는 혹평도 동시에 받는다. 오죽했으면 언론으로부터도 '중성자탄 잭'이라는 별명까지 얻었을까. 하지만 10만 명이 넘는 직원들을 정리해고 했다는 이유만으로 그를 혹평하기에 앞서 당시 처한 환경에서 경영자로서 선택한 그의 인재관을 되짚어볼 필요가 있다.

인재를 향한 웰치의 생각은 철저히 능력 위주의 차별화를 고수하고 온정주의는 배격한 것으로 요약된다. 그는 직원들을 크게 상·중·하의 세 부류로 나누었다. 상위 20퍼센트와 중간의 70퍼센트, 그리고 하위 10퍼센트다.

더 정확히 말하면 '활력곡선'이라는 도구를 활용하여 조직구성원을 20퍼센트의 핵심정예(Top)와 70퍼센트 중간층(The Vital), 그리고 10퍼센트의 하위(Bottom)로 구분했다. 이 중 마지막 10퍼센트에 해당하는 직원들은 수시 정리해고의 대상이 되어 GE를 떠나야만

했다. 반면 Top은 중점관리, Vital은 육성의 대상이었다. 이 같은 제도를 시행한 지 3년이 지나자 문제사원들이 거의 정리되면서 GE 직원들의 경쟁력은 높아졌다. 하지만 관리자들의 고민은 또다시 시작되었다. 새로운 하위 10퍼센트를 선정하고 그들을 다시 정리해야했던 것이다. 그러나 잭 웰치는 한 치의 아쉬움도 없이 계속해서 10퍼센트에 속하는 직원들을 회사에서 내보냈다. 주변에서는 그의 이런 전략을 비난했지만 웰치는 절대로 멈추지 않았다. 하위 10퍼센트에 속하는 직원은 회사를 위해서 아무것도 하는 일이 없다고 판단한 이유에서다.

반면 웰치는 상위 20퍼센트에게는 엄청난 혜택을 지원했다. 그들은 Vital 70퍼센트에 비해 두 배, 심지어 세 배 이상의 급료를 받도록 했다. 여기에 엄청난 스톡옵션과 승진기회 역시 상위 20퍼센트에게만 부여했다. 선뜻 생각할 때 중간층과 하위층의 반발이 거셌을 것이라 예측되지만 의외로 현실은 달랐다. 웰치의 인재차별화 전략은 나머지 GE 직원들로 하여금 분발해야겠다는 동기를 부여하면서 상위 20퍼센트가 되기 위해 노력하는 자가 발전 사원층을 만들었다.

그런데 여기서 잭 웰치가 그토록 싫어했던 하위 10퍼센트의 인재는 도대체 어떤 유형의 사람들이었을까? 웰치는 그들을 열정 없는 사람으로 생각했다. 일 자체가 본인의 적성에 맞지 않고, 일을 즐기지도 못한 채 마지못해 억지로 일을 하는 사람들로 분류했다. 결국 자기 적성에 맞는 일을 재미있게 열정적으로 할 수 있는 사람만을

GE의 일꾼으로 여기며 그들과 함께라면 같은 공간에서 같은 땀을 흘릴 수 있을 것으로, 웰치는 생각했다.

잭 웰치는 어떤 능력보다, 또 어떤 기술보다 우선하는 것은 열정이라고 늘 강조했다. 그는 1985년 인수한 NBC의 경영에 대해 다음과 같이 말했다.

"저는 좋은 텔레비전 프로그램을 어떻게 만드는지 모릅니다. 엔진을 만드는 것에 대해서도 전혀 아는 바가 없지요. 하지만 NBC의 사장이 어떤 사람이어야 하는지는 압니다. 가장 좋은 사람을 선택하고 자금을 지원해주는 것이 저의 업무 아닐까요?"

취임 후 5년 동안 전체 직원의 4분의 1을 감원하면서도 웰치는 같은 시기에 GE의 인재양성소인 크로톤빌 경영개발센터의 개축에는 7,500만 달러를 투자하는 등 상반된 모습을 보였다. 당시 사람은 그렇게 대량으로 자르면서 연수원은 호화롭게 짓느냐는 등 사내외에서 적지 않은 비난을 받아야 했으나 웰치는 좋은 사람은 좋은 시설에서 길러진다며 1만 8,000명에 달하는 GE의 핵심 구성원들을 크로톤빌로 찾아가 한 달에 한두 번, 최소 4시간 이상을 직접 강의하는 열정을 보였다. 인재를 보는 경영자의 눈은 냉철해야 할까? 아니면 온화해야 할까? 지금껏 지켜본 잭 웰치의 인재관이 한 가지 기준점은 마련해주었다고 본다.

잭 웰치는 누구?

1935년 매사추세츠 주 피바디에서 태어난 잭 웰치는 1960년 일

리노이대 화공학 박사 학위를 취득한 후, 같은 해 제너럴일렉트릭(GE)에 입사했다. 독특하면서도 뛰어난 경영방식으로 승진을 거듭한 그는 1981년 최연소로 GE 회장 자리에 오른다. 이후 '고쳐라! 매각하라! 아니면 폐쇄하라!' 는 슬로건과 6시그마, e비즈니스, 세계화 등의 경영전략으로 GE를 세계 최고의 기업으로 성장시킨다.

은퇴했던 2001년 말, GE의 회사가치는 4,500억 달러로 회장 부임 때의 120억 달러보다 40배나 늘었다. 이처럼 재임 기간(1981~2000년) 중 주가는 40배 상승했고 자본 수익률도 같은 기간 미국 평균이 12퍼센트였을 때 GE를 20퍼센트 수준까지 높였다. 2001년 9월, 45세의 이멜트에게 회장 자리를 물려주고 퇴임할 때까지 총 1,700여 건에 달하는 기업의 인수합병도 성사시켰다. 재임 기간 내내 잭 웰치 신드롬이 전 세계적으로 유행했으며 퇴임 후에도 그는 경영의 달인, 세기의 경영인 등으로 불리며 미국 기업 역사상 최고의 CEO로 평가받고 있다.

잭 웰치의 경영 십계명

❶ 사람에게 투자하라 : 사람들과 지속적인 대화를 나누고 고립을 피하라. 현재뿐 아니라 미래를 위한 직원의 능력을 개발하며 경영권 승계를 준비하라.

❷ 시장을 지배하지 못하면 차라리 물러나라 : 만약 선두에 설 수 없다면, 당장 포기하고 다른 일을 알아보아야 한다. 망설임은 시간과 돈을 낭비할 뿐이다.

❸ 현실에 안주하지 마라 : 한 곳에 머물지 않고 끊임없이 변화함으로써 목

표에 보다 가까이 다가설 수 있다. 준비하라. 사람들의 열정을 자극하라.

❹ 서비스를 지향하라 : 서비스를 강화하라. 수뇌부부터 품질관리에 앞장서라. 최상의 아이디어를 훔쳐라. 독자적으로 처리하라.

❺ 과거는 버리고 미래를 준비하라 : 미래는 오늘부터, 준비는 철저히 하되 유연성을 가져라. 미래는 변화한다. 외부로 눈을 돌려라. 기술은 응용하되 너무 맹신하지는 마라.

❻ 학습하는 리더가 되어라 : 리더는 끊임없이 학습하고 올바른 의사결정을 위해 노력하며, 앞으로 나아가야 한다. 배우고 또 배워라. 방향을 설정하고 가치관을 정립하라.

❼ 독불장군은 곤란하다 : 의사소통에 투자하라. 의사소통은 혁신에 이르는 지름길이다. 명확한 의사소통은 명확한 예측을 가능하게 한다. 의사소통은 삶을 단순하게 만든다.

❽ 관료주의를 타파하라 : 조직의 규모를 줄이고 군살을 제거하면 기업의 효율적 운영과 직원들 간의 아이디어 창조 및 소통이 더욱 자유로워진다.

❾ 인내심을 가져라 : 경험을 통해 배워라. 실패할 수 있는 여유를 가져라. 직원 개발은 새로운 계약이다.

❿ 구멍가게를 경영하듯 하라 : 당신이 막대사탕을 팔든, 원자력 발전소를 팔든 그것이 중요한 것이 아니다. 현금을 주시하여 성과 측정치를 단순화하라.

Chapter 3

아테네 철학자들이 들려주는 경영 메시지

철학자들은 나와 세상에 대해 기존에 당연시하던 생각들에 대해서 끊임없이 의문을 갖고 질문을 던진다. 그리고 질문들에 대한 답을 찾는 과정에서 인간의 사고와 행동은 혁명적으로 바뀌었고 마침내 우리가 살고 있는 세상도 완전히 다르게 바뀌어왔다.

소크라테스,
질문하는 자가 주도한다

무언가에 대해 질문을 던졌을 때 그것은 이미 과거의 것이 아니다.
답변하기 위해서는 그 현상을 새롭게 볼 수밖에 없기 때문이다.

질문하는 철학자, 소크라테스

아테네 철학에서 경영의 메시지를 끄집어내기 위해서는 가장 먼저 그리스 철학의 선구자 역할을 한 소크라테스의 사상을 이해하는 것이 기본이다.

"네 자신을 알라."

제일 먼저 누가 이 말을 했느냐에 대한 진위 여부가 밝혀지지 않아 여전히 논란이 되긴 하지만 어쨌든 소크라테스는 현대인들에게 무지(無知) 속에 갇혀 지내지 말고 자기 자신의 내면을 끊임없이 성찰하고 겸손한 삶을 살아야 한다는 메시지를 전해주는 철학자다. 기업의 리더인 경영자들은 소크라테스의 많은 가르침 중 그의 질문하는 버릇에 배움의 초점을 맞출 필요가 있다. 소크라테스는 생활하면서 늘 이런 생각을 가지고 살았다고 한다.

"나는 다른 사람보다 현명하다. 보통 사람들은 자기 자신이 모르고 있다는 사실을 모르지만 나는 내가 모르는 있는 것을 알고 있기 때문이다. 따라서 나는 늘 (모르기에) 질문을 던진다."

소크라테스의 질문은 되풀이하는 질문으로 인해 상대방과의 깊이 있는 대화를 가능하게 한다는 결론을 가르쳐준다. 고대 그리스에 당시 젊은이들의 우상이자 스승이었던 소크라테스는 깊이 있는 질문에 단련되도록 하는 것이 젊은이들에게 논리적으로 자신의 사고를 살펴보고 그 사고의 타당성을 판단할 수 있게 해준다고 굳게 믿었다. 이 질문법을 통해 소크라테스는 그의 제자들과 대화하기 위해 그 주제에 대한 자신의 무지를 고백한 것이다. 일종의 바보 연기로 제자들 스스로 그 주제에 대한 지식을 완벽하게 습득하도록 유도했다.

소크라테스는 자신이 항상 질문을 던지는 것에 대해 "내가 질문하는 것은 목적과 이유를 갖고 진리를 찾아가기 위해서"라는 변을 내세웠다. 이 대목에서 오늘날의 경영자들은 기업의 생존과 성장을 위해서라면 소크라테스처럼 늘 질문을 던지는 버릇을 가질 필요가 있다. 일종의 '질문경영'을 펼쳐야 한다는 얘기다. 경영자가 부하직원들에게 창의력과 상상력을 가질 수 있도록 끊임없는 질문을 던지는 경영이 바로 질문경영이라 정의할 수 있다.

도요타 조 후지오 회장의 'Why(왜)경영'

창립 73주년을 돌파한 도요타는 2007년 상반기 500만 대에 가까운 매출을 올려 미국 제너럴모터스(GM)를 꺾고 처음으로 자동차 생산과 판매 부문에서 세계 1위 자리에 올랐다. 1937년생인 이 회사의 조 후지오 회장은 1960년 도쿄대학 법학부를 졸업하고 바로 도요타에 입사해 칠순을 넘긴 지금까지 47년간 도요타를 세계 자동차 업체 선두기업으로 이끈 장본인으로 남다른 경영기법을 펼쳐 화제를 일으킨 인물로 손꼽힌다. 그렇다면 그가 지금의 도요타를 만들 수 있었던 것은 어떤 경영방식을 택했기 때문일까. 조 후지오 회장은 '도요타 방식' 등 여러 가지 방식을 내세웠으나 직원들의 창의성을 끄집어낸다는 점에서 'Why경영'에 가장 주목했다. 그 역시 소크라테스식 질문을 수시로 던진 셈이다. 조 후지오 회장은 자신의 경영 노하우를 토대로 다른 경영자들에게 이런 조언을 했다.

"여러분들이 경영자라면 직원들에게 다섯 번 '왜'라는 질문을 해보세요. 사업현장의 말단사원에게 가서 '당신은 왜 이 일을 하고 있냐'고 물어보라는 겁니다. 만약 그 사원이 다섯 번의 질문에 연속적으로 답변할 수 있다면 당신이 경영하는 회사는 정말 훌륭한 회사임이 틀림없습니다."

도요타 방식도 알고 보면 'Why경영'이 깊숙이 자리하고 있는 경영개념이다. 조 후지오 회장은 결함이 있는 자동차는 출고되지 않는 것이 다른 점이고 도요타가 오늘날 결함이 적은 차라는 명성을 쌓게 된 비결이라며 여전히 결함을 줄이는 데 주력하고 있다. 당연히 결함을 줄이는 과정에서 질문경영은 크게 관여한다.

"도요타 생산방식의 핵심은 작업 중 결함이 발생할 때 작업자가 작업대에 설치된 정지 끈을 잡아당겨 조립라인을 멈추고 문제점을 찾아 해결한 뒤 다시 작업에 들어가는 것이죠. 단 문제점을 찾고 해결하는 과정에서 담당자들 간에 수많은 질문들이 오가게 됩니다."

조 후지오 회장은 앞서 얘기한 것처럼 기업에서 개선할 점이 무엇인지 알기 위해선 직원들에게 최소한 다섯 번쯤의 질문을 해봐야 한다며 Why경영을 도요타 성공의 비결이라고 강조한다. 실제 조 후지오 회장 자신도 입사 초기 사원 시절에 가장 많이 들은 말이 '직접 보았는가?'와 '왜?'라는 질문이었다고 한다.

지시를 내릴 것인가, 질문할 것인가

박정희, 전두환, 정주영, 박태준 등 한국처럼 정부주도의 경제발전이 이뤄진 국가에서는 기업의 최고경영자 역시 정치지도자처럼 강력한 지도력과 권력을 발휘한 카리스마형 리더가 유독 주목을 받아왔다. 이들에게서 보이는 공통적인 리더십의 유형을 찾자면 바로 지시형 리더십이다. 2010년대를 살아가는 현재에 와서도 여전히 지시형 리더십은 복잡하고 다양하게 얽혀 있는 기업시장에서 적잖은 경영자들이 드러내는 현실이기도 하다.

지시형 리더는 아무래도 빠른 결정과 추진력 있는 업무전개로 인해 따르는 직원들이 일사불란하게 움직일 경우, 기업 성장속도가 빠르다는 장점을 갖고 있다. 물론 경영자의 의사결정이 성공적으로 들어맞았을 때에 한해서 말이다. 그런데 오늘날 다양화되고 개인화, 그리고 글로벌화된 사회에서 이 같은 지시형 리더십을 너무 고수했다가는 낭패를 볼지도 모른다. 현대 기업의 최고 경쟁력은 기업에 속한 인재들이 내는 아이디어에 달렸다고 해도 과언이 아닌데, 이들에게 지시만 내리는 최고경영자가 인기는 있을까? 인기를 먹고 사는 연예인은 아니더라도 경영자는 자신이 끌어가야 할 직원들과 호흡을 함께하며 그들의 생각을 최대한 읽어낼 줄 알아야 하는 자리이기에 더욱 그렇다.

일방적인 지시와 함께 경영자들이 피해야 할 또 다른 덕목은 지시 불이행에 따른, 혹은 미진한 성과에 대한 감정적인 질책이다. 본인이 지시한 계획대로 사업이 잘 진척되지 않는다고 담당 부장을 자신의 사무실로 불러들여 "이번 일은 왜 이 모양이에요? 김 부장, 이 정도밖에 일을 못해요?" 하면서 다그친다면, 사장에게 이런 말을 듣고 돌아선 김 부장이 마음속으로 '그래, 다음부턴 더 열심히 해보자' 라며 굳은 각오를 다질까? 아니다. 이런 사이클이 지속되면 회사의 직원들은 경영진의 질책이 두려워 최소한의 명맥 유지차원에서만 일을 하게 될 것이다. 혼나지 않을 정도만 일한다는 말이다. 이처럼 너무 신상필벌식의 경영을 고집하면 그 경영자를 따르는 직원들은 위축된 상태에서 일을 하게 되고 결국 그 기업의 생산성과 아이디어 부재로 인한 기업경쟁력은 떨어질 소지가 많게 된다.

반면, 직원들에게 일방적인 지시가 아닌 그들의 의견을 묻고 스스로 생각하게 만드는 질문을 내린다면 어떨까.

"이 대리, 계획하는 프로젝트는 잘 구성되고 있나요?"

"목표달성을 위해 필요한 것은 무엇이죠? 제가 어떤 부분에 대해 지원해주면 좋겠습니까?"

적어도 이런 질문을 받은 부하직원들은 그의 상사를 위해, 그리고 회사를 위해 자발적이고 창의성을 갖고 일에 매진할 수 있는 동기를 부여받았을 것이다.

좋은 질문에는 감정이 들어가 있지 않다. 자기위안을 위한 것이 아니라 상대를 격려하기 위한 질문이기 때문이다. 그리고 겸손함도 배어 있다. 이런 질문을 던지는 경영자라면 그의 직원들은 절대 위축되지 않고 어떤 경기침체 상황에서도 꿋꿋하게 일어날 수 있는 자신감을 스스로 얻는다. 행여나 몇 번 주력하던 프로젝트가 실패하더라도 질문하는 경영자 밑에 있는 직원들은 오히려 맷집을 키울 수 있는 기회가 된다.

리더십을 신경과학적으로 풀이한 데이비드 락과 제프리 슈워츠는 질문과 관련해 다음과 같은 연구결과를 발표했다.

"우리는 질문을 받으면 고민하면서 변화가 필요하고 또 가능하다는 결론에 이른다. 이런 결론은 마치 섬광처럼 순식간에 이뤄지는데 이것이 깨달음, 즉 통찰의 순간이다. 반면, 바뀌어야 한다는 명령을 들으면 그 명령이 아무리 논리적일지라도 뇌가 거부반응을 일으킨다."

이견이 있겠는가. 좋은 경영자라면 지시형 리더십이 아니라 질문의 리더십을 발휘해야 한다. 무언가에 대해 질문을 던졌을 때 그것은 이미 과거의 것이 아니다. 답변하기 위해서는 그 현상을 새롭게 볼 수밖에 없기 때문이다. 따라서 명령하지 않고 직원이나 주변 사람들에게 끊임없이 질문을 던지며 자신을 성찰하는 CEO가 되어야 한다.

질문의 힘

경영도 경영이지만 질문 하나로 내 인생을 바꿀 수도 있을까? 정답은 'Yes'다. 현대경영의 아버지로 평가받는 피터 드러커는 어렸을 때 선생님으로부터 받은 질문을 평생 마음에 새기며 살았다고 한다. 그의 선생님은 아이들에게 무엇으로 기억되기를 바라냐고 물었고, 아이들이 대답을 못하자 선생님은 웃으면서 이렇게 말했다고 한다.

"지금은 대답하지 못해도 괜찮다. 그러나 50세가 되어서도 이 질문에 대답을 못한다면 그건 네 삶을 낭비했다는 뜻이란다."

그는 언제나 이 질문을 생각하며 살았다. 어렸을 때 받은 이 질문 하나로 드러커는 현대경영학의 거장이 되었고, 그가 세상을 떠난 지금까지도 그의 이론은 많은 기업 CEO들에게 정석이 되고 있다.

때로는 질문이 한 기업을 위기의 수렁에서 건져내는 막대기와 같은 역할을 하기도 한다.

미국 몰트아메리카스 사의 더그 이든 회장은 위기상황의 회사를 정상으로 올려놓은 후 이렇게 말했다.

"처음 부임했을 때 몰트아메리카스는 적자를 내고 있었어요. 그러나 4년 뒤 우리는 성공을 거두었습니다. 나는 질문하는 능력 덕분에 성공했다고 믿어요. 그리고 질문에 흔쾌히 대답해준 고객의 힘이 컸다고 봅니다. 우리 사업은 매우 복잡해서 협력이 없으면 해답을 찾을 수 없거든요."

질문은 이처럼 여러 가지 힘을 가지고 있다. 국민대학교 이호선 교수(법학과)는 자신의 저서 《질문이 답이다》를 통해 질문의 기능에 대해 크게 세 가지로 언급하고 있다. 첫 번째는 '낚싯바늘'로서의 질문이고, 두 번째는 '호미'나 '괭이'로서의 질문, 그리고 마지막은 '쇠갈고리'로서의 질문이다. 우선 낚싯바늘로서의 질문은 밖으로 향한다. 다른 사람에게 하는 적절하고 의미 있는 질문은 그 사람들과 좋은 관계를 맺게 한다. 이를 통해 성공적인 직장생활과 사회생활을 할 수 있게 하는 것이다. 둘째, 호미로서의 질문은 자기를 갈아엎어 토양을 풍부하게 하는 자기 경작의 질문이다. 인생을 풍요롭게 하고 건강하게 하기 위해서는 여러 질문들이 꼭 필요하다. 증자(曾子)도 몸과 마음을 갈고 닦기 위해 자기 자신에게 하루에 세 번씩 물어 반성했다고 한다.

남을 위해 일을 함에 있어 충실치 못하지 않았는가?

벗들과 사귀는 데 있어 신의를 잃은 일은 없었는가?

배운 것을 복습하지는 않았는가?

(爲人謀而不忠乎 與朋友交而不信乎 傳不習乎)

마지막 쇠갈고리로서의 질문은 자신과 남을 후벼파는 역기능의 질문이다. 하지 않느니 못한 질문으로 무심결에 자신이나 상대방에게 큰 상처를 입힐 수 있다.

질문을 하면 스스로 생각하게 된다. 고정관념과 편견을 깨뜨리고 의미를 찾아갈 수 있다. 삶의 가장 작은 것에서부터 의미를 찾아갈 수 있다면 행복도 그리 멀리 있지 않을 것이다.

플라톤,
비전을 제시하라

비전경영에 성공하기 위해서는 명확한 비전을 공감할 수 있는 과정을 통해 수립하고
일관성 있게 실행하는 것이 중요하다.

꿈과 비전

"꿈이 있습니까?"

흔히 처음 만나는 사람과 얘기를 나눌 때 상대방의 과거나 현재
보다는 미래에 대한 생각과 구상을 알고 싶을 때 꺼내는 말이다. 꿈
과 비슷한 의미로 우리는 어떤 사람에 대하여 비전이 있다, 없다 하
는 이야기를 하기도 한다. 꿈(Dream)과 비전(Vision), 이 둘은 이처
럼 사람이든 경영환경에서의 기업이든 그 대상의 미래상을 나타내
는 대명사쯤으로 여겨진다.

그런데 엄밀히 말하면 꿈과 비전은 약간의 차이가 있다. 사전적
의미로 꿈은 황홀한 기분, 꿈결 같음, 몽상, 환상을 의미하는 데 반
해 비전은 상상력, 선견, 통찰력으로 나와 있다. 즉, 꿈은 미래에 대

한 막연한 기대인 반면, 비전은 좀 더 그 기대가 구체성을 띠고 있다는 것으로 해석해야 할 듯하다. 꿈이 생각 중심이라면 비전은 행동 중심인 탓이다.

독일어권 최고의 자기계발 지도자인 자비네 아스고돔은 비전에 대해 다음과 같이 말한 바 있다.

"비전이 있는 사람은 행동에 가깝다. 이들은 계획을 잘 갈고 다듬어 행동으로 옮기고, 과감히 결정하고, 위험을 이겨내며 적극적으로 일한다. 시도하고, 실천하고, 최선을 다하고, 실패를 감안하고, 성공을 기뻐한다."

종교개혁의 선구자인 마틴 루터 킹 목사 얘기도 빼놓을 수 없다.

"저에게는 꿈이 있습니다. 언젠가 이 나라가 모든 인간은 평등하게 태어났다는 것을 자명한 진실로 받아들이고 그 진정한 의미를 신조로 살아가게 되는 날이 올 것이라는 꿈입니다. 언젠가는 조지아의 붉은 언덕 위에 예전에 노예였던 부모의 자식과 그 노예의 주인이었던 부모의 자식들이 서로 형제애를 느끼며 식탁에 함께 둘러앉는 날이 오리라는 꿈입니다."

그에게 이 꿈은 결국 비전으로 발전했다. 1963년 워싱턴으로 향한 대대적인 평화행진을 준비하고 실천함으로써 자신의 꿈을 비전으로 만들어냈다.

플라톤이 꿈꿨던 국가의 비전

꿈이 행동력을 가지면 비전이 된다. 비록 실패와 성공의 잣대가 뒤따른다 하더라도 마냥 꿈에서 머무는 것보다는 비전으로 승화되는 꿈이 후대에는 더 아름답게 보이기도 한다. 그렇다면 현대와 같은 자본주의 중심의 세계 경제구도 안에서 살아가는 기업에도 꿈의 의미가, 아니 비전의 가치가 기업경쟁력을 향상시킬 수 있을까?

철학자 플라톤이 그에 대한 해답을 준다. 아리스토텔레스와 함께 서양철학의 근간을 이룬 플라톤은 자신의 이데아론을 통해 비전을 제시할 줄 아는 기업이 성장한다는 강력한 메시지를 현대의 기업경영인들에게 전달해주고 있다. 플라톤의 사상과 경영을 연구한 독일의 경영 칼럼니스트 안드레아스 드러스테크는 플라톤은 기업에서 이상적인 경영자가 되려는 사람은 선견지명, 공명정대, 그리고 신뢰할 수 있는 핵심적 가치를 가지고서 그 비전(핵심적 가치)을 실천에 옮길 수 있는 철학자가 되어야 한다고 강조했다.

플라톤은 합리주의 철학자의 대표주자로 손꼽힌다. 그의 사상은 크게 두 가지로 나뉜다. 바로 이데아와 이상국가다. 각 사물마다 절대로 변하지 않는 본이 따로 있는데 이것을 그는 '이데아' 라고 불렀다. 이데아의 특징은 절대 변하지 않고 그리고 영원하다는 것이다. 따라서 플라톤은 이데아가 변한다면 우리는 이제 아무것도 알 수 없으며 성급한 판단이나 생각을 지적하기 위해 이데아라는 개념을 고안해냈다고 설명했다.

플라톤은 또 어떤 국가의 모습이 가장 이상적일까 하는 문제를 스스로 제기했다. 그는 나름대로 정의가 이루어진 국가가 가장 이상적인 국가라는 논리를 해결방책으로 내렸다. 이런 신념을 바탕으로 그는 제자들에게 정의를 위해서는 서민들이 절제하고, 무사들이 용기를 가지며, 지도자들이 지혜를 가져야만 한다고 강조했다. 그러나 플라톤의 이 같은 비전은 현실의 벽을 넘지 못했다. 플라톤은 왜 하필 이런 비전을 찾고자 평생을 노력했을까. 바로 현실사회에 대한 부조리를 벗어나고자 했던 욕망 때문이었다.

아테네의 명문에서 태어난 플라톤은 젊었을 때 정치를 지망했으나 그의 스승인 소크라테스가 처형되는 것을 보고 정계에 미련을 버린 후 인간 존재의 참뜻이 될 수 있는 것을 추구한 나머지 철학을 탐구하기 시작했다. 기원전 385년경 아테네의 근교, 영웅 아카데모스를 모신 신역에 학원 아카데메이아를 개설하고 각지에서 청년들을 모아 연구와 교육생활에 전념하는 사이 팔십을 바라보는 나이에 이르렀다. 그동안 두 번이나 시칠리아 섬을 방문해 시라쿠사의 참주 디오니시오스 2세를 교육하며 이상정치를 실현시키고자 애썼다. 플라톤이 이데아와 이상국가를 제대로 실현하지는 못했지만 그가 남긴 비전은 후대의 철학자들에게 서양철학의 방향을 잡아준 나침반 역할을 한 것은 분명하다.

플라톤의 철학을 경영 카테고리로 옮겨보면, 주지하다시피 '비전경영'으로 귀결된다(혹은, 불황에 강한 것이 비전경영). 사람의 성장과 관련한 비전관리가 미래설계와 꿈이라고 한다면 기업에서도 미래의 꿈을 경영에 반영시키고자 하는 움직임이 바로 비전경영이다. 비전경영은 지금과 같은 불황일수록 최고경영자들에게 더 요구되는 경영기법이라 할 만하다.

요즘 주변의 기업경영인 10명에게 "사업 잘 되십니까?" 하고 묻는다면 아마 8명 이상은 "죽겠습니다" 하는 소리를 내뱉을지도 모르겠다. 불경기에 비전경영은 불안한 현재를 이겨내고 다가오는 미래를 예견해 이를 사전에 준비하는 경영, 즉 명확한 목표를 세워 임직원 모두가 공유하여 '한번 해보자' 는 분위기를 이끌어주는 역할을 해낸다. 따라서 회사나 경제환경이 나쁠수록 기업의 최고경영자는 새로운 비전을 제시해야 한다. 미래를 희망적으로 예측하고 그것을 통해 현실에 충실할 수 있는 신념을 조직 구성원들에게 심어줘야 하고, 이를 바탕으로 구성원들에게 사명의식을 부여할 수도 있지 않은가.

그러면 무엇이 비전경영인가. 비전이란 조직의 바람직한 미래상으로, 미래에 어떠한 기업이 되고 싶은가를 나타내는 조직구성원의 소망쯤으로 해석해도 무방하다. 즉, 비전은 기업이 미래에 달성하고자 하는 기업상이며 사회 속의 기업위상과 미래를 향한 기업의 꿈을 실현하기 위해 기업이 갖춰야 할 자기역할과 기본방향을 구체화시킨 개념이다.

또한 비전경영은 불확실성에 대비하기 위해서도 필요하다. 그것은 미래에 오게 될지도 모를 위험요소를 제거하는 것이며, 안정적인 경영을 펼쳐갈 수 있는 자신을 갖게 한다. 예기치 못한 난관을 기꺼이 받아들이는 방법을 배우고 실천하는 것, 그것은 일을 적극적으로 추진할 수 있는 비전경영의 원동력이다. 비전경영의 핵심은 명확한 목표의 제시라고 할 수 있다. 단기적인 목표와 중장기적인 목표를 분명히 제시하고 이의 달성을 위한 전력투구, 그리고 그에 대한 합당한 보상이 이뤄질 때 비전경영은 성과를 내기 마련이다. 비전경영에서 최고경영자의 역할이 상당히 중요한 것도 이 때문이다. 그러나 비전경영에서 간과해서는 안 될 것이 있다면 바로 효율성이다. 비전이 훌륭하다고 하더라도 그 비전이 수익으로 연결되지 못한다면 기업은 문을 닫고 말 것이다. 이처럼 비전경영에 성공하기 위해서는 명확한 비전을 공감할 수 있는 과정을 통해 수립하고 일관성 있게 실행하는 것이 중요하다.

비전경영은 문화다

한때 미국계 컨설팅 기업인 베인&컴퍼니는 비영리 연구단체인 플래닝포럼과 공동으로 전 세계 789개 대기업을 대상으로 실시한 '가장 활용도가 높은 기업 경영은 무엇인가' 하는 질문에서 가장 많은 기업들이 비전경영을 꼽았다고 한다. 기업브랜드 리서치 업체인 서베이CS플러스가 '비전경영 CEO 대상'을 제정한 것도 이처럼 비전경영이 기업에 있어 얼마나 중요한가를 간접적으로 나타내는 대목이다.

그러나 비전경영을 선언한다고 해서 모두 성공한다고 생각하면 안 된다. 실제로 많은 기업들이 비전경영을 선포하고 있지만 모두 성공의 길로 갔다고는 볼 수 없지 않은가. 따라서 올바른 비전경영을 위해서는 경영자들이 조직구성원들 사이에 비전이 곧 문화라는 인식을 심어줄 수 있게끔 심혈을 기울여야 한다.

월트디즈니 사는 신입사원을 뽑을 때 가장 먼저 디즈니 유니버시티에 보낸다. 며칠간의 교육을 통해 월트디즈니만의 용어나 전통, 역사 등을 이들에게 교육시킴으로써 기업의 핵심이념을 주입시키는 것이다. IBM 역시 대표적인 비전경영을 실현하는 회사로, 1985년 미국에서 출판된 《가장 일하고 싶은 회사 100》이라는 책에 보면 IBM의 비전이 잘 나타나 있다.

"기업의 신념을 거의 교회(종교단체) 수준으로 확립해서 열렬한 신봉자들로 채워져 있다."

당시 책에서 묘사한 IBM의 비전관련 내용이다. 젊은이들 사이에서는 IBM사에 입사하는 것을 종교집단이나 군대에 입소하는 것에 빗대곤 했다고 전했다. 1982년 당시 〈월스트리트 저널〉은 IBM을 떠나는 것은 마치 이민과도 같았다는 전직 IBM 종업원의 인터뷰 기사를 실으며 IBM의 독특한 기업문화와 비전을 서술했다.

끝없는 비전, 도전만이 살 길

글로벌 기업의 비전경영과 관련해 또 하나 관심 있게 살펴봐야 할 것은 비전경영에 대한 끝없는 도전정신이다. 소매점 업계 리더 월마트는 초기에 1980년까지 매출액 10억 달러 달성이라는 미션을 가지고 있었다. 월마트는 이를 달성하기 위해 '어제를 이겨라(Beat Yesterday)' 라는 도표를 활용했는데, 이는 일주일 전 같은 요일, 1년 전 같은 날과 오늘의 성과를 비교하는 도표다. 경영진은 이를 조직원들에게 참고하게 해 점점 더 높아지는 도전의 대상을 도출시켜 이들에게 미션 달성을 향해 지속적으로 노력하도록 촉구했다. 결과는 매출상승으로 이어졌다.

GE도 사업단위 별로 '시장에서 1, 2위가 된다' 는 목표를 달성하기 위해 워크아웃 프로그램을 지속적으로 수행했다. 이 프로그램은 종업원들이 모여서 성과개선 기회를 끄집어내 구체적인 제안을 하는 팀 미팅을 활용토록 한 것으로, 이때 관리자는 토론에 참여할 수 없고 제안된 사안들에 대해 종업원들 앞에서 즉석으로 답변하도록 되어 있다. 결국 의도적으로 기업의 약점을 도출해내는 과정인 셈인데 미션에 대한 끈질긴 노력을 알 수 있는 대목이다.

글로벌, 초일류기업들은 "이제는 됐다"는 매너리즘에 빠질 때마다 이런 프로그램들을 적절한 보상 시스템과 결합해 조직구성원들의 성과를 뒷받침한다. 이들 기업이 효과적인 비전경영을 수행할 수 있었던 데는 뭐니뭐니해도 핵심이념, 즉 비전과 부합되는 미션을 적절히 선정하고 활용했기 때문이라고 요약할 수 있다.

복잡 NO, 명확 YES

비전경영을 실천하기 위해서는 비전선언문을 만드는 과정을 거친다. 그런데 비전경영에 성공한 기업들의 최고경영자들은 비전선언문 작성에서 중요한 팁으로 하나같이 힘을 빼라는 얘기를 해주고 있다. 흔히 기업들이 비전선언문을 작성하면서 너무 광범위하거나 추상적인 내용을 담기 때문이다. 이 경우 비전실행 참여자인 조직 구성원들은 비전의 내용을 이해하기 어려워하는데다 너무 복잡해 선택에 집중해야 할 비전을 혼동스러워 하기도 한다. 따라서 간결하면서도 명확한 과제를 비전에 담는 노력이 필요하다. 가급적이면 실현의 기한까지 공표하는 것도 좋다.

세계적인 맥주회사 쿠어스는 1980년, 80년대가 가기 전에 전체 맥주산업의 No. 3가 되기로, 1990년대에는 90년대가 가기 전에 전체 맥주산업의 No. 2가 되자는 비전을 설정해 종업원들에게 실행을 요구했다. 또한 비전선언문에 극복할 대상까지 언급해놓았다. 이는 구성원들에게 경쟁본능을 자극했고 실제 쿠어스는 그 비전에 버금가는 실적을 거뒀다.

비슷한 예로 일본의 혼다가 있다. 경쟁사인 야마하가 세계 모터사이클시장에서 혼다에게 위협을 가했을 때 혼다는 "야마하를 쳐부

수자"는 비전을 수립해 화제를 모았다. 비록 격렬한 비전이었지만 명확한 목표를 제시해줌으로써 종업원들에게 있어 업무에 집중할 수 있도록 해 성공을 거두는 요인으로 작용한 바 있다.

이처럼 비전이 단지 구호에 그치지 않고 실현으로 이어지기 위해서는 비전 수립단계에서부터 구성원들의 공감대가 있어야 한다. 의견 조사나 사내 논문 모집 등과 같은 의견 수렴과정을 통해 비전 수립 작업이 진행되어야 현실성을 높일 수 있다. 특히 비전 수립 시 기업의 중간관리자와 아이디어가 신선하고 젊은 사원들을 포함할 필요가 있다. NEC의 경우 1990년대 들어 21세기를 향한 '슈퍼 21C 운동' 이라는 경영혁신을 전개하는 과정에서 논문심사를 통해 선발한 100여 명의 젊은 사원들로 구성된 100인 위원회를 활용했다.

위기에서 진가를 발휘한 포드의 비전경영

포드는 1980년대 일본 기업들의 거센 도전으로 위기에 직면한 적이 있었다. 이때 포드는 위기극복을 위해 이익보다 사람 또는 제품을 중시하며 품질개선, 종업원 참여, 고객만족을 추구한다는 비전을 수립했다. 이어 철저하게 비전에 부합되는 실행체제를 갖추기 시작했다. 다음의 8단계를 실행한 것이다.

• 1단계 – 창업이래 최초로 전사적인 통계적 품질관리제도를 실시했다. 심지어 품질에 하자가 있는 제품을 생산하는 라인은 폐쇄할 것임을 담당자들에게 주지시켰다.

- 2단계 – 'Q1'이라는 프로그램을 통해 이를 부품 공급업자로 확대시 켰다. 해당 회사들을 품질등급 평가와 통계적 품질관리 실시여부에 따라 선별했다. 동시에 부품 공급자들에 대한 품질교육과 기술지원 을 제공했다. 또 요구 품질수준을 지속적으로 높여나갔다.
- 3단계 – 종업원 참여 프로그램을 개발해 라인의 종업원들이 품질개 선에 있어 핵심멤버가 되도록 유도했다.
- 4단계 – 관리자들이 현장 종업원들의 참여 프로그램을 지원하도록 하고 이를 자신들의 승진평가에 반영시키도록 했다.
- 5단계 – 인공위성 TV 방송 시스템을 도입해 '포드 뉴스'를 종업원 들에게 TV나 신문보다도 먼저 전달하게 해 공동체 의식을 강화했다.
- 6단계 – 종업원들의 성과를 기업의 성과와 묶기 위해 업계 최초로 이익분배제도도 도입했다.
- 7단계 – 고객의 니즈를 파악해 고객의 만족도를 높이기 위해 최고 경영층을 고객과의 직접 대화에 참여시켰다.
- 8단계 – 딜러의 서비스 질에 대한 고객들의 평가를 취합하는 프로 그램을 도입했다. 또한 그 결과를 토대로 선정된 최고 딜러에게 회 장 명의의 표창을 주는 제도를 정착시켰다.

아리스토텔레스, 지식을 경영하라

지식경영 성공을 통한 실질적이고 긍정적인 변화를
모든 조직구성원에게 보여줘야 한다.

인간은 무엇을 갈망하는가

"모든 인간은 태어나면서부터 알고 싶어한다!"

소크라테스와 플라톤의 맥을 이은 그리스 철학자 아리스토텔레스는 현실주의에 입각한 철학자다. 그의 스승인 플라톤이 초감각적인 이데아의 세계를 존중했다면 아리스토텔레스는 좀 더 인간에게 가까운, 다소 감각적으로 인지되는 자연물을 존중하고 이를 지배하는 원인들의 인식을 구하는 현실주의 입장을 취했다고 볼 수 있다. 특히 그는 《형이상학》이란 저서를 통해 모든 인간은 본래적으로 앎을 갈망한다는 점을 강조했다. 앎을 갈망한다는 것은 곧 지혜를 얻기 위해 인간은 지식을 찾고, 그 지식을 통해 다시 지혜를 체득하는 과정이 반복된다는 뜻으로 해석할 수 있다. 즉, 아리스토텔레스는 철저하게 인간은 지식을 추구하는 존재로 생각하며 살았다. 실제로 그의 삶 대부분은 지식의 전파와 지식의 중요성을 일깨우는 시간이 돼버렸다.

기원전 384년 스타게이로스에서 태어난 아리스토텔레스는 16세 때 아테네로 건너가 플라톤이 세운 아카데미아에 들어갔다. 열렬한 지식의 탐식가들만 모인 이 단체에서 그는 당대의 온갖 학문을 두루 공부하며 20년간 머물렀다. 스승 플라톤이 세상을 떠난 후 그는 마케도니아 필립 왕의 초청을 받아 왕자의 교육을 맡았다. 이 왕자가 훗날 세계적인 정복자 알렉산더 대왕이다.

이후 아리스토텔레스는 기원전 335년에 자신의 학문적 고향인 아테네로 돌아와 직접 학원을 열어 후학을 양성하기 시작했다. 후대에 길이 전해진 그의 저작 중 대부분이 이 무렵의 강의노트다. 아리스토텔레스의 글은 시리아어, 아랍어, 아르메니아어, 라틴어 등 당대의 주요 언어로 번역되었다. 덕분에 암흑기로 일컬어지는 중세 유럽 천 년 동안 잊혀졌던 그의 저작들이 13세기 초에 이슬람에서 유럽으로 역수입되며 화려하게 재발견되었고 지식의 르네상스 시대를 열게 되었다.

아리스토텔레스는 이처럼 다재다능했던 당대의 르네상스인이라 부를 만한 최초의 사람이었다. 과학, 철학, 신학, 동물학, 논리학 등 현대의 여러 학문들은 모두 2,000년 전 그가 이루어놓은 연구성과에 빚질 만큼 후대에 끼친 지식에 대한 그의 열정은 대단했다. 덕분에 그는 역사상 수많은 지성인들을 제치고 만학의 아버지라는 영광

스런 호칭을 부여받고 있다. 그의 스승인 플라톤과 아리스토텔레스, 사실 이 두 철학자는 모두 그리스 로마시대의 이성론자들로서 경험보다 이성을 중시하고 인간과 사회의 본질을 탐구하는 데 철학의 초점을 맞춘 인물들이다. 하지만 두 철학자의 차이점을 찾고자 한다면 바로 지식에 대한 태도다.

플라톤이 이성의 활동으로 인한 지식 자체를 최고로 여긴 반면, 아리스토텔레스는 지식도 물론 중요하지만 그 지식을 행하려는 실천의지(또는 선의지)를 더 중요하게 생각했다. 그래서 플라톤과 그의 스승인 소크라테스는 주지주의, 아리스토텔레스는 '주지주의 + 주의주의'로 평가받았다. 플라톤은 이 세상을 경험으로 파악되는 현상계와 이성으로 파악되는 이상계(이데아)로 나누는 이원론적 세계관을 가지고 있었다. 하지만 아리스토텔레스는 현실세계를 중시하는 일원론적 세계관을 가졌다. 이것이 아리스토텔레스가 플라톤에 비해 현실론자라고 평가받는 이유다.

이런 맥락에서 볼 때 오늘날 경영인들은 앞서 설명한 플라톤에게서 이성을 중시하는 비전경영을 배웠다면 아리스토텔레스로부터는 이성과 경험, 그리고 의지가 가미된 지식경영을 그려볼 수 있다.

지식경영은 수학문제를 푸는 열쇠

풀기 어려운 수학 문제가 하나 있다. 이 문제를 풀기 위해 우리는 다음과 같은 일련의 과정을 거친다. 우선 문제의 핵심을 이해하는 언어능력을 동원한다. 무엇을 구하는 것인지 아는 기본단계다. 이어 수의 원리를 깨닫고 나아가 수학적 사고나 공식, 법칙 등을 조합해 정답을 도출해낸다. 그런데 여기서 중요한 것은 이런 문제를 쉽게 풀려면 사전에 충분한 학습과 훈련이 필요하다는 점이다. 즉, (수학적)지식을 얻기 위해 학습과 훈련을 거쳐야 한다는 뜻이다.

기업조직 이야기로 들어가 보자. 기업도 현실적으로 복잡한 여러 문제들을 안고 있다. 이 문제를 풀려면 역시 다양한 경험과 지식의 조합을 필요로 한다. 문제는 이러한 창의적이고 복잡한 지식의 조합이 어느 기업 조직에서나 가능한 것이 아니라는 거다. 개인과 마찬가지로 열심히 공부해온 조직에서나 가능한 일이기 때문이다. 결국 향후 직면하게 되는 문제를 잘 해결할 수 있는 기업과 그렇지 못한 기업은 지금까지 그 조직이 공부를 열심히 해왔느냐 하는 데 달려 있다고 할 수 있겠다.

이 예시에 지식경영이 자리한다. 지식경영은 기업에 있어 수학문제를 푸는 열쇠와도 같다. 지금까지 성공적으로 비즈니스를 수행해온 기업을 가만히 들여다보면 대부분 지속적인 학습과정을 통해 경험과 지식을 축적하고, 이렇게 축적된 노하우와 지식을 창의적으로 조합할 줄 아는, 공부 잘하는 학습조직의 형태를 띠었다. 때문에 많은 경영전문가들은 지식경영을 조직구성원 개개인의 지식이나 노하우를 체계적으로 발굴하여 조직 내 보편적인 지식으로 공유함으로써 조직 전체의 문제해결 능력을 비약적으로 향상시키는 경영방식으로 정의한다. 즉, 지식경영은 조직 내 기술정보를 포함한 지적 능력과 아이디어를 활발하게 공유화시키는 것을 목표로 한다.

환경변화에 능동적으로 적응하고 대처하기 위해서는 기업도 개인과 마찬가지로 지속적인 학습이 필요하다. 꾸준한 학습을 통해 기업조직이 응용력과 변화 대처능력을 갖지 않고서는 급변하는 환경변화를 감당할 수가 없는 탓이다.

한국 기업에 지식경영이 필요한 이유

"한국의 경제, 기적은 끝났다!"

IMF 경제위기가 도사리던 1997년 10월, 우리는 한국경제를 질타하는 부즈앨런과 해밀턴이 작성한 보고서에서 이런 문구를 발견했다. 당시 이 보고서는 한국 기업들의 고비용, 저효율 구조에 대한 비판 논조를 가지면서 저임금을 기반으로 한 중국과 첨단기술을 앞세운 일본의 사이에서 마치 호두 까기 기계 사이에 끼어 있는 처지와 같다고 묘사했다. 이 보고서가 지적한 또 하나의 문제는 바로 선진국과의 지식격차다. 똑같은 재료와 기계를 이용해 레이더 장비를 생산하더라도 영국은 10만 달러짜리를 만드는 데 비해 한국은 겨우 1만 달러짜리를 만든다는 것이었다. 전체적으로 한국의 노동생산성이 100일 때 미국이 311에 달한다는 것은 한국의 경제수준이 미국의 3분의 1에도 못 미친다는 내용이었다.

다음 해인 1998년, 우리는 이와 비슷한 또 하나의 해외보고서를 접하고 만다. 세계적인 경영컨설팅 업체인 맥킨지의 보고서다.

"한국은 세계 경제대전에서 패배했다. 한국경제의 생산성은 미국의 2분의 1이다."

맥킨지는 똑같은 수의 근로자와 똑같은 자본을 투입했을 때 한국이 만들어내는 부가가치는 미국의 절반에 불과하다고 꼬집었다. 이 보고서는 또 한국의 성장은 가치파괴의 연속이라며 한국 기업들은 투자를 많이 할수록 손해를 본다, 한국 기업들의 생산성이 형편없기 때문이다. 지난 15년간 자본을 투입해서 올린 수익성은 은행 금리 수준에도 못 미친다고 지적했다.

그렇다면 이들 보고서에서 우리가 보고 느껴야 할 것은 무엇일까. 바로 선진국과의 지식격차, 이 부분을 유념 있게 봐야 한다. 한국 기업들에게 특히 필요한 것이 지식경영이라는 점을 암시하기 때문이다.

해외 경영전문가들은 한국 기업들이 해외 우수기업들과의 생산성 격차를 줄이기 위해서는 지금까지 한국의 성장을 지탱해온 생산요소투입 중심의 경제(Input-driven Economy)체제를 벗어나 지식주도 경제(Knowledge-driven Economy)체제로 바꿔야 한다는 논리를 줄곧 내세워왔다. 이처럼 세계 경영전문가들이 지식경영을 주목하는 이유는 간단하다. 생산성 향상, 즉 효율적인 기업운영을 위한 필수조건이 지식경영인 탓이다.

경영 패러다임은 변화하고, 또 진화하고 있다. 과거 중요시되었던 자본이나 자원, 또는 노동은 이제 경제적 자원이 아니며 생산수단의 핵심은 지식으로 변화하는 추세다. 따라서 노동자들이 창출한 지식이 기업 전체에 효과적으로 공유되기 위해서는 지금이야말로 최고경영자층이 개인의 지식을 조직의 지식으로 전환하기 위해 리더십을 갖고 지식경영을 추진해야 할 때다.

세계가 주목한 이랜드의 지식경영

1997년 더위가 채 가시지 않은 늦여름, 서울 신촌 창천동 이랜드 본사 회장실을 나오는 장광규 (당시) 이사의 얼굴에는 당혹한 표정이 역력하다. 이랜드의 박성수 회장이 갑작스레 그를 불러놓고는 CKO(지식경영 최고책임자)를 맡아달라고 말했기 때문이다. 피터 드러커의 《21세기 지식경영》을 감명 깊게 읽은 박 회장이 지식경영의 첫 삽을 뜨는 순간이었다.

국내기업 중 지식경영의 대표주자로 손꼽히는 곳이 바로 이랜드다. 한때 전국 경제인연합회에서도 재계의 관심을 끌고 있는 이랜드의 지식경영을 벤치마킹해야 한다며 태스크포스팀을 만들어 본부장급 임원들이 이랜드의 지식경영사례를 배워갈 만큼 유명하다. 또 홍콩에서 발행되는 경제주간지 〈파이스턴 이코노믹 리뷰〉가 이랜드를 아시아 지역의 대표적인 지식경영 성공사례로 꼽으며 이랜드가 지식경영을 도입한 이래 1인당 부가가치(천만 원), 순이익 등에서 놀라운 성과를 내고 있다고 소개했을 정도다.

1999년부터 시작된 지식경영에 따라 이랜드의 전 사원은 사내 인트라넷을 통해 운영되는 지식몰(KMS)에 각자 보유한 업무지식을 올린다. 이렇게 축적된 지식을 모든 직원이 공유하는데, 자신의 지식 이력서와 지식 숍(Shop)도 따로 개설돼 있다. 이곳을 통해 지식은 사고 파는 상품처럼 거래된다. 직원들은 이처럼 KMS 사이트에 서로 궁금한 점을 묻고 답하면서 시행착오를 줄여나갔다. 자신의 노하우와 지식은 다른 직원에게 전수해주고 모르는 것은 배웠다. 예를 들면 의류브랜드의 한 직원이 전국 매장을 가장 빠르게 순회하는 법을 사이트에 올리는 식이다. 이렇게 배우고(Learn), 사용하고(Use), 가르치고(Teach), 점검하는(Inspect) 활동은 이랜드가 개발한 LUTI 지수로 직원들 PC에 나타나고, 이 지수는 인사고과에 반영된다.

LG전자의 슈퍼A 활동

재벌기업 중에서는 LG전자의 지식경영이 눈에 띈다. 이 회사는 국내에 지식경영이라는 용어가 낯설었던 1995년부터 지식경영을 착실히 준비해온 케이스다. 이는 당시 추진했던 각종 혁신활동이 지식생성과 공유를 바탕으로 하고 있었기에 가능했다.

LG전자는 두 가지 관점에서 지식경영을 기울이고 있다. 그 하나는 사내 지식포털사이트 구축이다. 온라인을 통한 지식공유 활동이 저조한 것을 만회하기 위함이다. 다른 하나는 조기경보체제(EWS) 가동이다. 각종 성과와 혁신지표로 구성된 조기경보체제에 빨간불이 들어오면 기존 혁신체제를 재점검하고 즉각 새로운 혁신체제로 돌입하는 시스템이다. 이는 강도 높은 지식생성 자극과 방향 설정을 위해서다.

특히 LG전자 지식경영의 핵심은 '슈퍼A 활동'에 있다. 슈퍼A 활동은 현장중심의 경영혁신활동을 의미하는 것으로 A등급 기업 중에서도 최고수준이 되겠다는 취지에서 비롯됐다. 회사는 슈퍼A 활동을 펼치는 팀들에 드림팀을 붙이는데, 드림팀은 기존 피라미드형 업무조직에서 탈피한 태스크포스 형식을 갖추고 있다. 이 조직에는 팀장과 팀원의 구분이 없다. 그만큼 조직체계가 수평적이라는 의미다.

LG전자는 이러한 드림팀의 운영이 단발성이나 일시적이지 않고 안정적으로 운영하고 있다. 이는 지식생성(창조)의 지속성을 유지할 수 있다는 의미다. 구미 사업본부만 하더라도 드림팀은 매년 100개를 넘어선다고 한다.

이처럼 LG전자에서 주된 지식생성은 이들 드림팀의 몫이다. LG전자가 드림팀에 각별하게 신경을 쓴다는 건 팀조직 초기에 필수적으로 거치는 '팀 빌딩'만 봐도 알 수 있다. 팀이 결성되면 2박 3일

정도 합숙기간을 갖고 '서로 알기' 시간을 갖는다. 그 후에 본격적으로 혁신과제를 수행하게 된다. 또한 팀이 형성되면 'KPI(key performance index)'를 비롯한 각종 활동지표를 회사에 등록해 자신들의 혁신방향을 명확히 제시한다. 혁신과제 수행이 끝나면 성과에 따른 보상과 함께 스킬 올림픽을 통한 '베스트 프랙티스' 공유기회를 갖는다. 독특한 것은 실패해도 축적된 지식가치가 높으면 리스크테이킹(risk-taking)상을 준다는 것이다. 결과만으로 새로운 지식을 죽이지 않겠다는 의지가 숨어 있다. 결론적으로 슈퍼A 활동은 LG전자의 경쟁력의 원천이라고 볼 수 있다. 슈퍼A 활동은 기업의 지식생성과 역량증대뿐 아니라 개인의 역량강화에도 크게 기여하고 있는 셈이다.

실패도 성공으로 돌려놓는 지식경영

실패는 성공의 어머니라는 말이 있다. 지식경영에서도 유난히 이 격언이 통하는 사례가 하나 있다. 두산건설이 그 주인공이다.

지난 2000년 1월, 마무리 공사가 한창이던 화성군의 두산아파트 건설현장에 있던 이모 소장은 본사로부터 급한 연락을 받았다. 화장실 내장공사를 잠시 중단하라는 것이었다. 이 소장은 자세한 내용을 알아보기 위해 회사 KMS에서 지식공유 파일인 피드백시스템을 열었다. 타 지역의 아파트 건설현장에서 벗어놓은 슬리퍼에 문이 걸릴 정도로 화장실 문턱이 낮게 시공돼 문이 잘 닫히지 않는다는 실패사례가 올라와 있었다. 다행히 이 소장의 지시로 화장실 내장공사 담당직원들이 소집되었고 문제점에 대해 자세히 검토한 후 시공을 재개할 수 있었다. 이는 두산건설 지식경영의 장점인 실패사례 공유제도를 보여주는 한 일화다. 당시 실패사례에 등장했던 현장에서는 수억 원의 재시공비가 들었다는 후문이다.

지식경영을 실천하는 대부분의 기업에서는 성공사례만을 등록하고 포상하는 것이 일반적이다. 하지만 실패의 자산화란 측면에서 실패사례는 기업의 또 다른 중요한 자산으로 대두되고 있다. 즉, 실패를 통한 교훈은 매우 중요한 지식자산인 것이다. 때문에 두산건설 사례에서 우리는 실패사례도 공유하면 성공이 된다는 점을 깨달아야 한다. 실패를 성공으로 돌려놓는 데에도 지식경영이 한몫한다는 것이다. 두산건설은 당시 이 문제를 극복하기 위해 많은 고민을 했다.

하지만 두산건설 경영진은 실패사례를 내놓기 꺼려하는 풍토를 바꾸기 위해 특단의 조치를 취했다고 한다. 유사한 내용이 아닌 최초의 실패사례를 올린 팀에게는 그 잘못을 묻지 않는 면죄부를 부여하는 것이다. 게다가 현장의 모든 공사가 끝난 후에 시행되는 준공 결산보고 때는 우수 성공사례뿐 아니라 타산지석으로 삼을 모범적인 실패사례를 많이 공유한 현장에게도 포상금까지 지급하기도 했다.

반면 두 번의 실수는 용납하지 않았다. 지식공유를 위한 노력을 게

을리해 똑같은 실수를 반복한 팀에게는 가차없는 징계조치를 취했다. 또한 실패의 반복을 예방하기 위한 이중, 삼중의 장치를 만들었다. 전체 공사 착공 전에 실패와 성공사례의 교훈을 공유하는 킥 오프 미팅을 갖고, 또한 창호 방수유리 등 세부공사 시작 전에 세미킥 오프 미팅을 시행한 것이다. 공사가 끝난 후에는 준공 결산보고서 발표를 통해 성공과 실패사례를 다시 한 번 공유하고 주요 사례를 피드백시스템에 올렸다.

두산건설이 국가고객만족도(NCSI) 아파트 부문에서 우수한 성적을 거두고 산업재해 예방 최우수업체로 선정된 데는 실패사례 공유 위주의 독특한 지식경영이 기여한 바가 크다.

지식경영, 성공하기 위해서는

이제 지식경영은 기업경쟁력의 주요 인프라로 조명받고 있다. 높은 원자재 가격, 고임금, 치솟는 땅값 등 산적한 채산성 악화요인이 발목을 잡는 현실에서 기업은 지식자원의 활용을 극대화함으로써 글로벌 환경에서 경쟁력을 찾아야 할 필요성이 어느 때보다 커진 것이다. 기업들의 지식경영 인프라 구축은 단기 경영혁신성 과제가 아니라 정보기술 인프라와 마찬가지로 기업의 중장기적인 경쟁력을 좌우하는 새로운 경영 패러다임으로까지 자리 잡고 있다.

특히 요즘처럼 기업들의 구조조정이 일상화되어 있는 상황에서 개인이 갖고 있는 지식을 조직의 지식으로 승화하지 않으면 떠난 직원의 빈자리를 업무에 차질없이 메우기란 힘들다. 이러한 사정으로 인해 많은 기업들이 앞다퉈 지식경영 활성화를 위한 방안을 실행하고 있다. 하지만 그 효과가 그리 높지만은 않은 게 냉엄한 현실이다.

KAIST 테크노 경영대학원의 지식경영연구센터는 지난 2001년부터 2004년까지 4년간 삼성전자, LG전자, 포스코 등 국내 굴지의 30개 기업을 대상으로 연구한 결과, 지식을 공유하는 긍정적인 조직문화가 형성되지 않은 상태에선 개인에 대한 금전 등의 물질적 보상이 단기적인 효과는 있을지 몰라도 장기적으로 볼 때 오히려 역효과를 내고 있다고 밝힌 바 있다.

그중 사내 게시판에 왕성하게 글을 올리는 사원들에게 금전적인 인센티브를 제공하는 것이 가장 일반적인 방법으로 활용되어왔는데, 문제는 주변을 둘러봐도 이러한 방법만으로 지속적인 지식경영 활성화에 성공한 기업은 찾아보기 힘들다는 점이다. 즉, 국내 기업들의 지식경영은 아직도 도입단계 속에서 많은 시행착오를 거치고 있다는 얘기다. 따라서 지식경영이 성공작이 되기 위해서는 경영자들의 역할이 무엇보다 중요하다.

KAIST 테크노 경영대학원 김영걸 교수는 경영자들이 지식경영의 초점을 개인이 아닌 조직에 맞춰야 한다고 강조한다. 김 교수는 개인에 대한 명시적 인센티브 제공이 다가 아니라면 개인보다는 지식공유에 친화적인 조직문화를 만드는 것에 포커스를 둬야 된다고 설명한다. 지식경영이 중요하다는 것을 사내·외에 홍보하고 지식 올림픽, 지식 사냥대회 등 조직 차원에서 꾸준히 변화관리 활동을 추진하며 지식경영 성공을 통한 실질적이고 긍정적인 변화를 모든 조직구성원에게 보여줘야 한다는 논리다. 즉, 지식공유의 중요성을 깨우치는 지속적인 교육 및 변화관리가 필요하며 동시에 지식경영을 조직적으로 수행할 '실행공동체(CoP:Community of Practice)' 활동이 중요하다는 것이 김 교수의 설명이다.

실제로 초기에는 기업들이 지식관리시스템이라는 조직의 지식창고에 무조건 많은 지식을 넣기만 하면 지식경영이 성공하는 것이라고 생각하는 경향이 많았다. 그러나 이제는 지식의 양적인 축적이 아니라 조직구성원들이 양질의 지식을 창출하고 서로 전파해 본인과 조직의 문제를 해결하는 데 적극적으로 활용할 수 있어야만 성공적인 지식경영으로 귀결될 수 있다.

과연 여러분의 기업들은 사내 지식관리시스템의 수준을 넘어 고객과 공급업체, 외부 전문가들의 지식까지 실시간으로 활용할 수 있는, 이른바 지식생태계 구축에 도전하는 모습을 보이고 있다고 생각하는가?

지식경영을 실패로 이끄는 6가지 함정

지식경영의 도입이 바로 성과의 향상으로 연결되진 않는다. 지식경영을 도입하고자 하는 기업이 일반적으로 빠지기 쉬운 함정들을 살펴보자.

(자료 : LG경제연구원)

■ 함정 1 - 모든 지식을 관리한다?

외국의 한 조사에 의하면 지식경영을 추구한 기업들 중 절반은 큰 효과를 거두지 못했다고 한다. 지식경영의 목표가 명확하지 않는 경우 기업들은 업무와 관련된 모든 지식들을 관리하려고 하는 오류를 범하기 쉽다. 사실 업무와 관련된 사항 중에서 지식이 아니라고 할 수 있는 것은 거의 없다. 그러나 이들을 모두 지식경영의 대상으로 간주하는 것은 너무 많은 지식으로 인해 지식경영의 초점이 흐려지기 쉽다.

■ 함정 2 - 인프라만 완벽하게 구축하면 된다?

많은 기업들이 정보기술에 막대한 투자를 통해 완벽한 시스템을 구축하고자 노력한다. 정보기술은 지식경영의 필수요소지만 그것만으로는 충분하지 못하다. 지식이 공유되고 활용되기 위해서는 지식 보유자가 구성원들이 필요로 하는 정보를 제공해야 하며, 또 구성원들이 정보를 활용해야 하는 것이다. 지식경영의 핵심에는 사람이 있는 것이다.

■ 함정 3 - 암묵지(暗默知)는 관리할 수 없다?

'암묵지'란 개인적 경험, 이미지, 숙련된 스킬, 조직문화 형태로 존재하는 지식을 말한다. 암묵지는 지식 보유자와의 접촉, 경험학습 등을 통해서만 획득이 가능하기 때문에 관리가 쉽지 않아서 지식경영을 추진하는 많은 기업들이 암묵지를 소홀히 여기는 실수를 범한다. 암묵지를 활성화하기 위해서는 구성원들이 서로 지식을 교환하고 토론하여 새로운 지식을 창출할 수 있게 지식의 장(場)을 만들어줘야 한다.

■ 함정 4 – 행동방식의 변화는 필요 없다?

미국의 컨설팅회사 Ernst & Young의 조사에 의하면 기업관리자들은 지식경영을 추진하는 데 있어 가장 큰 장애요인으로 구성원들의 행동변화에 대한 어려움을 지적하고 있다. 이를 위한 해법은 '내가 나의 지식을 제공하고 동료들을 도와주면 조직이 이를 인정해줄 것이다' 하는 믿음을 구성원들에게 제공하는 것이다.

■ 함정 5 – 전체 구성원이 책임진다?

지식관리는 모든 구성원들이 관심을 기울이고 관리해야 하기 때문에 지식관리 조직을 만들 필요가 없다고 생각할 수 있다. 하지만 이는 잘못된 생각이다. 지식을 갖고 있는 사람들로부터 지식을 수집하고, 편집하며, 지식 네트워크를 체계적으로 운영하고 필요 인프라를 설치·관리하는 전담 조직관리자가 필요하다.

■ 함정 6 – 추진을 위한 신념만 있으면 된다?

아무리 최고경영층이 신념을 가지고 지식경영을 추진하더라도 지식경영의 효과가 명확하게 제시되지 못한다면 지식경영을 추진하는 합리화가 어렵게 되고 구성원들의 공감대도 얻을 수 없어 그 추진력이 약해지게 된다. 따라서 가능하면 지식관리시스템을 통한 기업의 비용절감이나 매출향상 등 성과향상에 관련된 수치를 파악해야 한다.

헤라클레이토스,
끊임없이 변화하라

변화가 없는 삶은 침체되며, 모든 것은 항상 다른 것으로
변화하면서 흘러야 하고, 그것이 살아 있는 이유가 된다.

만물은 흐른다

"같은 강물에 두 번 들어갈 수 없다!"

철학자 헤라클레이토스를 설명할 때 빼놓을 수 없는, 그가 남긴 가장 유명한 말로 꼽히는 문구다. 세상의 모든 것은 흐르고 변화하며 영원한 것은 존재하지 않는다는 이른바 만물유전설을 뒷받침하는 표현으로, 한 사람이 같은 강물에 두 번 들어갈 수 없는 이유는 처음 강에 발을 담갔을 때의 강은 이미 흘러가버렸고 나중에 발을 디딜 때의 강은 또다시 다른 것이 된다는 이유에서다. 즉, 세계 만물은 쉴 새 없이 변화하고 있기 때문에 같은 시간에 제자리에 있는 것은 아무것도 없으며, 결국 흐르는 것은 강물만이 아니라 강물에 들어간 나 또한 흐르는 존재라는 의미다.

기원전 535년부터 475년 무렵까지 살았던 고대 그리스 철학자 헤라클레이토스는 생전에 단 한 권의 저서도 남기지 않았다. 구전으로 내려온 것, 아니면 몇몇 단편만이 전해지고 있을 뿐이다. 따라서 그나마 남겨진 단편들을 추려 재구성해볼 때 그는 평생을 이 같은 '판타레이(Panta Rhei, 모든 것은 흘러간다)'라는 명제를 통해 만물이 변하고 또 변하듯 인간 역시 늘 변화를 추구해야 한다는 점을 강조한 철학가로 평가된다.

헤라클레이토스보다 한참 후대에 등장한 플라톤 역시 헤라클레이토스가 다음과 같은 말을 했다고 증언한 바 있다.

"변치 않은 채 그대로 존재하는 것은 하나도 없으며, 만물은 다 생성한다. 만물은 흐를 뿐 어떠한 것도 정체되어 있지 않다. 만물은 이루어진 것이며, 끊임없이 계속해서 이루어지고 있다."

헤라클레이토스의 이론에 따르면 모든 만물의 근원은 불이며, 불은 물로, 물은 흙으로, 그리고 다시 흙에서 물, 물에서 불로 끊임없이 전환되는 것으로 간주된다. 부단히 변화하는 세계의 변화 배후에는 불이 있으며 불→물→땅으로의 변화는 '내려가는 변화의 길'이고, 땅→물→불로의 변화는 '올라가는 변화의 길'이라는 의미도 담고 있다. 복잡한 듯 느껴지지만 헤라클레이토스가 말한 변화란 예컨대 이런 것이다. 우리가 길을 걸어갈 때 얼굴을 스치는 선선한 바람 한 줄기는 우리의 기분을 바꿔준다. 한들거리는 풀 한 포기를 대할 때도 이내 기분이 좋아지고, 추운 곳에 있다가 따뜻한 불가에 다가섰다면 심신에 평온함마저 느낄 수 있을 것이다. 감정적인 것 외에 실생활 속 곳곳에서도 우리는 급속한 변화를 실감하며 살아가고 있다.

　정보기술의 발전으로 작년에 써보았던 전자제품의 성능이 올해는 수십 가지나 더 늘어났고, 불과 얼마 전까지만 해도 유행하던 것들은 이내 온데간데없이 사라짐을 새삼 느낄 때가 많지 않은가. 이처럼 우리 자신의 모습은 순간순간 변화하는 성질을 갖고 있다는 것이 헤라클레이토스가 강조한 변화상이다. 때문에 그의 변화철학은 변화가 없는 삶은 침체되며, 모든 것은 항상 다른 것으로 변화하면서 흘러야 하고, 그것이 살아 있는 이유가 된다는 뜻으로 요약할 수 있다.

변화를 두려워하면 생존할 수 없다

　헤라클레이토스의 만물유전은 수천 년 전의 철학임에도 불구하고 그 이론 자체가 갖고 있는 의미는 상당히 크다. 초를 다투는 신속한 시대이면서, 정보 하나가 기업의 성패를 좌지우지하는 정보화 시대에 몸담고 있는 현대 기업경영자들에게 변화를 추구해야 한다는 메시지를 던져줌으로써, 생존경쟁에서 우위를 점할 수 있는 철학적 노하우를 제시해주기 때문이다. 특히 위기극복의 해법으로 변화경영이 주목받고 있는 지금의 경제현실을 고려한다면 최고경영자들이 헤라클레이토스의 변화철학을 ‘변화경영’이라는 새 틀에 담아야 할 필요성은 더 높아졌다고 해야겠다. 소비자들의 니즈가 갈수록 다양해지고 복잡해짐에 따라 그 많은 것들을 수용하기 위해서라도 기업은 꾸준히 변화하는 모습을 보여야하지 않은가. 따라서 오늘날 많은 경영전문가들은 변화경영을 수용하느냐 그렇지 못하느냐에 따라 기업의 성패로 갈라진다는 점을 강조하고 있다.

공병호경영연구소의 공병호 소장은 변화경영의 가치를 다음과 같이 부과했다.

"이제 기업의 성패는 선진경영전략을 답습하는 데 있지 않습니다. 불확실성에 따라 해법이 달라지는 시대이거든요. 따라서 변화의 타이밍을 놓치지 않고 기업환경의 변화에 맞는 변화경영을 시스템화하는 조직과 개인만이 살아남을 수 있습니다."

사람의 삶이든 기업의 생존이든 멀리 보면 강한 자가 살아남는 것처럼 보이지만 사실은 '살아남는 자가 강한 자' 라는 생존의 법칙이 냉정하게 적용되고 있는 게 요즘 얘기다. 제조업이든 서비스산업이든 살아남는 기업이 결국 시장을 주도하게 되는 현실 때문이다. 특히 경기침체로 인해 수많은 기업들이 생산을 감축하거나 직원들의 임금을 동결하는 등 비상경영 조치를 취하고 있는 실정이라면 그 어느 때보다 변화경영이 더 중요해졌다는 징후로 해석해야 한다.

그렇다면 21세기 기업경영의 화두로 자리 잡은 변화경영이란 도대체 무엇일까. 변화경영, 혹은 변화관리경영은 기업이 다양한 환경변화에 적극적으로 대처하는 체계적 활동으로 정의를 내릴 수 있다. 급격하거나 완만한 변화속도에 대처할 수 있는 혁신전략인 동시에 순간적인 돌발상황에도 민첩하게 대응할 수 있는 기업의 전반적인 활동을 변화관리 경영의 범주에 포함해도 된다. 결국 "어떤 조직이든 시장 환경변화를 거부하고 과거의 성공과 경험에 의지하는 순간 미래는 없다"라는 전제에서 본다면 변화는 이제 선택의 문제가 아니라 생존의 필수요건이 되고 있는 셈이다.

변화관리경영의 범위를 살펴보면 우선 기획단계에서부터 목표달성에 이르기까지 각 분야(조직구조, 제도, 제품개발, 고객만족 등)에 걸쳐 전 방위적으로 적용된다. 변화의 흐름에 뒤처지거나 정체된 조직의 체질을 개선하는 것은 물론이고, 기존의 제도를 수정 및 보완해 이를 생산성 향상으로 연결시키는 역할까지 한다. 또 이를 통해 기업의 이미지와 수익을 보장해주는 고객만족까지 실현할 수 있게 된다.

다음으로 변화국면을 정면 돌파하기 위해서는 무엇보다 조직구성원이 하나로 결집돼 자신의 능력을 최대한 발휘할 수 있는 환경이 만들어져야 한다. 최고경영자부터 간부, 팀장급, 그리고 평사원까지 하나의 꼭짓점을 향해 강한 구심력을 발휘해야 하는 것도 이런 이유에서다. 그러나 조직에는 변화에 적극적인 사람이 있는가 하면 수동적해 방관자, 변화 자체를 훼방하거나 거부하는 부류 등이 다양하게 포진해 있기 때문에 리더는 조직의 목표에 역행하려고 하는 조직원들을 하나의 테두리 안으로 끌어모으는 데 집중할 필요가 있다.

변화에 대처한 3사

변화에 대처한 기업과 그렇지 못한 기업은 일정기간이 지난 후 극명하게 대조적인 시장평가를 받는다. 먼저 기업환경의 변화조짐에 변화경영을 꾀하여 스스로 대처한 기업 3사의 성공사례를 살펴보자.

1934년에 세워진 후지필름은 일반사진용 필름 분야에서 일본 국내시장의 약 70퍼센트를 점유하며 독보적인 자리를 차지했다. 그러나 이런 최강의 후지도 정보기술의 발전속도가 빨라지면서 점차 디지털화를 요구하는 시대상황에 맞닥뜨려 위기에 직면하고 말았다. 2000년을 기점으로 매년 20퍼센트가 넘게 매출이 감소되어 어려움을 겪어오다 급기야 2006년 1월에는 5,000명의 인원을 감축하는 사업 구조조정을 발표하기에 이른 것이다. 하지만 위기상황에서 후지필름 홀딩스의 고모리 사장은 다음과 같이 말하며 변화경영을 추구할 것을 선포했다.

"가장 나쁜 것은 조금씩 사업이 축소되는 것입니다. 이쯤에서 과감한 대책을 취해 미래를 위한 사업기반을 재구축해야 할 것입니다."

고모리 사장의 의지에 따라 후지필름은 주력사업이었던 사진관련 사업을 대폭 축소하고 기존에 보유하고 있던 필름기술을 바탕으로 FPD(Flat Panel Display) 재료사업에 뛰어드는 과감한 구조개혁에 나선다. FPD 재료는 PC나 평면 TV의 액정 패널에 사용되는 보호필름 등을 말하는 것으로, 후지필름은 본업에서 쌓아온 경험과 기술력을 활용할 수 있는 새로운 사업의 발굴로 그곳에 모든 역량을 집중시켜 결국 위기탈출이라는 값진 결과를 얻고야 말았다.

아사히유리 역시 리더의 과감한 변화로 회사를 살린 케이스다. 과점적인 성격이 짙은 안정적인 산업에서 오랫동안 별다른 부침이 없이 성장해온 아사히유리는 1990년대 들어 지속적인 수익하락으로 1999년 3월 결산에서는 상장 이래 첫 영업적자를 기록하게 된다. 이에 아사히유리 경영진은 성장을 위해 한 차례 움츠리자는 의미의 구조개혁 플랜인 'Shrink to Grow'를 내놓는다. 이 계획에 따라 경영진은 건축유리 등 범용화된 사업에서 비용구조를 재검토하여 일본 국내 가마를 폐쇄하고 구조조정 및 인원감축 등을 진행했다. 이러한 구조조정을 발판으로 아사히유리는 기존의 유리사업이나 화학사업이 창출한 현금흐름을 액정, 플라즈마 TV용 유리기판 등을 취급하는 전자·디스플레이 사업에 적극적으로 투자하는 전략을 펼쳤다. 결과는 대성공이었다. 2006년 6월 중간결산에서 전자·디스플레이 사업의 매출액과 영업이익이 전년도에 비해 각각 16퍼센트, 40퍼센트 증가하는 성과를 올렸다. 안정적인 기존 사업에서의 현금흐름을 성장가능성이 높은 스타사업에 투자한다는 소위 BCG의 사업 포트폴리오 매트릭스 활용의 전형적인 성공 케이스가 된 것이다.

석유화학기업 쇼와덴코는 석유화학 수요의 침체 등으로 1998년에 2년 연속으로 적자를 냈다. 설상가상으로 미국에서 발생한 제조물 책임 소송으로 인해 2,000억 엔의 손실이 발생하면서 7,000억 엔에 가까운 부채를 떠안게 됐다. 창사 이래 최대의 위기를 맞은 것이다. 이에 쇼와덴코 오하시 전 사장은 2000년에서 2005년까지 지속될 6년짜리 구조개혁 계획을 제시했다. 그는 전반 3년 동안은 차입금을 줄이고 누적적자를 축소하는 한편, 후반 3년 동안은 새로운 사업의 싹을 길러 성장가도에 올려놓겠다는 야심찬 계획을 전 임직원들에게 밝혔다. 이 계획에 따라 오하시 사장은 전반기 3년간 농약이나 카본 블랙 등 실적이 좋지 않은 12개 사업을 매각하거나 손을 뗐고, 47개 사업은 재검토 조치를 내렸다.

쇼와덴코의 변신은 성공했다. 2003년 1월, 당시 세계적 생산조정의 압박으로 인해 미쓰비시가 철수를 결정한 하드디스크 제조공장을 싼 값에 인수했는데, 오래 지나지 않아 이 결정은 반전을 위한 적시타가 되고 말았다. 적극적인 투자와 개발전략이 일체되어 휴대전화용 HD부터 PC용 HD까지 다양한 제품을 생산하는 능력을 갖추게 된 것이다. 특히 자동차용 내비게이션이나 DVD 등과 같은 가정용 부문이 급성장했다.

이처럼 가장 어려운 상황에서 쇼와덴코를 구한 것은 과감한 M&A에 이은 적극적인 투자와 개발전략을 펼친 경영자의 변화추구 의지가 컸다. 이를 두고 일본의 한 증권 애널리스트는 당시를 회상하며 만약 쇼와덴코가 HD 부문을 육성하지 않았다면 지금쯤 대형 종합화학 중 가장 저조한 성적을 냈을 것이라고 평가하기도 했다.

변화를 수용하지 못한 3사

변화경영을 기피한 다음의 3사 이야기는 시대흐름에 부응하지 못했을 때 기업은 어떤 결과에 직면할 수 있는가를 여실히 보여주고 있다.

미국의 3대 자동차 메이커 중 하나인 크라이슬러는 1970년대 말부터 위기와 부활을 거듭 반복했지만 결국 1998년 11월 다임러벤츠에 흡수 통합되었다. 회사는 1970년대 두 번의 오일쇼크와 일본차의 미국시장 확대로 도산위기에 내몰렸지만 공적자금 투입과 대대적인 합리화로 극적인 부활에 성공하는 듯했다. 특히 1991년 미니밴과 SUV의 성공으로 크라이슬러는 완전히 위기를 극복한 것처럼 보였으나 경쟁사들과의 열세를 이기지 못하고 결국 합병이라는 몰락의 길을 걷고 말았다. 크라이슬러의 실패이유로 지금도 가장 크게 꼽히고 있는 점은 변화에 민감하게 대응하지 못한 채 차종 다양화에 실패하고 글로벌 기반이 취약했다는 점이 지적되고 있다. 세계 2차대전 후부터 차종 대형화 및 고급화 경쟁에 뒤처지면서 결국 시장확대에 제약을 받게 되었고 히트상품의 부족으로 순익감소라는 위기를 겪어야 했던 것이다. 여기에 1970년대 오일쇼크, 1990년대 초 경기후퇴에 따른 수요감소를 만회할 해외사업도 취약해 도산위기에까지 내몰린 점도 컸다. 1998년 다임러벤츠와의 통합도 일부 양산 차종을 중심으로 한 내수 중심의 사업기반이라는 취약성이 그 빌미로 작용하기도 했다.

1918년 설립된 제니스는 차세대 TV를 비롯한 기술력과 브랜드력을 보유한 세계적인 가전업체였다. 차세대 TV에 적용 가능한 기술을 세계에서 유일하게 보유하고 있었으며 AT&T와 제휴해 디지털 TV방식을 개발한 성장잠재력이 매우 높은 기업이었다. 또 미국내 브랜드 위상도 최상위 그룹에 속했다. 그러나 이익 없는 성장이라는 취약한 사업구조로 OEM업체였던 한국의 LG전자에 1995년 피합병되는 비극의 주인공이 되고 말았다. 과잉공급에 따른 제품가 하락경쟁에 효과적인 대응수단을 갖지 못해 매출증대에도 경영수지가 악화되는 어려움을 겪어야 했고, 여기에 디지털 부문에의 막대한 투자(1,400만 달러), 리스트럭처링 추진으로 발생한 비용(2억1천600만 달러)이 커다란 부담으로 작용해 결국 피합병이라는 불운을 피하지 못한 것이다.

1888년 세계 최초로 필름카메라를 발명한 코닥 역시 디지털 환경에 적응하지 못해 급속한 실적저하를 경험한 케이스다. 1980년대에 이 회사가 주력한 사업다각화는 시너지 창출에 실패했고 저효율을 극복하기 위한 다섯 차례에 걸친 리스트럭처링에도 실적개선이 없었다. 급기야 1994년에는 외부 CEO를 영입하며 변화를 모색했지만 끝내 개혁에는 실패했다. 실패의 주원인은 신규투자보다 안정적인 사업에 안주했으며, 시장변화를 제대로 읽지 못했기 때문이다. 불황기에 디지털 이미지 제품과 같은 차세대 사업투자는 무리라고 판단해 필름사업의 안정적인 수익선 확보에만 주력한 게 실패의 길이 됐다. 내부적으로는 필름 및 카메라시장에서의 독점 지위를 유지했던 과거에 안주하며 경영효율성을 기피한 것도 한 요인이다.

위의 사례들처럼 이제 시장의 위기상황에서 기업들이 주저앉느냐 딛고 일어서느냐를 가르는 주요변수로 변화의 수용여부가 결정적인 역할을 한다는 점을 깨달아야 한다. 도태되느냐 성장하느냐의 갈림길에 변화경영이 조금씩 자리 잡고 있다는 말이다.

월마트의 성장과 K마트의 몰락

같은 업종에서 변화경영을 취한 기업과 그렇지 못한 기업의 결과를 가장 잘 보여주는 비교사례는 월마트와 K마트가 있다. 1899년 설립된 K마트는 미국 최초로 할인점 개념을 도입한 유통업체로 1980년대 중반까지 할인점업계 부동의 1위 자리를 유지한 골리앗 기업이었다. 그러나 1991년 뒤늦게 출발한 월마트에게 매출 1위 자리를 넘겨주고 말았다. 그후 여러 가지로 1위 재탈환전략을 취했지만 자금 압박으로 급기야 2002년 법원에 파산보호를 신청하기에 이르렀다. K마트의 추락은 무엇 때문이었을까.

정답은 월마트의 IT기반 경쟁전략에 제대로 대응하지 못한 점이 꼽힌다. 후발업체였던 월마트는 철저한 저가전략을 추구해온 반면, K마트는 1위에 자만해 거의 무대응으로 일관했던 것이다. 이에 1981년부터 1991년까지 10년 동안 매출액 대비 판매관리 비율이 월마트는 20.1퍼센트에서 15.2퍼센트로 낮춰졌지만, K마트는 22.8퍼센트에서 21.2퍼센트로 거의 변하지 않았다.

특히 월마트는 업계 최초로 자동 발주에 의해 납품업체가 납품하는 IT기반의 첨단 물류시스템 구축을 통해 EDLP(Every Day Low Price)를 실현하면서 시장 내 확보한 위치를 구축했다. 이에 K마트가 심각성을 깨닫고 대응에 나섰으나 상황을 반전하기에는 너무 늦어버렸다. 다양한 재생전략마저 실패하면서 파산의 길을 걸어야 했던 것이 K마트다.

■ 월마트 VS K마트

〈같은 점〉

• 할인 소매점(Discount Store)
• 대량구매와 대량 소비를 통한 가격이 핵심 경쟁력
• 대량소비를 위한 대형매장 필요

〈다른 점〉

• 시장전략 : (월) 초기부터 소비자 중심으로 모든 핵심전략 개발, 실행
　　　　　　　　새로운 시도를 통해 시장 주도 및 견인
　　　　　　　(K) 미투전략(Me Too : 일등의 전략을 따라하기)으로 일관
• 공략지역 : (월) 도시 바깥지역 집중
　　　　　　　(K) 1990년대 초반까지 상대적으로 도시지역 집중
• 공급망 관리(SCM) : (월) 철저한 품질 점가, 공급자 선택시 체계적
　　　　　　　　　　　(K) 비체계적인 공급망 관리 수행
• 시장변화 대처 : (월) 능동 대처
　　　　　　　　　(K) 수동 대처
• 기업문화 : (월) 선도적, 진보적
　　　　　　　(K) 구태의연, 보수적

"기업이여, IQ를 높여라"

– MS CEO 빌 게이츠

모든 사람이 알고 있는 바보

전 세계를 통틀어 현존하는 경영자 중 가장 성공한 사람을 꼽으라면 단연 10여 년이 넘게 세계 최고 갑부자리에 있는 빌 게이츠 전 MS 회장을 선택하는 이들이 많을 것이다. 세계 PC의 90퍼센트가 MS의 운영체제를 사용하고 있는 만큼, 컴퓨터 활용에 있어 빌 게이츠는 떼려야 뗄 수 없는 세계적인 영웅으로까지 대접받는다. 그런 그가 오늘의 위상에 오를 수 있게 된 것은 결국 컴퓨터에 대한 열정과 집념, 그리고 자신이 보유한 IT기술력에 대한 자신감이 바탕에 깔려 있었기에 가능했다.

될 성 싶은 나무는 떡잎부터 알아본다고. 지난 13년간 세계 최고의 갑부자리를 놓치지 않았던 빌 게이츠는 떡잎부터 천재적인 기술자이자 천부적인 경영자로서의 역량을 드러냈다. 청소년기의 빌 게이츠는 수학에 매우 뛰어난 학생이었다. 실제로 학창시절 그를 가르쳤던 선생님들조차 하나같이 게이츠가 수학자나 대학교수(수학관련)가 될 것으로 예측했다. 하지만 그는 성장할수록 수학보다는 컴퓨터에 열광했다. 재미있는 사실은 그가 컴퓨터에 빠져든 나머지 해커로 활동했고, 이것이 훗날 성공한 사업가를 견인한 간접적인 동기로 작용했다는 점이다.

빌 게이츠가 11세가 되던 해 그의 부모(아버지가 변호사였다)는 당시 시애틀에서 명문 사립학교로 손꼽히던 레이크사이드에 아들을 입학시켰다. 그곳에서 그는 MS의 공동창업자인 폴 알렌을 비롯해 유명한 휴대폰 제조업체를 일궈낸 맥카우 형제 등 부와 권력을 지닌 여러 엘리트 집안 자녀들을 만나게 된다. 재학 중이던 1968년, 학교는 학생들에게 컴퓨터 교육을 실시하기로 하는데 이때 학생들의 어머니들은 자선바자회 등을 통해 모은 3,000달러로 당시 GE 소유의 미니컴퓨터를 사용하는 데 지불해야 할 비용을 마련해주었다. 학교에 텔레타이프 컴퓨터 단말기가 설치되었고 학생들은 전화선을 사용하여 미니컴퓨터와 통신할 수 있게 되었다. 이 같은 시설이 갖추어지자 학생들은 너도나도 컴퓨터에 접속하기 위해 몰려들었고, 빌 게이츠와 폴 알렌을 포함한 소수의 '열정 유저'들은 단말기를 독차지했다. 불과 몇 주 만에 어머니들이 마련해준 3,000달러로 쓸 수 있는 컴퓨터 사용시간이 소모되자, 게이츠와 알렌은 다른 두 명의 친구와 함께 돈을 벌겠다는 일념으로 레이크사이드 프로그래머 그룹을 결성한다.

이들은 우선 학교에서 제공하는 컴퓨터 사용시간이 만료됨에 따라 이를 연장시키거나 사용시간을 임의로 줄이는 일에 몰두했다. 그러던 사이 학교에서는 새로운 컴퓨터 단말기 제공업체로 '컴퓨터센터 코퍼레이션'을 선정했고, 빌 게이츠와 친구들은 이 회사의 계정 파일에 몰래 액세스하여 자신들이 기존에 사용한 컴퓨터 사용시간을 대폭 줄여놓는 데 성공했다. 특히 빌 게이츠는 미니컴퓨터의 충돌을 유발시키고 다른 유료고객이 온라인으로 연결되어 있는 상태에서 시스템 운영을 중단시켰다.

그러나 이들의 행동은 머지않아 회사 측에 발각되고 말았다. 그런데 아이러니하게도 이것이 기회가 됐다. 컴퓨터센터 코퍼레이션의 관리자들이 게이츠에게 기회를 준 것이다. 오히려 그의 재능을 회사의 이익에 이용하기로 하고, 게이츠를 포함한 친구들에게 다른 유료고객들이 컴퓨터를 사용하지 않는 주말이나 밤 늦은 시간에 무료로 액세스할 수 있게 해주되, 컴퓨터가 충돌할 수 있는 모든 방법을 문서화해서 자신들에게 보고할 것을 제안했다. 결과는 성공적이었다. 이 회사는 게이츠와 그의 친구들이 작성한 정보를 통해 회사 시스템의 오류를 정정하여 시스템 성능을 향상시킬 수 있었다. 이때 빌 게이츠의 나이 불과 13세, 폴 알렌은 15세였다. 당시의 빌 게이츠에 대해 한 친구는 이렇게 회상했다.

"빌 게이츠는 뛰어난 학생이었죠. 누구라도 빌 게이츠가 누구인지 알고 있을 정도였으니까요. 그런데 바보란 명제에 아무도 알아보지 못하는 바보와 모든 사람이 알고 있는 바보가 있다고 할 때, 빌 게이츠는 후자에 가까웠습니다. 모든 사람이 다 알고 있는 바보라고나 할까요? 그는 다른 사람들에게 특히 호감을 주는 타입은 아니었지만 학교에서 가장 똑똑한 학생이었습니다. 물론 그 또한 스스로 자신을 매우 똑똑한 사람이라고 생각했고요."

해커, 포커, 그리고 이메일 도전장

중·고등학교 시절 해커로서의 기질을 가졌던 게이츠는 하버드 대학에 진학하고 나서도 여전히 컴퓨터에 빠져 있었고, 여기에 포커 게임까지 즐겼다. 수업보다는 포커를 더 좋아했고, 전산실에서 해커 짓을 하는 데 더 많은 시간을 투자했던 그였다.

그런데 포커와 컴퓨터는 정보싸움이라는 중요한 공통점을 갖고 있다. 특히 포커의 경우 상대방의 정보를 알아야 안전하게 배팅할 수 있다. 상대방이 어떤 패를 들고 있고, 누가 과감한 배팅을 하며, 또 연막술을 치는 친구는 누구인지 정확하게 알아야만 상황에 대해 적절한 대응을 할 수 있기 때문이다. 이런 점에서 포커놀이는 게이츠에게 정보수집의 중요성을 일깨워주는 역할을 했다. 이는 훗날 게이츠가 고백한 말에서도 나타난다.

"포커 판에서 상대방의 여러 정보들을 종합해 나의 배팅찬스를 포착하고 액수를 정하는 데 자신이 있었어요. 포커에서 딴 돈과 거기서 얻은 전략수립 경험이 나중에 사업을 꾸려나가는 데 도움이 된 것은 사실이죠."

게이츠는 1975년 친구 알렌과 함께 뉴멕시코 주 앨버커키에 마이크로소프트 사를 설립했다. 지분은 60대 40으로 게이츠가 좀 더 많았다. 베이직 개발에 있어 게이츠가 더 많은 역할을 했기에 알렌과 동의해서 나눈 지분율이었다. 당시 게이츠는 19세, 알렌은 21세였다.

MS를 설립한 이듬해인 1976년 게이츠는 다니던 하버드대학을 중퇴하고 본격적인 사업가로의 길을 선택했다. 그러나 심혈을 기울여 베이직 프로그램을 시장에 내놓은 MS는 그만 난관에 부딪히고 말았다. 프로그램에 대한 소비자들의 호응도는 높았으나 매출이 뒤따라주지 않았던 것이다. 소비자들의 뜨거운 반응과는 별개로 MS의 소프트웨어를 복사한 무수한 해적판이 시중에 나돌면서 실제 소득이 별로 없었던 탓이다. 게이츠는 크게 분노했다. 이어 1976년 2월 '컴퓨터 애호가들에게 드리는 공개편지'란 제목으로 장문의 편지를 많은 컴퓨터 잡지에 게재했다. 일종의 경고장을 보낸 셈이다.

'절대다수의 고객들이 알아야 할 사항은 여러분 중 대부분이(MS의) 소프트웨어를 훔쳤다는 사실입니다. 하드웨어는 비용을 지불하면서도 소프트웨어는 (무료로) 공유되고 있습니다. … 우리에게 지급되는 로열티, 매뉴얼과 테이프 값, 기타 간접비용을 모두 따지면 겨우 현상유지할 수 있는 정도입니다. 때문에 여러분들이 하고 있는 (불법복제) 일은 좋은 소프트웨어 개발을 가로막고 있는 행위입니다. … 여러 명의 프로그래머를 고용하여 우수한 소프트웨어를 출시하는 것보다 더 보람찬 일은 없습니다. 더 많은 소프트웨어를 개발하기 위한 자본을 축적할 수 있도록 제발 해적행위만은 중지해주십시오.'

그러나 이 같은 게이츠의 호소는 컴퓨터 애호가들 사이엔 쇠귀에 경 읽기에 불과했다. 그들은 프로그램을 애용하면서도 MS의 소프트웨어를 굳이 돈을 지불하며 사용하기를 꺼렸다. 결과로 보면 실패로 끝나고 만 '이메일 경고장' 이었지만 당시만 해도 소프트웨어의 저작권법이 없던 시절에 게이츠의 공개서한은 큰 반향을 불러일으킨 사건임은 분명했다.

기업도 IQ가 높아야 한다

빌 게이츠를 세계 최고의 갑부로, MS를 세계 최대의 소프트웨어 회사로 이끌게 한 원동력은 여러 가지가 있겠지만, 경영철학적인 면만 놓고 본다면 지식경영이 그 해답이다. 기업도 개인처럼 똑똑한 지능을 갖추고 있어야 한다는 게 게이츠의 경영자적 논리다. 그의 말대로라면 개인의 IQ처럼 기업도 기업 IQ를 키우고 이를 경영에 잘 활용해야만 성공경영자가 탄생할 수도, 1위 기업이 만들어질 수도 있다는 결론이 나온다.

'기업 IQ' 란 도대체 무엇일까? 간단히 말하면 기업을 구성하는 사람들이 정보를 쉽게 공유할 수 있고, 서로의 성과를 활용할 수 있는지를 가리키는 척도쯤으로 정의내릴 수 있다. 빌 게이츠는 그의 저서《빌게이츠@생각의 속도》에서 오늘날의 역동적인 시장환경에서 성공하려면 어떤 기업이든 높은 기업 IQ가 필요하다면서 기업 IQ가 높다는 것은 단지 회사 안에 똑똑한 사람들이 많다는 것을 의미하지는 않는다고 피력했다. 회사 내에서 얼마나 쉽게 폭넓은 정보공유가 이뤄지는지, 또는 직원들이 서로의 아이디어를 얼마나 잘 활용하는지를 나타내는 척도가 곧 기업 IQ라는 얘기다. 직원 개개인이 각자 배우고, 다른 사람들의 아이디어를 서로 활용하는 가운데 기업 IQ는 올라간다. 기업 IQ가 높은 회사의 직원들이 업무 수행과정에서 서로 긴밀하게 협조하는 것도 이와 같은 맥락이다. 그는 특히 기업 IQ를 높이기 위해 기업의 경영진들은 지식공유의 가치를 믿어야 한다고 강조한다. 그렇지 않으면 지식공유는 실패하고 만다. 나아가 경영진들은 다른 사람들로부터 고립되어 있지 않다는 것을 보여주어야 할 뿐 아니라, 기꺼이 구성원들과의 지식공유가 중요하다는 점을 게이츠는 재차 역설한다.

그는 재임시절 포드 자동차의 사례를 들며 기업 IQ에 있어 경영진들과 직원들과의 피드백이 중요함을 여러 차례 강조한 바 있다.

"포드 자동차의 자크 나세르 사장은 매주 금요일 오후면 전 세계 포드사 직원인 8만 9,000명에게 이메일을 보냅니다. 그 이메일에는 회사의 한 주간 소식 – 좋은 소식 혹은 나쁜 소식 – 이 포함되어 있죠. 그런데 중간관리자들이 사원들에게 전달되는 이메일을 거르거나 중간에서 차단하지 못하게 하고 있습니다. 사장과 직원들이 온라인상에서 직접 대화를 나누기 위해서죠. 그는 매달 수백 통씩 들어오는 답장을 일일이 다 읽어보고, 후속조치가 필요한 경우에는 담당 직원을 시켜 답장을 보내기까지 합니다."

게이츠는 자크 사장의 사례를 그대로 실천에 옮겼다. 중요한 문제가 있을 때마다 전 세계의 직원들에게 이메일을 보냈고 직원들이

보내는 답장을 모두 읽었으며, 조치가 필요한 항목이 있으면 담당
자에게 넘겨주었다.

빌 게이츠의 '생각 주간'

빌 게이츠가 오늘날 가장 성공한 경영자로 평가받는 또 하나의
잣대는 미래에 대한 비전을 중요시한 기업가라는 점이다. 아테네의
철학자 플라톤이 강조했던 비전경영을 항상 머리와 가슴속에 담고
실천했던 모델이 될 만한 경영자이기 때문이다.

세계적 석학 존 코터 하버드대 경영학 석좌교수는 경영자에게 가
장 중요한 것은 미래에 대한 비전을 구상하는 것이지만 실제로 미
래를 위해 투자하는 시간은 단 2.4퍼센트에 불과하다고 지적했다.
게이츠 역시 그의 저서를 통해 사람들은 대체로 2년 안에 일어날 일
에 대해서는 과대평가를 하고, 10년 안에 일어날 일에 대해서는 과
소평가하는 경향이 있다고 말한 바 있다.

여기서 한 가지, 게이츠가 재임시절 미래의 비전과 앞으로 자신이
경영자로서 걸어가야 할 청사진을 줄기차게 그릴 수 있었던 것은
'생각주간' 이라고 하는 그만의 독특한 휴가 프로그램 덕분이었다.
생각주간은 2~3년의 가까운 미래보다는 10년 뒤의 장기적인 비전
을 만들기 위해 1년에 두 번씩 미 서북부에 있는 호숫가 근처 작은
별장에서 일주일 간 칩거하며 미래를 구상하는 그의 은둔식 휴가를
말한다. 2008년 7월에는 물러나겠다고 한 은퇴선언뿐 아니라 회사
경영에 결정적인 영향을 미친 신규사업 아이디어의 대부분도 이 생

각주간에서 만들어졌다. 인터넷 브라우저시장 1인자인 넷스케이프를 제칠 수 있었던 것도, 온라인 비디오 게임시장에 진출했던 것 역시 생각주간발(發) 작품들이다.

게이츠의 생각주간은 철저히 외부로부터 차단된 시간인 만큼 그 누구도 그의 별장을 찾지 못했고, 덩달아 생각주간의 시간을 어떻게 보내는지도 철저히 비밀에 부쳐졌다. 그러나 2005년 3월 〈월스트리트 저널〉의 한 기자에 의해 그의 은둔 휴가생활은 전 세계인에 공개되고 말았다. 좀 더 정확히 말하면 침묵을 깨고 그가 세상에 오픈하기로 한 것이다. 당시 베일에 가려져 있던 아이디어 산실의 언론인으로서 최초로 방문한 〈월스트리트 저널〉의 로버트 거스 기자는 별장의 위치를 공개하지 않겠다는 약속을 하고 나서야 현장취재를 허락받았다.

게이츠의 생각주간은 1980년대 할머니의 집을 방문해 조용한 분위기 속에서 MS의 전략에 관한 자료들을 읽고 생각을 정리하던 것에서 시작됐다. 생각주간에 별장을 찾는 사람이라고 해봐야 하루 두 차례씩 간단한 음식을 넣어주는 관리인이 유일하고, 이곳에서 그가 주로 먹는 음식도 샌드위치나 조갯살 수프, 다이어트 오렌지주스와 콜라 정도가 전부다. 세계 최고의 갑부임에도 불구하고 게이츠의 2층짜리 별장은 소박하기 그지없어 집기라고는 혼자 생활하는 데 필요한 침대와 식탁, 냉장고에 책상과 의자, 컴퓨터 등이 고작이었다. 그곳에서 그는 먹고 자는 시간을 제외한 거의 모든 시간을 전 세계의 MS 직원들이 작성한 보고서를 읽고, 이에 관한 자신의 생각을 정리해 관련자들에게 필요한 사항을 이메일로 알리고 지시하는 데 보냈다.

생각주간에 읽은 수십 페이지에 달하는 보고서를 게이츠는 112개까지 읽은 적이 있다고 한다. 당시 생각주간 나흘 째 자신을 찾아온 로버트 기자에게 그는 지금까지 읽은 보고서는 56건이라면서 기록을 깰지는 확신할 수 없지만 한 주간 100건은 읽을 것이 분명하다고 말했다. 게이츠가 별장에서 읽을 보고서들은 그의 휴가 2개월 전부터 비서진이 우선순위를 감안해 미리 챙겨주는데, 보고서는 MS 직원이면 누구나 작성가능하다. 이를 두고 MS의 스티븐 롤러 맵포인트 사업부문장은 세계에서 가장 멋진 제안이라고 평가한 바 있다.

어찌됐든 게이츠는 생각주간을 통해 수백만 명이 이용할 새 기술의 개발이나 MS의 신규시장 진입으로 이어질 사업 아이디어를 얻어냈다.

빌 게이츠는 누구?

1955년 미국 워싱턴 주 시애틀에서 태어난 빌 게이츠는 어렸을 때부터 컴퓨터 프로그램 만들기를 즐겼다. 하버드대학을 중퇴한 후 1975년 4월 14일, 친구 폴 앨런과 함께 MS(마이크로소프트)를 공동으로 창업했다. 1985년 윈도우 1.0을 출시하며 글로벌기업으로의 성장가능성을 높인 그는 윈도우 3.0을 발표한 1990년 그해 처음으로 순수익이 11억 달러를 돌파했다. 1994년에 멜린다 프렌치와 결혼했으며, 워런 버핏을 누르고 미국 부자 1위에 오르며 승승장구하기 시작했다. 이후 30년 이상 MS를 이끌면서 세계 IT 시장의 황제로 군림했지만, 독점적인 영업행위로 한때 공공의 적으로 불렸고 은퇴시점에는 구글 등 경쟁업체의 비약적인 성장에 견주어 주춤하는 모습을 보이기도 했다. 2008년 6월 27일, MS의 경영권을 대학 친구이자 동료인 스티브 발머에게 넘기고 공식 퇴임했다.

'MS사는 단 한 장의 사진이 없었다면 탄생하지 못했다?'

빌 게이츠가 폴 알렌과 함께 MS를 설립하기로 마음먹은 것은 단 한 장의 사진 때문이다. 1974년 12월의 어느 토요일, 폴 알렌은 빌 게이츠를 만나러 하버드대학을 찾았다. 교정을 거닐던 알렌은 우연히 〈파퓰러 일렉트로닉스(Popular Electronics)〉 1975년 1월호에 게재된 알테어(Altair) 8800의 사진을 보았는데, 당시만 해도 MITS가 만든 '알테어 8800'은 혁명적인 마이크로컴퓨터로 통했던 제품이다.

잡지에는 "지금까지 선보인 것들 중 가장 강력한 미니컴퓨터 프로젝트, 400달러 이하의 가격으로 설치할 수 있습니다"라는 설명이 붙어 있었다. 서둘러 잡지를 구입한 알렌은 그 길로 게이츠에게 이 잡지를 보여주었다. 훗날 이 사진을 본 게이츠는 당시 그 컴퓨터 사진이 어떤 용도로 쓰이게 될지는 몰랐지만 그것이 우리 자신과 컴퓨터 업계를 변화시킬 것이라고 굳게 믿었다고 회상한 바 있다.

게이츠와 알렌은 알테어 8800을 위한 컴퓨터 언어를 개발해야겠다는 생각에 동의하고, 그 컴퓨터를 만든 회사인 MITS에 무작정 전화를 걸어 자신들이 이미 알테어 8800을 위한 베이직을 개발했다고 말했다. 하지만 이미 MITS에는 미국 전역에서 전화가 폭주하는 상태였고, MITS의 사장은 베이직을 먼저 개발해오면 프로그램을 구입해주겠노라고 약속했다.

그날 이후 게이츠와 알렌은 대학교 실습실에서 8주 동안 합숙하면서 베이직 개발을 완성했다. 이는 미국 전체에서 가장 먼저 베이직을 개발했음을 의미하는 것이었고, 결국 MITS와 베이직 프로그램 공급계약을 맺는 데 성공했다. 이렇게 해서 오늘날 세계 최대의 소프트웨어 회사인 마이크로소프트가 탄생하게 된 것이다.

Chapter 4

참된 경영인이 되기 위한 노하우

기업의 성장은 재투자로 연결되어야 이익이 동반한다. 향후의 경영 패러다임에서는 사람이 중요하며 지역 간의 이동을 통해 서로 다름을 직접 체험하는 것이 요구된다. 자국의 경계를 넘어 신제품이나 비즈니스가 세계로 침투해가는 것이 진정한 글로벌화라고 할 수 있다.

윤리경영,
투명성 있는 경영을 하라

윤리경영은 장기적인 과제이기 때문에 윤리경영에 대한 올바른 방향성과 믿음을
가진 경영자의 리더십이 무엇보다 필요하다.

펀드매니저가 된 철학자

지난 2005년, 노르웨이에서 전해진 한 가지 흥미로운 기사가 전 세계 매스컴을 장식한 일이 있었다. 뉴스의 주인공은 오슬로대학에서 철학을 가르치고 있던 철학박사 출신 헨릭 시세, 당시 39세였던 시세는 그해 9월 노르웨이 정부로부터 한 통의 편지를 받게 되었다.

"당신을 국부 펀드의 펀드매니저로 모시겠습니다!"

노르웨이 정부가 그에게 국부 펀드인 '석유 펀드'의 투자자문 일을 제안한 것이다. 편지를 받은 시세는 당황스럽기 짝이 없었다. 자신은 주식과 채권이 어떻게 다른지조차 모를 뿐더러 펀드의 펀 자도 제대로 아는 바가 없었기 때문이다. 하지만 정부와 함께 일을 하기로 한 시세는 그 이후 석유 펀드가 잘 운영됐다는 평가를 받을 때마다 꼭 이름이 거론되는 수훈자 중 한 사람이 되고 말았다. 도대체 노르웨이 정부는 어째서 철학자인 그를 펀드매니저로 기용한 것일까.

구체적인 사연은 이렇다. 북해에 유전을 갖고 있는 노르웨이는 하루에도 300만 배럴 이상의 석유를 생산하는, 사우디아라비아와 러시아에 이어 세계 3위의 석유 수출국이다. 하여 국영 석유사인 스타토일을 비롯한 전 노르웨이의 석유업계는 2005년에만 420억 달러(약 43조 6,000억 원)를 세금 등의 형태로 국가에 냈다. 그런데 몇 년째 계속된 고유가 행진 덕에 석유회사들이 떼돈을 벌게 되었고 덩달아 노르웨이 정부도 많은 돈을 관리해야 하는 행복한 고민에 빠지기 시작했다. 이 때문에 천문학적으로 쌓여가는 석유 펀드자금을 어떻게 써야 바르게 쓰는 것일까를 놓고 정부 관계자들 사이에 논쟁까지 벌어졌다. 일부 정치인의 경우 은퇴한 노년층이 따뜻한 곳에서 노후를 보낼 수 있도록 스페인에 노르웨이 실버타운을 짓자고 주장했고, 석유 펀드가 담배회사에 투자할 수 없도록 한 법안이 의회에 제출되기까지 했다.

이 같은 논란 끝에 정부는 2004년 11월, 이 돈이 비도덕적인 일에 쓰여서는 안 된다는 데 입을 모으고 석유 펀드 운용과 관련한 윤리규정을 만들었다. 관건은 윤리규정을 통해 펀드가 올바른 곳에 쓰일 수 있느냐를 판단할 수 있는 적임자를 찾는 일. 수소문한 끝에 노르웨이 정부는 당시 《선한 삶을 위한 길 : 생활 윤리의 철학적 고찰》이란 책을 펴내며 '간혹 부모가 자녀에게 거짓말을 하는 상황' 등 일상생활에서의 윤리문제를 철학사상에 비춰 해설했던 시세를 찾아냈고, 윤리적인 지식이 풍부하다는 판단 하에 그를 채용했다.

펀드매니저가 된 시세는 주로 석유 펀드자금을 어떤 곳에 투자해야 윤리적으로 올바른지를 판단하는 일을 했으며, 노르웨이 정부는 그에게 중앙은행 내 사무실을 별도로 마련해주고 직원 4명까지 붙여주는 등 당시로서는 파격적인 대우를 해주었다. 윤리규정이 생긴 뒤 노르웨이는 미국과 유럽의 9개 대기업에 대한 투자를 철회했다. 이유인즉 록히드 마틴, 제너럴 다이내믹스 등의 기업이 대부분 무기를 생산하는 군수업체였고, 특히 지뢰 제조회사도 다수 포함된 것을 이유로 시세가 투자철회를 정부에 요구했기 때문이다. 지뢰는 기본적인 인간의 존엄성을 파괴하는 무기라고 판단한 것이다.

시세는 이처럼 계속해서 수익률이 아닌 도덕성의 관점에서 투자해선 안 될 기업을 추려내는 일에 열정을 쏟았다. 건강을 해치는 담배회사나, 최고경영자가 지나치게 많은 연봉을 받는 회사, 혹은 환경오염을 유발하는 회사, 열악한 노동조건을 개선하지 않는 회사 등 철학의 잣대로 투자여부를 결정하며 석유 펀드의 성공을 이끌었다. 당시 아시아 〈월스트리트 저널〉은 떼돈을 번 석유수출국들이 대부분 오일머니를 어떻게 불릴까 고민하는 상황에서 노르웨이는 도덕성에 무게를 두고 있다며, 이는 인구 460만 명의 작은 나라인데다 경제와 민주주의가 충분히 발전했기 때문에 가능한 것이라고 호평했다. 위 시세의 사례는 우리에게 암시하는 바가 크다.

노르웨이 정부가 유독 숫자에 어두운 철학자를 국부 펀드의 매니저로 기용했다는 사실만으로도 기업들은 이익을 내는 것 이상으로 윤리경영을 추구해야 한다는 메시지를 담고 있기 때문이다. 만약 기술적인 지표를 분석하기 위해서였다면 시세는 고용될 수 없었을 것이다.

우리에겐 한 가지 씁쓸한 뒷얘기도 전해진다. 한때 이 노르웨이 국부 펀드가 한국의 모 대기업에 투자할 계획을 갖고 있었는데, 시세가 이를 만류해 성사 직전에서 무산된 일이 있었다고 한다. 한국의 경영자들이 다시 한 번 깊이 생각해봐야 할 대목이다.

커져가는 기업의 윤리 · 사회적 책임

시세의 일화에서처럼 이윤추구만을 고집하는 기업은 이제 소비자들로부터 사랑받지 못하게 되었다. 아니 설령 사랑받는다 해도 소비자들의 충성도(Royalty)가 그다지 높지만은 않을 것이다. 요즘처럼 인터넷이 발달된 시기에 도덕적, 윤리적으로 흠이 있는 기업이라면 소비자들이 가만 놔둘 리 없기 때문이다. 최근까지도 우리는 언론매체를 통해 멜라민이 함유된 과자나 분유, 그리고 국내 유명 제과업체의 파문으로 온 나라가 떠들썩해진 적이 있었다. 그 모든 논란 역시 기업의 윤리의식이 실종된 것에서부터 생긴 문제가 아니겠는가.

이처럼 과거에 비해 많이 나아지기는 했지만 아직까지 우리 기업에는 직원들의 윤리의식과 윤리경영을 번거롭고 귀찮은 무엇으로 받아들이는 풍토가 남아 있는 게 현실이다. 따라서 이제 경영자들은 윤리경영의 실현을 강하게 요구하는 소비자들과 동시대에 살고 있다는 점을 인식해야 한다.

앞장에서 거론한 소크라테스의 철학적 메시지를 가슴에 새겨보자. 소크라테스는 지식경영과 함께 윤리경영의 메시지도 강조한 철학가다. 그는 철학의 근본 카테고리인 윤리를 경영에 접목해야 한다는 개념으로 자신(CEO)이 남에게 보이고 싶어하는 모습과 자신을 일치시켜야 한다고 수차례 역설했다. 즉, 투명성 있는 경영을 하라고 외친 셈이다.

그렇다면 무엇이 윤리경영이자 사회적 책임을 실현하는 것일까. 윤리경영과 관련해 다양한 이론을 만들고 있는 미국 조지아대학의 캐롤 교수는 현대사회에서 기업의 사회적 책임은 크게 경제적 책임, 법적 책임, 윤리적 책임, 자선적 책임 등의 4가지로 구분된다고 설명한다. 이윤창출을 통해 기업의 영속성을 유지하는 경제적 책임과 제반법규를 준수하는 법적 책임은 모두 기업이 당연히 수행해야 하는 의무다. 하지만 윤리적 책임은 법적으로 강요되지 않아도 사회통념에 의해 형성된 윤리적 기준을 기업이 자발적으로 따르는 것이고, 자선적 책임 역시 경영활동과는 직접 관련이 없는 문화활동이나 기부 및 자원봉사 등을 의미한다. 만약 제지업체가 식수사업을 하는 것이라면 기업윤리의 영역이지만, 전자회사가 식수사업을 하는 것은 자선활동에 해당된다는 식이다.

윤리경영은 또 기업이 자신의 사회적 책임에 대해 어떤 행태를 보이는가에 따라 비윤리경영과 탈윤리경영으로 나눠 생각해볼 수 있다. 윤리경영이 법적 책임의 준수는 물론이고 사회가 요구하는 윤리적 기대를 기업의 의사결정 및 행동에 반영한다는 것에 반해, 비윤리경영은 기업의 이윤추구를 위해 법 제도를 장애물로 간주하는 전근대적인 경영형태다. 또 탈윤리경영은 경영과 윤리는 별개라는 입장으로 합법의 테두리 내에서는 어떤 행동을 해도 좋다는 경영방식을 일컫는다. 캐롤 교수는 다음과 같이 강조한다.

"현대기업에서 가장 많이 발견되는 기업가 유형은 탈윤리적 경영자들이다. 이들은 기업경영과 윤리가 전혀 다른 영역에 존재한다고 믿는다. 일부 기업가의 경우, 기업세계에는 윤리가 적합지 않은 이상적인 개념이라 생각하며 때로는 의도적으로 탈윤리적 경향을 보기도 한다. 따라서 기업윤리에 있어 가장 큰 과제는 이러한 탈윤리적 경영자들을 어떻게 변화시켜 나가느냐에 달렸다."

이상에서처럼 윤리경영은 자발적이면서도 무언가 대가를 바라기 위해 실현되어서는 안 되는 개념이다. 물론 소신껏 윤리경영을 실현하다 보면 미국 델라웨어 주 법원의 캐어마크 사건 판결에서처럼, 직원들에 대한 감독부재로 보험사기 사건이 발생해 이사들이 기소됐음에도 윤리경영을 실천한 전례가 있어 무죄로 선고받는, 생각지도 못한 행운이 발생할 수도 있다.

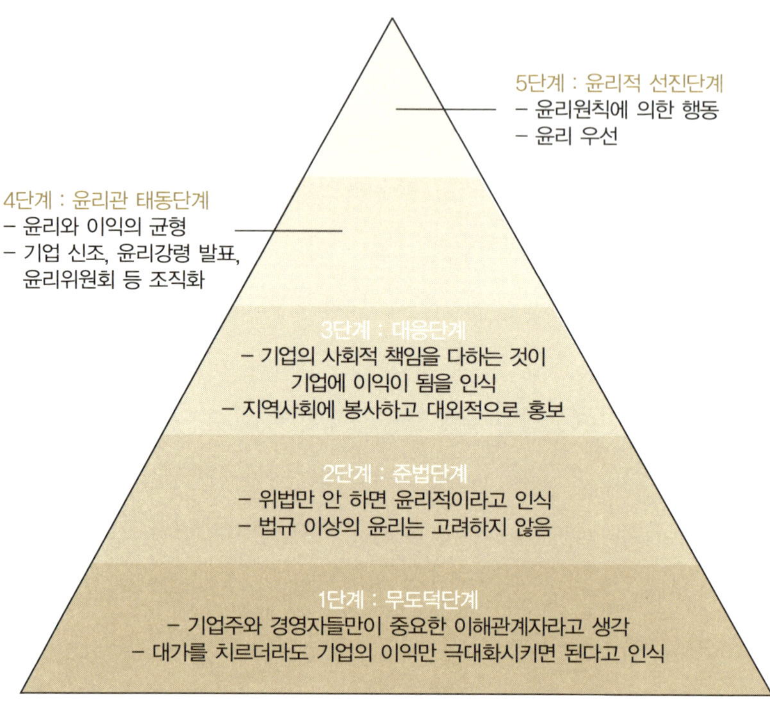

*출처 : R. E. Reidenbach and D. P. Robin(1991) " A Conceptional Model of Corporate Moral Development," Journal of Business Ethics, April.

비윤리경영으로 울다

윤리경영은 말 그대로 사회적인 윤리에 부합한 경영을 한다는 뜻이다. 때문에 윤리경영을 실천하든, 하지 않든 기업들에게 법적인 의무는 가해지지는 않는다. 하지만 때로 윤리경영을 취한 기업과 그러지 못한 기업 사이에 소비자들의 냉정한 평가가 엇갈리고 비윤리경영 상태에 있는 기업은 도태되는 사례가 종종 나오긴 한다.

먼저 비윤리경영으로 눈물을 흘려야 했던 기업들을 살펴보자. 1994년에 벌어진 성수대교 붕괴사건을 기억할 것이다. 당시 서울 한강을 통과하는 성수대교 5번과 6번의 상판이 붕괴되면서 다리를 통과하고 있던 시내버스와 승용차 6대가 한강으로 추락해 버스승객 등 32명이 사망하고 17명이 부상당하는 참사가 발생했다. 사고의 원인을 조사해보니 의외로 간단한 해답이 나왔다. 철근트러스 구조물 제작과 용접과정에서의 원천적인 부실시공과 제대로 된 관리마저 하지 않았기 때문에 사고가 생긴 것이었다. 즉, 건설사로서 가장 중요하게 생각해야 할 안전이라는 요소를 경시했던 것이다. 이로 인해 성수대교를 시공했던 동아건설은 사고 이후 10일 동안 30퍼센트 이상의 주가가 하락했고, 전체 건설업체들의 주가도 동반 하락시키는 데 기여하고 말았다. 당시 동아건설은 건설업 일부 면허취소라는 중징계를 받아야 했다.

2001년 미국에서 벌어진 엔론의 분식회계 사건도 비윤리경영의 대명사로 오르내리는 케이스다. 당시 엔론은 외관상으로 놓고 볼 때 고속성장 국면에 있었다. 그러나 내부적으로 적자를 감추기 위해 분식회계로 매출액을 부풀렸고, 합자회사로 투자자들을 유인하여 회사의 손실을 합자회사로 전가시키는 고도의 술수를 썼다. 정치권에는 로비를 통해 줄대기까지 했다. 이 역시 윤리의식이 결여된 경영자들이 회사를 이끌었다는 게 원인이다. 실제 엔론의 설립자인 켄 케이 회장과 CEO인 제프리 스킬링은 간부들에게 이런 말을 자주 했다고 한다.

"돈이라면 법을 위반해도 좋고 속임수를 써도 좋다!"

이 일로 엔론사는 파산했고 1만9,000명의 직원들은 일자리를 잃었으며, 회장과 CEO는 법정에 서게 됐다. 기업의 사회적 책임이 얼마나 중요한지 일깨워주는 본보기다.

바다 건너 일본에서도 지난 2000년 경각심을 불러일으킬 만한 사건이 발생했다. 다름 아닌 유키지루시 식중독 사건이다. 당시 일본 유제품시장의 40퍼센트 이상을 장악해온 식품업체인 유키지루시는 사용이 금지된 식자재를 원료로 사용하다가 그해 6월 이 회사의 저지방 우유제품을 마신 고객이 식중독에 걸려 입원한 사건으로 큰 고초를 겪어야 했다. 일본 정부는 유키지루시 공장에 대해 폐쇄명령을 내렸고, 전 제품이 판매중지되거나 회수처리됐으며, 이 회사는 75년간 쌓아온 명성에 오명을 남기며 2001년 끝내 파산하고 말았다. 100년을 바라볼 정도로 오랜 전통을 자랑하던 회사가 비윤리적인 경영으로 인해 하루아침에 문을 닫은 것이다. 유키지루시의 경영진은 사건이 처음 발생했을 때 상황을 안이하게 판단하고 제조과정의 잘못이 아니라 유통상의 문제라며 책임을 회피하는 모습을 보였다고 한다. 그러는 사이 무려 1만 명이 넘는 사람이 식중독에 걸려 입원했고, 유통상 문제라는 것이 거짓말이었다는 사실도 탄로나게 되었다.

윤리경영으로 웃다

비윤리경영 기업들이 잘나가던 시기에 위기를 만나 고꾸라졌다면, 윤리경영을 추구한 기업들은 위기의 상황이 오히려 기회로 작용한 사례가 적지 않다. 뭐니뭐니해도 윤리경영의 대표기업으로 손꼽히는 회사는 존슨앤존슨이다. 가끔 기업의 위기탈출 사례로도 거론될 만큼 윤리로 위기를 극복한 기업의 대명사로 평가받는다.

존슨사는 1982년 미국 시카고에서 자사의 '타이레놀'에 독극물이 투입된 범죄가 발생해 큰 위기를 겪는다. 타이레놀은 미국에서 가장 높은 시장점유율을 유지하며 연간 15억 달러 이상의 매출을 올리는 존슨의 효자상품이었다. 하지만 그해 시카고에서 누군가에 의해 독극물이 주입된 타이레놀을 복용한 7명이 사망하는 사건이 발생했다. 미국 식품의약국(FDA)은 즉각 조사에 착수했고 시카고 지역에 배포된 타이레놀을 회수할 것을 권고했다. 그런데 당시 CEO였던 짐 버크는 투명성이 최선이라는 판단 아래 모든 제조과정을 언론에 공개했다. 또 FDA의 권고를 넘어 시카고 지역뿐만 아니라 미국 전역에 배포된 약품 전량을 회수하는 결정을 내렸다. 총 2억 4,000달러의 비용을 감수하며 3,100만 병을 수거하여 폐기시킨 것이다. 당시로서는 봉합용이었다 하더라도 결코 쉽지 않은 결정이었다.

이로 인해 존슨사는 실제로 시장점유율과 매출에 막대한 타격을 입었고, 원래 수준을 회복하는 데만 3년이라는 긴 시간이 걸렸다. 한때 외부 컨설팅 기관과 일부 경영진들은 버크에게 그냥 타이레놀

브랜드를 포기하자며 종용하기도 했지만 버크는 동요하지 않았다고 한다. 그는 회사의 윤리강령에 반하는 주위의 압력에도 불구하고 꿋꿋이 원칙을 고수해나갔고, 그 결과 타이레놀을 이전보다 더 큰 신뢰받는 상표로 승화시켰다. 이것이 오늘날 윤리경영의 대표적 기업으로 존슨앤존슨이 손꼽히는 까닭이다. 윤리경영에서 경영자의 리더십이 얼마나 중요한지를 단적으로 보여주는 사례이기도 하다.

존슨앤존슨은 일찍이 1930년대부터 자발적으로 기업윤리를 강조해오며 윤리경영을 선도해왔다. 1935년 공동설립자이자 이사회 의장을 맡고 있던 존슨이 고객－종업원－주주에 대한 기업의 사회적 책임을 공표할 때부터 새로운 기업철학을 실현한다는 이유로 세간의 주목을 받았던 터다. 존슨은 특히 1934년 최초의 기업 윤리강령인 '우리의 신조'를 직접 작성하고 경영에 접목했다. 우리의 신조에는 소비자－종업원－지역사회－주주의 순서로 기업의 책임을 규정해놓고 있는데 주주를 가장 나중에 배치한 이유는 소비자, 종업원, 지역사회에 기여하면 주주에 대한 책임은 자연스럽게 이루어진다고 보았기 때문이다. 존슨의 윤리경영 내용을 좀 더 알아보면 흥미로운 얘깃거리가 많다.

우선 존슨앤존슨에는 기업윤리를 담당하는 별도의 조직이 없고 인사담당 임원이 총괄한다. 최고경영자부터 직원에 이르기까지 모두가 윤리담당자라는 전제 하에 별도의 윤리담당 부서를 두지 않았던 것이다. 혹시라도 직원들이 윤리적 딜레마에 직면할 경우에는 법무팀이나 인사담당자와 상의하도록 하고 있다. 인사팀에서는 신조활동팀을 구성하여 2년마다 한 번씩 우리의 신조가 잘 실천되고 있는지를 조사하고 사원들의 의식변화를 촉구한다. 인사정책에 있어서도 기업윤리의 준수여부가 핵심적인 판단기준 중 하나로, 임원교육을 통해 신조에 입각한 리더십을 강조한다. 불분명한 지시로 직원을 윤리적인 혼란에 빠뜨리는 임원에 대해서는 경고조치까지 내린다고 한다.

윤리경영의 실천은 최고경영자의 몫

앞서 윤리경영의 힘을 인식했다면, 이제 윤리경영을 실천하는 일이 남았다. 많은 경영전문가들은 윤리경영의 실천을 위한 가장 중요한 요소로 최고경영자의 리더십을 꼽는다. 기업의 장기적인 비전이나 전략수립 등 중요한 의사결정에 최고경영자의 리더십이 핵심적인 역할을 하기 때문이다. 세계적인 투자가인 워런 버핏도 기업 성공의 필수적인 요소로서 CEO의 윤리적 역할을 강조한 바 있다. 윤리경영은 장기적인 과제이기 때문에 윤리경영에 대한 올바른 방향성과 믿음을 가진 경영자의 리더십이 무엇보다 필요하다는 게 그의 견해다.

기업이 윤리경영을 제대로 전개하기 위해서는 지속적인 투자도 필요하다. 윤리위원회와 같은 전담조직을 만들어야 하고, 윤리헌장 선포를 통한 전사적인 의식개혁 활동도 추진해야 한다. 여기에 제대로 기업윤리를 실천하고 있는지 감시하기 위한 체계적인 모니터링시스템도 갖출 필요가 있다. 환경보호를 위해 정화장치를 들여오거나 종업원 복지향상을 위해 각종 제도와 시설을 도입하는 것 역시 많은 비용과 시간, 인력 등이 요구된다. 결국 이러한 투자는 최고경영자의 윤리경영에 대한 확고한 의지와 지속적인 관심없이는 불가능하다는 게 전문가들의 의견이다.

최첨단 메일링 및 문서관리시스템을 제공하는 기업 피트니보우스의 마이클 크리텔리 회장은 기업윤리에 대한 경영진의 확고한 의지를 종업원들에게 전달하는 것에 노력하고 있는데, 매주 개인적인 메일을 통해 종업원들에게 윤리경영의 중요성을 강조한다고 한다. 또 매년 열다섯 곳 이상의 현장을 방문하면서 윤리경영에 관해 종업원들과 직접 토론하고 회사의 방침을 설명하기도 한다. 이렇듯 최고경영자가 관심과 의지를 보일 때 종업원들 역시 윤리경영에 적극적으로 동참해야겠다는 동기부여를 얻을 수 있게 된다.

갈수록 복잡해지는 기업환경 속에서 윤리적으로 판단하고 행동하는 것은 쉽지 않다. 따라서 윤리경영에 대한 사회적 압력이 거세지고 그 필요성에 대해서는 인정하고 있지만 이를 제대로 실천하기 위해서는 실질적이고 다각적인 노력이 필요하다.

윤리경영을 방해하는 4가지 오해

기업들의 지속적인 노력에도 불구하고 윤리경영의 실천은 말처럼 그렇게 쉽지 않다. 따라서 경영자들은 LG경제연구원이 제시한 '기업들의 윤리경영에 대한 큰 오해 4가지'를 되짚어볼 필요가 있다.

■ 오해 1 – 윤리경영보다 이윤추구가 항상 우선한다?

윤리경영과 이윤추구와의 관계에 관한 논쟁은 마치 뜨거운 감자와도 같다. 하지만 최근에 와서는 기업의 지속적인 성장을 위한 기반으로서 윤리경영이 이윤추구 활동과 함께 가야 한다는 주장에 더 무게가 실리고 있다. 실제로 윤리경영을 통해 시장과 주주로부터 높은 신뢰를 받은 기업의 경제적 가치와 수익성은 여타 기업들보다 훨씬 우수한 것으로 나타났다. 또한 이들은 오랫동안 세계에서 가장 존경받는 기업으로 인정받는 등 윤리경영 자체가 핵심 경쟁력이 되고 있다.

■ 오해 2 – 윤리경영은 경제적 여유가 있어야만 실천할 수 있다?

대부분의 기업들은 많은 이익이 나고 투자할 수 있는 자원이 풍부해야 비로소 윤리경영을 실천할 수 있다고 믿는다. 그러나 윤리경영의 실천에 꼭 공익단체의 기부와 같은 금전적인 지원의 형태만 있는 것은 아니다. 사회와 직접 연계한 자원봉사 활동이라든지, 지역 단체를 활용한 사회공헌 활동 등도 윤리경영의 일환이기 때문이다.
세계적인 석유기업인 쉘은 브라질의 빈민지역의 생활수준 개선사업을 적극 지원하고 있는데, 3년 동안 불과 4만 달러 안팎으로 상당히 큰 효과를 거뒀다.

■ 오해 3 – 윤리경영은 산업 특성에 따라 불가능할 수도 있다?

전형적인 공해산업에 속하기 때문에 윤리경영에 대한 관심이 부족할 것처럼 여겨지는 일부 기업에서조차 윤리경영의 바람은 거세다.

세계 3위의 시멘트 생산업체인 씨맥스는 환경오염과 에너지의 과다소비가 불가피한 시멘트산업에서 윤리경영을 효과적으로 실천하고 있는 기업이다. 이 회사는 1994년부터 실시하고 있는 '생태효율 프로그램(Eco-efficiency Program)'으로 원재료와 에너지의 소비를 최적화시키는 기술을 개발하여 적극적으로 환경을 보호하는 활동을 펼쳐오고 있다. 씨맥스는 윤리경영과 직·간접으로 관련된 활동으로부터 7,500만 달러가 넘는 수익을 얻는 성과까지 거두었다.

■ 오해 4 – 윤리경영은 법을 어기지 않는 것으로 충분하다?
단순히 위법이 아니면 윤리적이라는 안이한 태도를 취하는 기업은 점차 윤리 기준이 강화되고 있는 세계적인 추세를 좇아가지 못하고 도태될 가능성이 높다. 세계적으로 수십 년 동안 장수하면서 윤리경영으로 명성이 높은 기업치고 불법을 저지르지 않는 수준에 머무는 기업은 없기 때문이다. 대부분의 기업들이 환경관리의 초점을, 법규준수를 위한 사후적·소극적 활동에 맞춰봤을 때 3M은 환경오염의 문제 및 원인을 원천적으로 봉쇄하려는 예방적 성격으로 접근했다. 3M은 오염 배출을 감소시키는 '3P(Pollution Prevention Pays)' 프로그램을 도입했는데, 이 프로그램은 이후 여러 환경단체, 정부기관, 그리고 UN 등으로부터 긍정적인 평가를 받았다.

자기경영,
자신을 끊임없이 비판하라

올바른 자기경영을 위해서는 끊임없이 자신을 성찰하고
비판하며 다듬어나가야 한다.

선글라스를 벗어라

요즘 경영자들은 경제단체나 협회가 주관하는 CEO 조찬회에 많이들 참석한다. '조문도석사가의(朝聞道夕死可矣, 아침에 도를 들으면 저녁에 죽어도 좋다)' 라고, 아침 일찍 배운 한마디로 경영상 큰 지혜를 얻어가는 이들도 꽤 있다.

얼마 전 한국능률협회 주관의 CEO 조찬회가 열린 서울 소공동의 조선호텔 행사장엔 많은 기업가들로 문전성시를 이뤘다. 특히 '철학과 경영' 라는 주제로 강연을 펼친 연세대 철학과 김형철 교수의 말 한마디 한마디에 수백 명의 경영자들은 귀를 쫑긋 세우고 메모하기에 여념이 없어 보였다. 김 교수의 강의 중 참석자들이 유독 크게 관심을 보인 내용이 하나 있었는데 그것은 다름 아닌 'CEO의 자기경영'과 관련한 부분이었다. 김 교수는 자기경영의 사례로 우물 안에 선글라스를 쓰고 있는 개구리를 들어 설명했다.

우물 안에 명품 선글라스를 낀 개구리가 살았다. 하루는 이 개구리가 할아버지로 보이는 거북이 한 마리를 만났는데, 이에 개구리가 물었다.

"할아버지, 우리 집이 얼마나 잘사는지 모르시죠?"

"나야 모르지."

"우리 집에는 미끄럼틀도 있고 엘리베이터도 있어요."

개구리는 거북이가 사는 집이 궁금한 나머지 또 물었다.

"할아버지는 어디 사세요?"

"나? 블루오션에 사는데."

"블루오션요? 거기는 어떤 곳인데요?"

"블루오션에는 고래가 살고 있지."

"고래는 또 뭐예요?"

여기서 퀴즈가 나간다. 어떻게 하면 개구리에게 블루오션과 고래의 개념을 잘 설명할 수 있을까 하는 질문이다. 김 교수의 설명은 의외로 간단했다. 개구리가 선글라스를 벗도록 도와주면 된다는 것이다. 선글라스를 쓰고 있는 이상 블루오션을 볼 수 없기 때문이란다. 이 강연에서 김 교수는 올바른 자기경영을 위해서는 끊임없이 자신을 성찰하고 비판하며 다듬어나가야 된다는 메시지를 조찬회에 참석한 많은 CEO들에게 던지며 강의를 마쳤다.

그렇다. 현대의 경영자들은 무척 바쁘다. 매출을 올리고 직원들

218

을 잘 관리해야 하며, 소비자들에게도 좋은 기업의 이미지를 심어줘야 하는데다 홍보활동마저 게을리할 수 없는 위치다. 그러다보니 경영자 자신을 돌아볼 시간이 점점 없어지고 있는 게 현실이다. 자신보다는 기업, 구성원, 소비자들에 우선점을 두고 있기에 더욱 그렇다.

하지만 지금은 바쁜 경영자일수록 망중한(忙中閑)의 기분으로라도 순간 '스톱'을 외치며 숨 가쁘고 긴박하게 살아온 지난 날을 돌이켜보는 자기성찰의 시간이 절대적으로 필요하다. 잠시나마 자신을 돌아보고 내가 혹시나 색안경을 끼며 살아오지는 않았는지, 조직구성원들에게 독선적인 모습만 보이지는 않았는지, 냉철하게 자신을 되돌아볼 때인 것이다.

대한민국에서 기업가든, 직장인이든 어느 누가 성공했다고 하면 그 비결로 돈이나 뛰어난 재능, 아니면 어떤 특별한 노하우가 있을 거라고 생각하는 이가 많다. 부모로부터 물려받은 재산이 많거나 좋은 학교를 나왔거나, 아니면 뭔가 천부적인 재능이 있기 때문일 거라는 인식이다. 하지만 돈이나 학벌, 뛰어난 재능이 성공을 견인한 중요한 역할을 했을 수도 있지만 성공의 이면을 자세히 들여다보면 성공한 CEO들의 대부분은 남다른 자기관리와 철저한 자기경영을 바탕으로 피눈물나는 노력을 펼친 이들이 많다는 사실을 분명히 알아야 한다.

일찍이 아테네 철학자의 대부인 소크라테스도 자기경영의 소중함을 일깨웠다.

"자기경영을 할 수 없는 사람은 다른 사람을 경영할 생각도 하지 마라!"

세계적 경영학자인 피터 드러커도 마찬가지다. 자신을 갈고 다듬는 것이 리더의 기본 덕목임을 누차 강조했다.

"가능한 것부터 시작하지 말고 옳은 것부터 시작하라!"

21세기는 감성으로 통하는 시대다. 이전까지가 이성이 지배하는 시대였다면 21세기는 감성으로 대표되는 디지털시대라 할 수 있다. 디지털시대의 리더는 기술과 지식을 아는 것만으로는 부족하다. 자신과 타인의 감정을 알고 관리할 수 있는 능력, 인간관계 기술도 중요해진 것이다. 이런 관점에서 리더십은 옳음, 그 이상의 것이 되고 있다. 리더는 혼자 일하며 성과를 내는 사람이 아니라 다른 사람이 성과를 내도록 이끄는 사람이기 때문이다. 따라서 오늘날 경영자들에게는 회사나 직원보다는 자신의 내면을 들여다보는 자기경영을 최우선의 과제로 여겨야 한다는 이론이 인정받고 있다.

자기경영 1_ **습관을 고쳐라**

자기경영, 어려운 말처럼 들리지만 사실 자기경영의 기본은 뭐니 뭐니해도 자기 자신을 바로 아는 것에서부터 출발한다. 경영자들은 평소 친한 친구나 회사 내 정신적으로 의지하는 사람(멘토) 등에게 자신의 평소 모습에 대한 자문을 구해볼 필요가 있다. 그리고 돌아오는 그들의 대답을 새겨들어야만 한다. 스스로 자신을 100퍼센트 파악하고 문제점을 진단할 줄 안다면 별 문제 없겠지만, 그렇지 못할 경우 반드시 타인에 의한 자가진단도 필수다. 편지로도 좋고 면담을 통해서도 좋다. 제3자를 통한 자아성찰을 간단히 실행해보자.

다음 단계는 나쁜 습관, 즉 경영상 도움이 되지 않는 습관을 버리는 일이다.

"인생은 하루들의 집합이다. 하루를 장악하지 못하면 인생이 날아간다. 하루를 결정하는 것은 바로 습관이다. 좋은 습관이 몇 분, 몇 시간만 잡아주어도 하루는 아주 건강해진다. 무엇이든 매일 하면 위대해질 수 있다."

1인 기업가이면서 변화경영전문가인 구본형 씨가 말하는 '습관론'이다. 구씨는 대가(大家)가 되려면 반드시 습관의 힘을 빌려야 한다고 강조한다. 올바른 자기경영을 위해 경영자들은 이처럼 잘못된 습관은 버리고 좋은 습관은 체질화시켜야 된다. 기업이든 개인이든 모든 성공과 실패는 95퍼센트의 습관이 결정한다고 하지 않았던가. '세 살 버릇 여든까지 간다'는 우리 속담에 틀린 말 하나 없다.

소위 말하는 '성공한 CEO'들의 공통분모를 추려내보면 좋은 습관을 가진 이들이 대부분이다. 인터뷰전문 작가로 유명한 언론인 오효진 씨가, 생전에 정주영 현대그룹 회장을 인터뷰했을 때의 얘기다. 장소는 서해안의 서산농장, 아침부터 정 회장을 따라붙기로 작정한 그는 오전 5시에 일어나 정 회장의 방을 두드렸다고 한다. 그런데 정 회장은 이미 밭에 나가고 없었다. 이튿날은 오전 4시에 달려갔지만 역시 허탕치고 말았다. 나름대로 오기가 발동한 오씨는 결국 밤을 새워야겠다고 생각했다. 나중에 확인해본 결과 정 회장은 전날 밤 아무리 술을 거하게 마셔도 다음 날 오전 3시 30분이면 기상을 하더라는 것이다. 한국 현대사의 한 획을 그은 정 회장의 습관은 이 같은 부지런함이다. 그가 생전에 서울 청운동 자택에 걸어놓은 '일근천하무난사(一勤天下無難事, 한결같이 부지런하면 천하에 어려움이 없다)' 라는 글귀에도 그가 얼마나 근면을 중요시했는지 알 수 있다.

또 하나 성공한 경영자들의 훌륭한 습관 중 하나는 메모광이라는 점이다. 윤종용 전 삼성전자 부회장은 설명이 필요 없는 한국을 대표하는 CEO 가운데 한 명이지만 그를 더 유명하게 만든 것은 그의 메모습관 때문이다. 중학교 시절부터 일기를 쓰기 시작했다는 그는 회의내용은 물론 자신의 지시사항까지 작은 수첩에 빼곡히 담아두는 습관이 있다. 몇 년 전에는 40여 년 동안 쌓아둔 메모를 바탕으로 경영현장에서 느낀 소고를 담은 책을 펴내기도 했다.

메모와 토론을 강조했던 재계의 대표적 인물은 고(故) 최종현 SK그룹 회장이다. 최 회장은 최태원 SK그룹 회장, 최재원 SK E&S 부회장 등 두 아들과 과학 분야의 토론을 즐겼다. 그런 다음 꼭 중요한 내용을 기록해두도록 당부했다. 그의 이런 습관은 두 아들에게, 다시 손자에게 대물림됐다. 최태원 회장은 중국 상하이에 유학 중인 자녀들에게 주말이나 휴가를 이용해 국내외 지역을 방문할 경우 현지에 가서 보고 들은 것뿐 아니라 물가, 교통, 문화 등을 항상 메모하도록 교육한다고 한다.

이밖에 평생학습기업 휴넷의 조영탁 사장도 늘 포켓에 메모지를 넣고 다닌다. 조 사장은 "이 메모지가 나에게 아이디어 뱅크 구실을 했고, 목표궤도에서 이탈할 때 바로잡아주는 이정표 역할을 했다"고 말한다. 미래에셋 투자교육연구소의 강창희 소장 역시 주말에 몰아서 스크랩하고 메모하는 습관이 있다. 여의도에 집이 있는 그는 주말이면 운동복 차림으로 회사에 출근해 신문이나 잡지를 스크랩한다. 20년 전부터 주말 출근을 해오고 있는데 투자교육, 증권사 경영, 펀드 등으로 나눠 자료를 정리한다. 강 소장은 "이렇게 20년 넘게 모아온 자료들이 글쓰기의 밑천이 된다"고 말한다.

하루아침에 습관을 고치거나 좋은 습관을 가지기란 쉽지 않다. 매일 조금씩 좋은 습관을 길러나가다 보면 자신도 모르는 사이 성공으로 이끌게 하는 습관이 몸에 배어 있을지도 모를 일이다.

자기경영 2_ 코칭을 받아라

자기경영을 위한 두 번째 과제는 바로 코칭이다. 앞서 자기 자신에 대한 성찰과, 갖거나 혹은 갖지 말아야 할 습관을 깨우쳤다면 이제 자신을 실제로 어떻게 갈고닦느냐에 대한 코칭을 받는 단계라 할 수 있다. 세계적으로 성공한 이들 옆엔 자신을 갈고 다듬어준 전문 코치들이 있다. 골프 천재라 불리는 타이거 우즈에게도, 경영의 달인 잭 웰치에게도 코치가 있었다. 과연 타이거 우즈의 코치는 우즈보다 골프를 잘 치기 때문에 코치가 된 것일까? 당연히 아니다. 우즈가 코치를 둔 것은 본인이 미처 알지 못하는 나쁜 버릇이나 자세를 교정받는다거나, 새로운 코스를 공략할 때 작전을 세우는 의논 상대가 되어주는 등의 도움을 받기 위해서다. 잭 웰치의 코치로 알려진 람 샤란 역시 특유의 현실감각과 정곡을 찌르는 조언으로 웰치를 세기의 경영인 자리에 올려놓는 데 일등공신 역할을 했다.

세계적인 컨설팅회사 헤이그룹(Hay Group)의 조사에 따르면 GE, IBM, 골드먼삭스, HP 등 〈포춘〉지 선정 전 세계 500대 기업 중 40퍼센트 이상의 기업 CEO들이 전문가들로부터 코칭을 받고 있다고 한다. 그리고 미국 기업들이 CEO 코칭에 투자하는 금액만 연간 1조 원이 넘고, 활동하고 있는 전문 코치들만도 1만여 명에 이른다. 우리나라 기업의 CEO들도 비즈니스 코칭을 수용하는 사례가 점차 많아지고 있다. 안철수연구소 이사회 의장인 안철수 씨는 지난 1997년부터 유승삼 한국 마이크로소프트 전 대표를 코치로 모시고 지도와 조언을 받고 있는 것으로 알려져 있다. 특히 안철수 의장이 의사와 사업가로서의 길을 고민할 때 "둘 다 하면 아무것도 못한다. 가슴 뛰는 일 하나만 하는 게 좋겠다"는 유 전 대표의 조언을 통해 사업에 매진하게 된 것은 유명한 일화다.

오늘날 경쟁적 비즈니스 환경에서의 비즈니스 코치는 이처럼 경영자들에게 사치가 아닌 필수요소가 되고 있다. 현재 아무리 좋은 평판을 갖고 있는 CEO라 하더라도 그것이 내일의 성공을 보장하지는 않는다. 자신의 업무방식과 행동에 지속적으로 동기를 부여하고 늘 새롭게 갱신하도록 코칭받는 것이 필요한 이유가 여기에 있다.

그렇다면 경영자들에게 필요한 코치는 반드시 전문가여야만 할까? 거창한 코치는 필요 없다. 주변의 친구나 직장상사는 물론, 법조인, 직업상 동료, 혹은 조언자라고 생각하는 사람이라면 누구든지 코치로 채용하면 된다. '누구나' 코치가 될 수는 있지만 '아무나' 코치로 생각해서는 안 된다. 경영자들에게 적어도 사업전략이나 비전, 재무 등과 같은 비즈니스적인 측면뿐 아니라 대인관계적 측면, 개인과 가족 등 사적인 측면, 가치관이나 종교 등과 같은 영적인 측면 등에 있어 도움을 줄 수 있는 이들이어야만 하기 때문이다. 따라서 CEO를 지도하는 코치는 사업에 대한 해박한 지식과 경험뿐만 아니라 삶에 대한 지혜까지 겸비한 사람으로 선택할 필요가 있다.

CEO 코칭 전문가 스티븐 오웰 박사는 CEO 코치로서 갖추어야 할 역량을 크게 세 가지로 설명하고 있다. 첫째, 비즈니스 경험이다. 회사의 비전과 전략, 재무관리, 인사관리 등 실천 비즈니스 경험을 다양하게 축적하고 있어야 한다는 의미다. 둘째, 커뮤니케이션 스킬이다. 질문을 통해 CEO와의 커뮤니케이션을 이끌어나가는 기술이 필요하다는 것이다. 그리고 마지막은 감성능력이다. 상대방 내면의 이야기까지 끌어낼 수 있는 능력이 코치들에겐 절대적으로 필요하다. 평소 멘토식의 고정된 코치 외에 회사 내 위기상황이 발생하거나 특별한 이슈가 생겼을 때에는 전문 코치를 활용하는 것도 코칭의 한 방법이다.

글로벌 식료품회사 오달라의 CEO는 회사에서 생산된 상한 과일 주스 때문에 유아 1명이 사망하고, 6명이 입원했다는 주장이 거세지자 언론, 대중, 희생자들, 그리고 어수선한 회사 종업원들을 다루기 위해 전문 코치를 고용해 위기를 극복했다. 미국에 한 케이블 회사의 CEO도 투자유치를 위해 월스트리트에 가기 전 어려운 질문에 대답할 때 유능하고 자신감 있는 모습을 보이는 방법에 관해 하루 정도 전문 커뮤니케이션 코치와 함께 시간을 보내며 연구했다고 한다. 오스트리아의 한 호텔 총지배인도 도널드 트럼프의 자산 중 하나를 관리하는 일로 인터뷰할 기회가 생겼을 때 인터뷰 준비를 위해 코치를 이용했으며, 트럼프 역시 매스컴 보도를 위해 코치를 이용했다.

경영자들에 있어 우수한 코치란 재능 있고, 객관적이며, 경영자들의 행동에 변화를 일으키도록 동기부여를 해줄 줄 아는 사람이다. 또한 다방면으로 넓은 인간관계를 구축하고 있으며 적절한 질문을 경영자에게 던져 문제가 되는 행동이나 비효율적인 행동을 가려내는 역할을 하는 이들이라 할 수 있다. 때문에 성공적인 CEO 코칭을 이끌어내기 위해서는 CEO들이 유념해야 할 것이 하나 있다. 바로 자기 자신을 코치에게 확실하게 개방하는 일이다. LG경제연구원의 허진 책임연구원은 이와 관련해 CEO들이 유아독존 의식을 버려야 코칭효과를 기대할 수 있다고 역설한다.

《당신의 운명을 지배하라》의 공저자로 유명한 임원코칭 네트워크의 셔먼 부사장은 의례적인 회사 지원에 의한 경우보다 CEO 본인이 원해서 코칭을 받을 경우 훨씬 더 효과가 크다고 말한다. 당연한 얘기겠지만 아집에서 벗어나 다른 사람으로부터 지도를 받는 것에 대해 긍정적으로 인식하고 간절히 원할 때 더 많은 것을 얻을 수 있다. GE나 IBM 등 선진기업들의 경우를 보면 CEO가 자기만의 아집에 빠져 있을 때에는 반강제적으로 CEO 코칭을 실시하기도 한다. 예컨대 회사가 위기에 처했을 때나 개인적인 문제가 있다고 판단될 때 등 꼭 필요한 상황에서는 CEO가 원치 않더라도 이사회가 나서서 전문 코치를 선발하여 CEO에게 추천한다고 한다.

자기경영 3_ **시간을 경영하라**

자기경영의 효율성을 높이기 위해서는 시간활용이 그 방법론으로 꼽힌다. 많은 경영전문가들은 시간을 놓아두면 그냥 물처럼 흘러간다며, 자기경영의 성패를 좌우하는 것은 결국 시간을 어떻게 경영하느냐에 달렸다고 강조한다. 자기경영을 잘 실현하는 CEO들의 공통점은 한정된 시간, 즉 시간을 늘려 쓴다는 논리다. 일을 시작하는 데 있어서 할 일을 모두 기록하고, 아무렇게나 해도 되는 일과 집중이 필요한 일을 구별하여 가장 중요한 것부터 그다지 중요하지 않은 순서대로 나열하는 습관을 기르게 되면 업무의 효율성과 상당한 시간을 절약할 수 있다는 관점이다. 어떻게 하면 가장 효과적으로 시간을 경영할 수 있을까?

우리에게 《성공하는 사람들의 7가지 습관》으로 유명한 스티븐 코비 박사는 '시간경영'의 대표 전도사다.

"우주에 던져진 인간은 시간과 공간의 지배를 받는다. 어느 인간도 시공을 초월할 수는 없다. 따라서 주어진 시간을 누가 더 효과적으로 활용하느냐에 따라 인생의 결과가 달라진다."

코비는 이렇게 시간경영의 중요성을 일깨워주고 있다. 특히 CEO들이 시간경영에서 역점을 둬야 할 것은 업무의 앞뒤 순서를 잘 정하는 일이라는 게 그의 변론이다. 시간관리의 중요함이 어느 때보다 더 절실한 현 상황임에도 불구하고 대부분의 기업현장에서는 CEO들이 '중요한 일'보다는 '긴급한 일'에 대한 지시를 먼저 내린다는 게 문제라는 인식이다. 따라서 코비 박사는 현재와 같은 위기상황이라면 긴급한 일보다는 중요한 일에 더 매달려야 한다고 조언한다. 그림을 보면서 천천히 이해해보자.

중요도	
(1) 급하고 중요한 일	(3) 급하고 중요하지 않은 일
(2) 급하지 않고 중요한 일	(4) 급하지 않고 중요하지 않은 일

CEO든 일반 직장인이든 업무상 일은 크게 네 가지 경우로 나눌 수 있다. 급하고도 중요한 일(1)과 당장 급하지는 않으나 중요한 일(2), 그리고 급하긴 해도 중요하지 않은 일(3)과 급하지도 않고 중요

하지도 않은 일(4)이 그것이다. 집에 불이 났다든지, 개울에 어린아이가 빠져 생명이 위태롭다든지 한다면 그것은 (1)의 상황에 해당된다. 그러나 이런 일은 그리 자주 발생하지는 않으며 만약 그런 일이 닥치면 누구나 전심전력으로 위기상황을 타개하기 위한 노력을 기울이게 될 것이다. (1)과 정반대의 상황이 (4)인데 사람들이 심심하다는 이유에서 밤을 새워 행하는 게임이나 음주, 오락 등이 여기에 포함된다. 불필요하게 긴 통화나 요새 유행하는 인터넷에 댓글 달기도 지나치면 (4)의 일이 되기 쉽다. 의외로 많은 사람들에게 부족한 부분은 바로 (2)의 일들이다. 좋은 책 읽기, 우정 다지기, 외국어 익히기, 견문 쌓기, 가족애 만들기, 건강 지키기, 네트워크 넓히기 등이 여기에 해당되는데, 실로 값진 일이지만 오늘 당장 급하지 않기 때문에 항상 내일로 밀려나는 경우가 많다. 그러나 일단 내일로 밀려난 일은 내일이 되도 역시 급하지 않아 또다시 밀려날 가능성이 많다.

우리만 그런 게 아니다. 코비 박사의 연구에 따르면 미국의 이름 있는 초우량기업에 근무하는 경영간부들도 시간의 70퍼센트 정도를 (3)에 쓰는 것으로 조사됐다. 바쁜 하루일과를 정리하고 조용히 앉아 오늘 했던 일을 정리해보면 경영자들 중 의외로 많은 이들이 (3)에서 헤매고 있을 수도 있다. 이렇듯 자기 시간의 대부분을 (3)에 써버리고 나면 상대적으로 (2)에 주어지는 시간은 빈약할 수밖에 없다. 때문에 코비 박사는 인생을 효과적으로 산 인물들은 (2)에 자기 시간을 많이 쓴 이들이며, 오늘날의 경영자 역시 급하지 않더라도 중요한 일에 집중해야만 경쟁에서 우위를 점할 수 있다고 역설한다.

실제 일본 과학기술연맹이 주관하는 품질개선상인 데밍상(Deming Award)을 받은 기업과 그렇지 않은 기업들을 비교한 자료에서 데밍상을 받은 기업의 직원들은 중요하지만 급하지 않은 일에 전체 업무시간의 65~80퍼센트를 썼다고 한다. 특히 속도와 이동성이 강조되는 모바일 시대에는 방대한 정보의 관리와 처리가 중요해지는 만큼 업무를 우선순위에 따라 효과적으로 관리해야 하는데, 회사의 비전과 장기목표에 따라 세운 계획대로 중요한 것을 가장 먼저 하는 자세가 절실할 수밖에 없다.

하나 더, 공병호경영연구소의 공병호 씨가 그의 저서 《공병호의 자기경영노트》에서 제안하는 다음의 '시간경영의 10가지 포인트'에 대해서도 기억해두면 도움이 될 것이다.

첫째, 일찍 일어나라. 그리고 확보한 시간을 최대한 활용하라.
시간경영의 비밀은 새벽과 아침 시간대에 숨어 있다. 당신이 반드시 처리해야 할 창조적인 일에 한 부분을, 그리고 다른 또 하나의 부분은 미래를 위해서 투자하라.

둘째, 새벽과 아침시간대의 낭비를 철저하게 줄여라.
대부분 출퇴근 시간대에 시간낭비가 발생한다. 당신은 습관적으로 출퇴근 시간을 하나의 주어진 제약조건으로 받아들일 것인가,

아니면 당신 스스로가 출퇴근 시간을 자유의지로 조정할 것인가?

셋째, 하루의 시작과 관련된 낭비요인들을 줄여라.

매일매일 허겁지겁 출근 시간에 쫓기고 있는가? 만일 당신이 하루를 마감하는 시간에 내일의 준비를 하나하나 할 수 있다면, 그리고 다음 날 무엇을 어떻게 할 것인지 목표를 기록하는 시간을 조금만 확보할 수 있다면 당신의 생활은 바뀌게 된다. 결국 당신의 사소한 습관이 당신의 삶을 변화시키게 될 것이다.

넷째, 철저하게 시간을 기록하고 분석하고 관리하라.

시간은 대단히 주관적으로 느껴진다. 그래서 당신이 시간을 어떻게 사용하고 있는가를 적어나가지 않는다면, 시간의 낭비는 피할 수가 없다. 시간 사용에 대해 꼼꼼하게 기록하고 그것을 분석하라. 만일 핵심적인 목표와 당신의 시간 사용이 일치하지 않는다면, 또 당신의 생활이 핵심과 본질로부터 점점 멀어져 방황하게 되는 일이 없으려면 당신의 시간 사용법에 대한 전면적인 수정을 단행하라.

다섯째, 무엇을 할 것인가 분명히 적어라.

하루를 마감하는 시간대에 내일 무엇을 할 것인지 기록하는 습관을 들여야 한다. 그렇다고 우선순위에 너무 집착할 필요는 없다. 우선순위는 많은 부담을 주기 때문이다. 그래서 하루 중 상황에 따라 당신의 우선순위를 조정할 수 있는 자율성을 스스로에게 부여하라.

그것을 달성하는 데 성공한다면 당신 스스로를 축하하라.

여섯째, 주어진 상황에서 최대한 집중할 수 있는 장소나 시간대를 찾아라.

낭비의 핵심은 집중적인 시간경영에 실패하기 때문이다. 예기치 못한 일들이 당신의 지속적인 집중을 방해한다. 걸려오는 전화를 받으면서 무엇인가 가치 있는 것을 만들어내기란 정말 힘들다. 무엇이 당신을 방해하는지 '시간가계부'를 통해서 파악해보라. 그리고 그 방해요소들을 가능한 한 제거하라.

일곱째, 데드라인을 활용하라.

느슨한 상태에서의 인간의 두뇌는 아무리 많은 시간을 투입하더라도 완전가동되지 않는다. 마치 바닷가에서 윈드서핑에 몸을 맡기듯 당신의 업무 리듬을 마감시간과의 약속을 통해서 효과적으로 공략하라. 마감시간을 하루나 이틀 정도 앞당겨서 자신과의 데드라인을 정하고 자신의 온갖 에너지와 주의력, 그리고 집중력을 총동원해보라.

여덟째, 생활에 악센트를 주어라.

강약을 반복하듯이 시간을 운용하라. 집중도가 최대한 지속될 수 있는 60분을 기준으로 시간가계부를 적어나가라. 지나치게 긴장해서 녹초가 되지 않도록 유의하며, 적절한 긴장감을 갖고 60분 단위로 강약을 조정해나가면서 시간활용의 효과를 극대화해보라.

시작이 반이다. 우물쭈물하면서 해야 할 일을 계속 미루지 마라. 어려운 일, 귀찮은 일일수록 미루고 싶을 것이다. 그래서 내일 또 내일 하다가 결국에는 약속을 지키지 못하는 일이 빈번히 발생하고 있지 않은가? 그렇다면 자신에게 주어진 과제에서 조금이라도 재미있고 흥미로운 부분부터 찾아보고 일단 저질러라. 시작은 반이 아니라 거의 전부라고 해도 과언이 아니다.

낭비요인은 곳곳에 있다. 약속한 사람을 기다릴 때, 병원 대기실에 앉아 있을 때, 당신은 어떻게 하는가? 아무도 당신의 시간을 보호해주지 않는다. 당신 스스로 당신의 자투리 시간이 낭비되지 않도록 관심을 기울여야 한다. 자투리 시간은 놀라울 정도의 집중력을 확보해준다.

글로벌 CEO들의 자기관리 비법

"일찍 일어날 자신이 없다면 최고경영자가 되는 꿈은 일찌감치 접는 게 낫다."

〈포춘〉이 미국사회를 이끄는 CEO, 판사, 상원의원 등 리더 12명을 선정해 그들이 하루를 어떻게 관리하는지 일일이 인터뷰한 뒤 내린 결론이라고 한다. 과연 미국의 주목받는 CEO들은 자기경영의 비결에 대해 어떻게 말했을까.

■ 하워드 슐츠 스타벅스 회장

"5시면 일어나 가장 먼저 커피를 마신다. 〈월스트리트 저널〉, 〈뉴욕 타임스〉 등을 읽고 음성 메시지를 들으며 전 세계 스타벅스 매장이 잘 돌아가고 있는지 체크한다. 이게 25년간 내가 한 일이다. 낮에는 미국, 밤에는 아시아 시장을 점검하고 매주 최소 25개 매장에 들러본다."

■ 빌 그로스 핌코 투자담당 최고경영자

"새벽 4시 30분에 기상, 미국·유럽·일본시장을 체크한다. 6시면 회사에 출근한다. 일할 땐 잡음을 줄이는 게 중요하다. 아니다 싶은 의견은 과감히 무시한다. 아이디어 구상엔 요가가 최고다. 물구나무 서기 동작으로 정신을 집중하면 좋은 생각을 해낼 수 있다."

■ 베라 왕 베라왕그룹 CEO

"내 침실은 성소다. 침대 밑에 기대어 각종 디자인 서적을 뒤적거리며 조용히 아이디어 구상을 한다. 가끔 전화가 많이 와 전화받는 것 말고는 아무것도 못할 때가 있어서, 나는 전화를 증오한다. 그러나 직원들이 나를 만나고 싶어할 때는 언제든지 만날 수 있도록 했다."

■ 헨리 폴슨 골드만삭스 CEO

"이메일보다는 전화가 낫다. 즉각 일을 처리할 수 있기 때문이다. 1980년대부터 대형 무전기를 닮은 휴대전화를 들고 다녔다. 뉴욕에 있을 땐 항상 10시에 잠들고 5시 반에 일어나 운동을 간다. 일주일에 한두 번은 센트럴파크를 4마일 정도 뛴다. 출장 가서도 마찬가지로."

"정보에 압도당하지 말아라. 하루에 700~800통씩 들어오는 이메일을 모두 체크하느라 시간을 써버리는 것은 바보 같은 행동이다. 이메일 분류 시스템을 사용해 시간을 아낀다. 나는 속도에 민감하다. 기다리는 건 참을 수 없다. 그래서 휴대전화보다는 이메일과 음성 메시지를 애용한다."

"매달 파리와 도쿄를 오가며 1~2주를 보낸다. 모든 회의는 한 개의 주제만을 택해 한 시간을 넘기지 않도록 하고, 절대 집에 일을 가져가지 않는다."

글로벌경영, 세계 시민으로
먼저 손을 내밀어라

가장 효율적인 지역에서 자원을 조달, 운용하고 국적에 관계없이 사업이나 기능별로
본사의 역할을 수행하는 것이 바로 글로벌경영이다.

스탠퍼드로 간 현대 차

2003년 2월 17일, 현대 자동차의 최재국 부회장은 미국 샌프란
시스코행 비행기에 몸을 실었다. 다름 아닌 미 서부의 명문 스탠퍼
드대가 위치한 팔로알토로 가기 위해서였다. 당시 현대 차 미국 판
매법인인 HMA의 부사장이던 그는, 이 날 스탠퍼드 경영대학원 윌
리엄 바넷 교수의 수업에 강사로 초청받아 학생들을 상대로 강연에
나서는 길이었다. 이 날 다뤄진 주요내용은 미국시장에서 현대 자
동차가 성공한 비결이었다.

그로부터 5년 뒤인 2008년 9월 30일, 현대자동차는 또 한번 스탠
퍼드로 가는 기회를 만들었다. 이번에는 김종은 (당시)부사장이 집
배원 역할을 했다. 수강생 360여 명이 지켜보는 가운데 김 부사장

은 '현대자동차, 세계 자동차시장 선도기업 도약을 위한 품질경영과 글로벌 경영 완성'이란 주제로 1986년 미국 진출 이후 22년 만에 인도, 중국 등 전 세계시장을 성공적으로 공략한 현대 차의 핵심 전략에 대해 설명했다.

위 두 사례는 현대자동차가 글로벌 기업으로서 세계 경영학계로부터 인정받고 있다는 점을 단적으로 보여준다. 여기서 상기할 만한 점은 앞선 2003년 현대자동차의 케이스가 선택과목으로 채택된 반면, 2008년의 경우 필수과목으로까지 격상되었다는 데 있다. 특히 한국 기업으로서 스탠퍼드대 MBA의 필수과목이 된 것은 현대자동차가 처음이다. 당시 지도 교수인 윌리엄 바넷 교수는 "현대자동차는 다른 어떤 자동차 메이커들보다 빠른 속도로 글로벌경영에 성공했다. 그 과정을 연구하고 향후 현대자동차가 보완해나가야 할 전략에 대해 논의하는 것을 강의의 핵심으로 삼고 있다"고 밝힌 바 있다.

현대자동차 측의 의견도 이와 다르지 않다. 회사 관계자는 미국 최고 대학 MBA 과정에서 현대 차의 성공사례가 국내기업 최초로 필수과목 주제로 채택된 것은 글로벌기업으로서의 위상을 인정받은 결과라고 간주하며 미국 최고의 인재들을 통해 현대 차의 경영에 대해 논의하고 신선한 아이디어를 얻을 수 있는 좋은 기회라는 의미를 새겼다.

실제로 미국시장에서 현대자동차는 GM이나 포드, 다임러크라이슬러 등 '자동차 빅 3'가 고전을 면치 못하는 가운데서도 상황변화에 발 빠르게 대응하며 시장점유율을 꾸준히 높여가고 있다. 지난 2001년 2.0퍼센트이던 것이 2002년 2.2퍼센트, 2003년 2.4퍼센트, 2004년 2.5퍼센트 등 해마다 미국 내 시장점유율이 꾸준한 상승곡선을 그리고 있다.

현대자동차의 이 같은 성공 사례는 향후 하버드나 MIT, 텍사스 오스틴 등 여타 권위 있는 경영대학원에서도 수업 교재로 사용된다고 한다.

마쓰시타는 어떻게 고민을 풀었을까

이번엔 바다 건너 일본으로 가보자. 파나소닉으로 유명한 마쓰시타와 전자제품의 최강자 소니 얘기를 해보려 한다. 마쓰시타와 소니는 한때 우리 청소년들 사이에 큰 유행이 되었던 워크맨시장의 대표적인 라이벌 관계다. 물론 시장 초반 파나소닉에 비해 소니의 제품을 찾는 소비자들이 더 많았던 탓에, 소니의 대세에 파나소닉은 약세를 면치 못했다. 하지만 정확히 현 시점에서는 소니가 파나소닉의 마쓰시타를 오히려 뒤쫓아가는 처지에 몰렸다는 표현도 전혀 무리가 아니다. 어떤 일이 벌어진 것일까.

마쓰시타는 시장 초기 전 세계적으로 수위를 자랑하는 상품들이 많았음에도 불구하고 기업경영상 근본적인 문제를 안고 있었다. 지나치게 일본적인 기업이었다는 한계에 직면한 것이다. 즉, 국제화에 제대로 대처하지 못해 성장기에 돌입해야 할 마쓰시타로선 항상 제자리에서 맴도는 분위기였다. 수출에만 지나치게 의존했고, 시장에서는 충분히 검증된 제품만 내놓는 단순한 수익구조를 취한 까닭에 환율이 불안정하거나 외국 기업의 보호무역 장벽에 걸리기라도 하면 그 여파가 곧바로 매출과 시장점유율에까지 미치는 약점을 드러냈다. 또한 지나치게 다른 회사 제품들을 모방하려 했고, 자사의 신제품 개발도 게을리했다.

조직적인 문제도 뒤따랐다. 일본적인 기업이라는 특성을 유지해서인지 종신고용이나 회사에 대한 헌신, 상명하달식 위계구조 등의 획일적인 사고방식이 직원들 사이에 퍼져 있다 보니 직원들의 창의력은 크게 위축되었다. 특히 유능한 현지인은 배제되고 일본 관리자에게 순응하는 사람이 남는 구조를 취하면서 해외 현지화전략은 유명무실하기까지 했다. 엎친 데 덮친 격으로, 이러한 문제점을 해결하기 위해 도입한 액션 프로그램(Action Program : 비가전부문의 매출 증대 신규사업 투자활동)과 현지화 작전마저 실패로 돌아갔다.

반면 소니는 동일 제품군에서 마쓰시타보다 비싼 가격에 제품을 내놓았지만 항상 변화하는 새로운 디자인과 다양한 사양의 제품들, 그리고 얼리어답터들의 심리를 자극하는 앞선 제품들을 선보이며 전 세계 소비자들을 대상으로 한 글로벌전략에 박차를 가했다. 사업 분야 역시 기존의 전자제품에서부터 영상, 음반사업 등 엔터테인먼트시장까지 확장해나갔다. 세계 각지로 현지공장을 세워 가격적인 한계를 극복하며 현지인과의 조화를 통한 이미지 향상에 바탕을 두었던 소니가 이처럼 본국과 현지 간 관계의 표본을 보여준 사이, 마쓰시타는 급변하는 세계화에 발맞추지 못하고 여전히 본국 주도의 경영정책과 제품개발에만 신경 쓰는 안일한 경영전략을 취했다.

인생지사 새옹지마라고, 마쓰시타가 보기 좋게 부활했다. 소니보다 후발주자였지만 뒤늦게라도 글로벌경영의 중요성을 깨닫고 현지화 전략 차원에서 본국과 현지 간의 커뮤니케이션을 높이는 데 주력했던 것이다. 또한 성과금을 도입해 직원들 간 선의의 경쟁을 유도한 것은 물론 의사결정을 분권화시켰고, 외국인 엔지니어를 우대하거나 생산기지를 해외로 이전하는 등 국제경쟁력을 높여 글로벌기업으로의 모습을 서서히 갖춰나간 결과는 성공적이었다. 자연스레 경쟁자였던 소니의 아성에 제대로 도전할 수 있게 되었고, 지금은 오히려 소니가 마쓰시타의 뒤통수를 바라보는 처지로 반전된 것이다.

그렇다면 소니는 왜 주춤하게 된 것일까? 마쓰시타의 부활과 소니의 위기에는 동일한 열쇠가 국제화였다. 명실상부한 다국적 기업인 소니는 전성기 시절 주력했던 글로벌 경영을 세계 정상의 자리에 오르고 난 이후부터는 그다지 꾸준하게 전개하지 못했던 게 실수였다. 이는 소비자들에게 소니의 제품과 서비스는 훌륭한데 마땅히 구매할 제품은 없다는 인식으로까지 연결됐고, 심지어 워크맨시장에서 MP3 시장으로 영역이 바뀐 뒤부터는 소니가 다양한 시도를 했음에도 애플이나 올림푸스, 한국의 기업들(삼성, LG 등)에게까지 집중견제를 받는 신세로 전락하고 말았다. 게다가 디지털 카메라 및 캠코더시장에서도 기존의 아날로그 카메라의 선두주자였던 니콘과 캐논 등에도 밀리게 되었다. 또 컴퓨터 산업과 엔터테인먼트 산업에서의 부진이 이어지면서 '플레이스테이션 2'만으로는 포화될 대로 포화된 소니를 지탱하기 어려운 처지에 몰리기까지 했다. 자사의 제품에 대한 인지도만 믿은 채 변화하는 글로벌시장 환경에 지속적으로 대처하지 못한 것이다. 소니도 뒤늦게서야 '외국인 사장'이라는 극단적인 조치까지 취하며 글로벌 경영의 대명사가 되었던 과거로의 회귀를 꿈꾸고 있는 것이 현재의 상황이다.

세계화 지수가 낮은 한국 기업

역시 현대경영은 세계화가 대세다. 굳이 자국에서만 성공하겠다고 고집한다면야 말릴 명분은 없지만 그래도 현대 기업환경에서 우물 안 개구리식 경영은 피해야 한다는 게 많은 경영전문가들의 공통된 의견이다. 이는 기업의 규모와 전혀 상관없다. 요즘에는 아무리 규모가 작은 중소기업이라도 기술력만 뒷받침된다면 얼마든지 세계 시장으로의 진출로 인해 큰 수익을 거둬들일 수 있지 않은가. 이처럼 글로벌전략을 취한 것이 성공의 전기를 마련해준 기업들이 의외로 많다. 그러나 정작 안타까운 것은 세계화 속도에 있어 여전히 한국 기업은 거북이행을 취하고 있다는 점이다.

스위스 국제경영대학원 IMD는 해마다 세계 각국의 국가경쟁력을 종합적으로 평가해 순위를 매긴다. 이 순위는 세계 경쟁력 보고서에서 발표되는데, 우리나라는 최근 몇 년 사이 순위가 들쑥날쑥한 모습을 보이고 있다. 2008년 55개의 평가대상 국가 중 중간에도 못 미치는 31위에 머물렀는데 이 순위는 29위(2005년) → 32위(2006년) → 29위(2007년) 등 다람쥐 쳇바퀴 돌듯 좀처럼 중·하위권에서 벗어나지 못하고 있다. 세계 13위 경제대국의 성적표치고는 초라하기 그지없다. 심지어 말레이시아나 중국, 필리핀보다도 더 낮은 수준이다. 결국 이 보고서는 국제시장에서 삼성, 현대 등 대기업 주도로 한국 기업의 이름이 해가 다르게 알려지며 글로벌 기업을 추구하는 사례가 많아지고 있음에도 국제사회는 여전히 한국 기업의 국제화 수준을 상대적으로 저평가하고 있음을 단적으로 말해준다.

한국 기업은 사실 1990년대부터 급속한 국제화를 추구해왔다. 그러나 해외사업에 대한 경험이나 경영능력의 축적이 없는 상태에서 기업들이 지나치게 큰 투자, 특히 대규모 인수합병에만 주력하다보니 실패의 쓴 맛을 보는 경우가 빈번했다. 여기에 말로만 세계화를 외칠 뿐 여전히 지나치게 본사 의존적인 해외 자회사 경영도 문젯거리가 되었다. 다시 한 번 말하지만 현재 경영자로서 절대 거스를 수 없는 경영 트렌드는 세계화다. 사회 각 방면에 걸쳐 국가 간 장벽이 와해되고 세계가 하나로 통합되는 추세여서 더욱 중요해질 수밖에 없다.

하버드대 마이클 포터 교수는 그의 글로벌 경영론에서 개별 국가와 지역은 서로 다른 경쟁우위력을 갖고 있으므로 세계 각지의 경쟁자와 공급자의 다양한 연결이 요구됨을 강조한다. 예를 들면 이런 것이다. 독일은 엔지니어링과 화학제품이, 일본은 소형제품 및 전자제품, 영국은 대중음악과 출판업, 미국은 영화와 컴퓨터가 우위에 있으며 이러한 지역별 역량을 결합시킬 수 있는 글로벌경영이 요구된다는 것이다.

글로벌기업이 된다는 것

국내에 세계화의 중요성을 일깨워준 계기를 따져보자면 88서울올림픽 때부터라고 할 수 있다. 어찌 보면 하나의 세계적 스포츠 행사로 취급할 수도 있겠지만, 서울올림픽이 우리 기업들에게 글로벌 사업에 대한 전기를 마련해준 단초 역할을 한 것은 분명하다. 올림픽 메인 스폰서들이 하나같이 글로벌기업들이었고 현대, 삼성 등 국내의 내로라하는 대표기업들 역시 이 시기를 세계화로 뻗어나가는 디딤돌 시기로 여기며 올림픽 특수를 노렸다. 올림픽 이후 한참만에 열렸던 2002 한·일 월드컵 때도 마찬가지다. 세계 4강이라는 신화가 만들어지며 다시 한 번 세계가 대한민국을 주목하는 사이, 한·일 월드컵은 우리 기업들에게 글로벌 경영관리로 탈바꿈하라는 암묵적인 메시지를 던져준 기폭제 역할을 했다.

실제로 우리 기업들은 이 같은 세계적 스포츠 행사 개최 이후 해외 직접 투자도 가속화하면서 본격적인 세계화를 추구했다. 당시

낮았던 국가 인지도가 올림픽이나 월드컵을 계기로 급상승했고 이는 국내기업들이 직접투자를 통해 해외시장을 개척하는 계기를 만들어주었기 때문이다. 이 시기 우리 기업들의 총 해외투자는 1988년 172건에 2억 1,587만 달러이던 것이 2001년에는 총 2,088건에 32억 8,280만 달러에 달해 1988년 대비 각각 12배, 15배씩 증가했다. 이렇듯 국내 기업의 사업상 글로벌화는 많은 진전을 보였다.

그러나 정작 문제는 우리 기업들이 경영상 글로벌에는 여전히 미숙한 수준이라는 점이다. 여기서 경영관리의 세계화란 기업의 글로벌 네트워크를 통합 조정하고, 경영자원을 글로벌 시각에서 운용하는 것을 의미한다. 세계 유수의 경영학자들은 진정한 글로벌기업이 되려면 글로벌사업 네트워크를 관리함에 있어서도 세계화를 이루어야 한다고 지적한다. 이들의 말을 종합해볼 때 글로벌 경영관리의 패턴은 사업 거점의 분산 정도와 사업 거점 간 통합 정도에 따라 크게 본국 중심주의와 현지 중심주의, 그리고 세계 중심주의로 구분된다. 본국 중심이란 경영의 주요 의사결정권이 글로벌기업의 본국에 집중되어 있어 본국의 가치관과 경영시스템 중심으로 관리하는 것을, 현지 중심은 현지 자회사 중심으로 분권적 경영을 하는 것을 뜻한다. 또 세계 중심이란 사업 거점의 분산과 통합의 묘를 살리면서 글로벌 관점에서 가장 효율적인 지역에서 자원을 조달, 운용하고 국적에 관계없이 사업이나 기능별로 글로벌경영의 중심, 즉 본사의 역할을 수행하는 것을 의미한다. 최근 글로벌기업들의 경영관리 패턴을 살펴보면 과거 본국 중심이나 현지 중심보다는 서서히 세계 중심의 경영관리 패턴으로 바뀌어가고 있는 게 실상이다.

대표적인 글로벌 기업 필립스는 세계 중심 경영의 일환으로 일부 사업본부나 사업부를 자국인 네덜란드가 아닌 다양한 국가에 위치시키고 있다. 예를 들어 부품 사업본부는 미국 캘리포니아에 본사를 두면서도 부품 사업본부 산하의 이동 디스플레이시스템 사업부는 홍콩에, 가전 사업본부는 네덜란드에 있지만 산하의 모니터 사업부는 대만에, 오디오 사업부는 홍콩에, 비디오와 DVD 사업부는 싱가포르에 본사를 두고 있는 식이다.

이처럼 글로벌 경영은 자유무역 시스템이 확산되고 나라마다 개방의 물결이 뜨거워지면서 이제는 거스를 수 없는 시대의 트렌드로 자리 잡아 가고 있다. 특히 국내만 하더라도 글로벌 금융위기로 인한 경기 침체나 유가 급등, 환율 급락 등 경제 여건이 악화된 지금이라면 위기극복의 일환으로도 글로벌경영은 이제 선택이라기보다 생존을 위한 필수조건이 되고 있다.

무엇이 글로벌경영인가

세계화에 대한 관심은 높아가고 있지만 정작 성공적인 글로벌 경영을 위해 기업들은 어떻게 해야 할까? 많은 경영전문가들은 세계화를 위한 경영 시스템 구축이 선행되어야 한다는 데 한 목소리를 내고 있다. 단순히 생산기지를 해외로 옮기고 해외매출의 비중을 늘리는 것만이 글로벌경영의 전부는 아닐 터, 따라서 글로벌 전략을 효과적으로 실현하기 위해 이를 뒷받침해줄 만한 글로벌경영시스템의 확보가 선행되어야 한다는 얘기다. 흔히 시스템이라고 하면 전산화된 IT시스템을 떠올리기 십상이다. 그러나 글로벌경영시스템은 단순히 전 세계 사업장을 컴퓨터로 연결하는 IT시스템만을 의미하지는 않는다. 그보다는 생산, 마케팅, HR, R&D 등 비즈니스 전 프로세스에 걸쳐 기업의 글로벌 역량을 하나로 통합하여 시너지를 낼 수 있도록 연결해주는 종합적인 체계라고 말할 수 있다. 글로벌기업에 적합한 조직구조나 글로벌 조직운영의 원칙과 메커니즘, 조직 운영방식을 지원하는 제반시스템을 마련하는 일련의 과정이 곧 경영시스템을 갖추는 일인 것이다.

1990년대 초반, 거대 기업 IBM이 해체위기까지 갔던 것을 기억하는가? 이는 비대해지는 해외 조직들을 제대로 관리하지 못한데다 조직간 시너지 창출에도 실패한 것이 원인이 되었다.

글로벌기업의 내부로 더 깊숙이 들어가 살펴보자. 우선 성공하는 글로벌 기업들은 인재관리에 있어 세계형 인재에 유달리 포커스를 맞추고 있다. 특히 인재를 활용하는 데 있어 국내와 해외를 따로 구별하지 않는다. 세계적인 금융기관인 J. P.모건은 개인의 국적에 상관없이 비즈니스의 성공을 위한 최적의 인재를 찾아 활용한다. 출신이 어디든 간에 전 세계의 우수한 인재들을 채용하고, 글로벌 관점에서 능력을 최대한 발휘할 수 있는 최적의 지역으로 해당 인원을 배치한다. 단적인 예로 이 기업의 경영진들은 영국, 쿠바, 독일

등 세계 각지에서 뽑은 최상의 인재들로 구성되어 있다고 한다. 또한 성공한 글로벌기업들은 전 세계 사업장을 하나로 묶는 커뮤니케이션의 세계화도 추구하고 있다. 이를 위해 글로벌 네트워크를 구축하여 지리적으로 떨어져 있는 본사와 현지 자회사 간에 신속하고 일관된 정보 공유 및 확산을 주도한다.

전 세계 174개국에서 32만 명의 종업원을 고용하고 있는 IBM은 사내 인트라넷을 통해 순간적인 의사결정을 요구하는 인스턴트 메시지를 매일 300만 개 이상 처리하고 1,400여 개의 전자회의를 주관하고 있다. 이러한 IT시스템은 결국 미국, 인도, 러시아, 일본, 이스라엘, 중국 등 언어도 다르고 문화도 서로 다른 조직들을 IBM이라는 이름의 하나로 묶어주는 역할을 한다.

3M의 드 시몬느 회장은 평소에 이런 말을 자주 한다고 한다.

"기업의 성장은 재투자로 연결되어야 이익이 동반합니다. 향후의 경영 패러다임에서는 사람이 중요하며 지역 간의 이동을 통해 서로 다른 문화, 시장, 상 관행을 직접 체험하는 것이 요구되지요. 이런 점에서 자국의 경계를 넘어 신제품이나 비즈니스가 세계로 침투해가는 것이 진정한 세계화가 아닐까요."

성공하는 글로벌기업들은 기업의 경영철학이나 핵심가치를 전 세계적으로 전파하고 공유할 수 있는 효과적인 시스템도 갖고 있다. 글로벌경영의 성공을 위해서는 무엇보다 전사적 차원에서 글로벌 비전과 철학을 공유하는 것이 중요하다는 것을 기업 스스로 잘 알고 있기 때문이다.

도요타웨이는 도요타의 글로벌 사업장의 확대에 따라 자칫 희미해지기 쉬운 도요타의 경영이념을 새롭게 해석하고 전파하는 중요한 커뮤니케이션 도구가 되고 있다. 도요타는 매년 차세대 글로벌 인재 180명을 도요타 인스티튜트로 불러들여 2주간 합숙교육을 시키고 이들이 다시 현지에서 도요타웨이의 전도사로서 글로벌 확산을 주도하게끔 하고 있다. 또한 도요타웨이를 기본 틀로 인재채용, 평가, 보상, 육성 등 HR의 각 기능을 정비하여 구성원들이 자연스럽게 도요타웨이에 동화되도록 하고 있다.

많은 기업들이 글로벌 경영을 표방하고 있지만 글로벌 경쟁에서 정작 성공했다고 자평할 만큼 성공한 기업들은 많지 않다. 때문에 경영자들의 역할이 그 무엇보다 중요한 것이 글로벌경영이다. 경영자들은 스스로가 글로벌 마인드를 갖고 기업 전반을 지휘하는 자세가 필요하다. 수천 년 전의 철학자 소크라테스는 일찍부터 자신은 글로벌 시민이라는 인식을 가지고 살았다.

"나는 아테네인이나 그리스인이 아닙니다. 세계 시민이지요."

소크라테스는 이 말 한마디로 아주 오래전부터 자신을 세계형 인간이라고 소개하며 실제로 그렇게 살려고 노력했다. 수많은 부하직원을 거느리며 조직을 운영해야 하는 기업 CEO들이라면 소크라테스의 말을 가슴에 새기며 기업을 진두지휘해보는 건 어떨까?

삼성전자가 글로벌 강자인 이유

삼성전자는 자타가 공인하는 글로벌기업이다. 그렇다면 삼성은 어떻게 글로벌 강자가 될 수 있었을까? 삼성전자의 글로벌 성공 포인트를 소개한다.

■ 재무구조를 탄탄하게

1997년 외환위기로 인해 47개국의 삼성전자 해외 법인은 총 6억 7,000만 달러의 누적적자를 기록했다. 해외 법인의 평균 자본비율도 12퍼센트에 불과했다. 심지어 해외 거점이 본사의 경쟁력을 손상시킨다는 우려마저 나왔다. 상황이 이렇게 되다 보니 삼성전자는 우선 재무구조의 건실화를 꾀했다. 1997년부터 2년여 동안 총 13억 달러를 증자해 자기자본비율을 40퍼센트 수준으로까지 끌어올린 것. 또 한편으로는 부실 및 투자목적을 상실한 법인 수십 개도 청산했다. 이런 일련의 과정을 거친 이후부터 삼성전자의 해외 법인들은 하나둘씩 흑자로 전환하기 시작했다.

■ 경영진단은 까다롭게

해외 거점이 제대로 움직이는지 파악하기 위해 삼성전자는 매년 한 차례 이상 경영진단을 실시한다. 해마다 5~6월이면 본사 재무담당 임직원이 90여 개 해외 거점에 대한 경영진단을 위해 세계 각지로 파견된다. 한 개 거점당 파견인원은 보통 3명이다. 이들은 4~5일간 치밀하게 거점의 사업현황을 분석하는데, 집중 진단이 필요할 경우에는 10여 명까지 보내기도 한다.

■ 커뮤니케이션은 최첨단으로

삼성전자의 세계화 성공의 일등공신 중 하나는 전 세계 해외법인에 구축한 전사적 자원관리(ERP)시스템이다. 해외 법인의 업무 프로세스를 표준화하고 경영효율을 높이기 위해 구축된 이 시스템을 통해 삼성전자의 경영진은 서울에 앉아서도 해외 법인의 판매, 물류, 수출입 상황 등을 면밀하게 체크할 수 있다. ERP로 인해 여기에 해외 법인과 한국 본사 간 경영 의사결정에 있어서도 과거에 비해 대폭 빨라졌다.

■ 현지인과 호흡하라

삼성의 해외 거점은 철저하게 현지화에 원칙을 두고 있다. 중국 웨이하이(위해)시에는 산싱루(三星路) 거리가 있는데, 중국 산동성 정부가 삼성법인이 있는 인근 1킬로미터의 명칭을 이렇게 정해준 것이다. 이에 따라 삼성전자는 오는 2051년 말까지 산싱루라는 도로명을 사용하고 광고판도 세울 수 있게 되었다. 그만큼 삼성은 현지인들에게 친근하게 다가가고 있다는 얘기다. 하지만 삼성은 현지인 채용에 있어서는 철저하게 삼성의 위상에 걸맞은 최고 인재를 뽑는 데 주력한다. 현재 채용인을 A, B, C, D의 네 등급으로 분류하는데, 이들 중 C와 D등급으로 분류되는 사람은 향후 정리해고의 대상이 된다. 현지 법인에 몸담고 있으면서도 회사가 어려울 때 별다른 기여가 없는 사람들은 내보내겠다는 삼성의 인사방침은 글로벌경영에도 예외가 아닌 것이다.

상생경영,
무소의 뿔처럼 혼자서 가지 마라

만일 지금이 고대 로마였다면, 독도는 황제령이 되었을 거고 일본인과 한국인은
그곳에서 함께 낚시를 하며 즐겁게 살았을 것이다.

중국 건륭 황제 vs 로마제국

중국은 당송시대에 세계 최고의 경제대국으로 이름을 날렸다. 농업에서 이모작, 삼모작을 가능하게 하는 볍씨를 개발했고 양수기와 같은 농사기구도 만들어 사용했다. 그 결과 농업생산량은 유럽의 배 이상이 됐고, 잉여생산물을 팔기 위해 운하나 특수선박 등 혁신적인 시설과 도구들도 연이어 발명됐다. 농업뿐 아니라 견직물이나 도자기 산업 역시 유럽에서는 18세기 말 영국 산업혁명에서나 가능했던 분업과 대량생산 체제를 중국은 이 시기에 벌써 갖추었다.

한때 세계 최고의 부국으로까지 주목받았던 중국, 하지만 19세기와 20세기에 접어들면서 중국은 세계에서 가장 가난한 국가의 대열에 합류하고 말았다. 무엇 때문이었을까. 청나라 건륭 황제 때 일어 났던 영국과의 충돌에서 대답의 힌트를 얻을 수 있다.

1793년 영국의 특사 조지 맥카트니는 중국의 무역제한 조치 해제 를 요구하기 위해 배 한가득 선물을 싣고 중국에 도착했다. 그런데 그는 건륭 황제 앞에서 고두(叩頭, 이마가 바닥에 닿도록 아홉 번 조아 리는 것)를 거절한 나머지 건륭의 심기를 불편하게 했다. 험상스런 분위기가 오갈 법했으나 어찌 되었든 건륭은 영국 특사의 알현을 마지못해 허락했다. 하지만 그는 서신 하나를 주면서 맥카트니를 쫓아버렸다. 서신의 내용은 이러했다.

"중국에는 물자가 풍부하여 없는 것이 없다. 우리는 애초에 없는 것을 외국 오랑캐의 물건에서 얻어 편리를 도모하려는 것이 아니 다. 다만 우리나라에서 생산되는 차, 도자기, 비단이 너희 서양 각 국에게 필수품이 된다고 하니 내 그것을 불쌍히 여겨 은혜를 베풀 고자 한다. 아모이(廈門)에 서양 상점을 열어 일상생활에 도움이 되 고 은덕을 입도록 했던 것도 다 이 때문이다. 그런데 지금 너희 나라 는 이와 같이 정해놓은 것 이외에 더 많은 것을 요구하니 어찌된 일 인가? 이것은 우리가 먼 나라 사람들에게 은혜를 베풀어 사방의 오 랑캐를 어루만져 기른다는 정신에 거스르는 일이다."

중국 역사 중 최전성기를 만들어낸 건륭 황제였지만 이 같은 폐 쇄국가 정책으로 말미암아 청나라를 몰락하게 만들었다. 건륭 황제 가 81세에 지었다는 책 《십전기(十全記)》에서도 그는 일생에 열 번 의 대전쟁을 일으키고, 열 번 모두 승리하였음을 득의양양하게 기록할 정도로 '나홀로 세계'에 푹 빠진 채 평생을 살았다.

바로 역사상 가장 강력한 제국으로 평가받는 로마는 중국의 건륭왕조와 비교할 만하다. 많은 역사가들은 로마의 천 년 장수의 비밀로 다른 나라들이 모두 문을 만들어 닫을 때 로마는 길을 만들어 개방했다는 점을 열쇠로 삼고 있다. '열린 플랫폼' 리더십을 통해 피와 땀을 흘린 사람은 출생지에 관계없이 로마 시민이 될 수 있도록 한 것이 로마제국이었다. 즉, '남'이 '우리'가 될 수 있도록 상생경영을 실천한 것이다.

1995년 첫 선을 보이면서 한국에서만 200만 부가 넘게 팔려나간 《로마인 이야기》의 저자 시오노 나나미는 저술 동기를 이렇게 말한다.

"제가 《로마인 이야기》를 쓴 건 이 비관용(非寬容)의 시대에 종교, 민족, 심지어 음식 등 모든 것들이 다른 사람들이 한 세계 안에서 사이좋게 공생했던 시대가 있었다는 사실을 전해주고 싶어서였습니다. 만일 지금이 고대 로마였다면 독도는 황제령이 되었을 것이고, 일본인과 한국인은 그곳에서 함께 낚시를 하며 즐겁게 살았을 겁니다."

일본에서 철학을 전공한 뒤 이탈리아로 건너간 그는 어떤 정규 교육기관에도 적을 둔 적 없이 독학으로만 역사를 공부해 400자 원고지 1만 500장 분량의 《로마인 이야기》를 완성했다. 구상에 30년, 준비만도 자그마치 20년이 걸렸다고 한다. 로마가 패권국가로서 천 년이나 장수할 수 있었던 것은 유능한 지도자와 생산기반, 노블레스

오블리주 등 여러 요인이 복합적으로 작용했기 때문이지만 시오노
는 그중에서도 로마사회의 개방성을 가장 중요한 요인으로 꼽았다.

"로마인들이 다 해먹으려 하지 않은 것, 다른 나라가 더 뛰어나면
그들에게 충분히 맡겼다는 게 중요합니다. 이건 일본도 배우지 않
으면 안 되는 덕목이지요."

시오노가 꼽는 리더의 가장 중요한 덕목은 자신이 아닌 조직구성
원들의 풍요를 꾀하는 것이다.

"프랑스에 가면 베르사유 궁전이 아주 아름답습니다. 하지만 로
마에는 그런 개인적인 유적이 별로 없어요. 모두 원로원, 바실리카
회당, 신전 같은 공공장소들이죠. 피라미드는 굉장한 유적이지만
한 사람의 사후를 위한 것입니다. 하지만 로마인들은 생전에 여러
사람이 써야 하는 걸 만들었어요. 저는 로마인들의 그런 점이 좋습
니다."

로마제국의 황제들은 이처럼 같이 행복하게 잘살아보자는 공생
적 사상을 정치철학으로 삼은 덕분에 천년왕국을 현실화할 수 있
었다.

독불장군은 없다

중국과 로마, 둘 다 한때 세계의 중심에 섰던 왕조를 탄생시켰지
만 후대의 평가는 사뭇 다르다. 건륭시대의 중국이 폐쇄적이었던

데 반해, 로마제국은 개방적인 역사 패러다임으로 평가받고 있다. 따라서 위의 사례를 통해 오늘날 경영자들이 가슴속에 담아야 할 것은 지속가능한 기업을 만들기 위해선 상생경영을 추구해야 한다는 메시지다. 건륭 황제의 중국이 '독생경영'을 취해 쇠퇴기를 걸어야 했고 로마제국은 '상생경영'을 추구하면서 후대 역사에 길이길이 남는 왕조가 되었다는 사실을 기억해야 한다.

다시 현재로 돌아와서 기업의 발전 역사를 살펴본다면, 독생경영에서 차츰 상생경영으로 패러다임의 축이 바뀌고 있는 상황이다. 과거의 기업들은 어떻게 하면 내부자원을 효율적으로 관리해 성공할 수 있을까 하는 데에 모든 포커스를 두었다. 그렇다 보니 기업 성공신화의 중심에는 항상 나(I)만이 존재했다. 그러나 21세기의 현시대는 달라졌다. 기업들에게는 나보다는 우리(We)의 모습이 더 요구되고 있다. 외부자원과의 상생적인 네트워크를 통한 상생경영의 중요성이 더 커진 셈이다.

과거 기업경영에 내부성의 신화가 부각되면서 기업을 폐쇄시스템으로 보고 내부자원의 효율적 관리에 의한 성공신화를 꿈꿔왔다면, 21세기의 기업은 열린 시스템을 통해 외부 자원과의 상생적 네트워크가 최고의 경쟁력이 되고 있다. 좀 더 정확히 말해 1980년대 이후부터 내부성에서 외부성 중심으로 경영 패러다임이 빠르게 이동, 진화하고 있다고 해야겠다.

소니와 삼성전자를 보자. 1990년대까지만 하더라도 누가 삼성전자가 소니를 추월할 것이라고 예상했겠는가? 소니는 줄곧 '내가 다

할 수 있다'는 생각 아래 독생경영을 추구해왔다. 디지털화와 외부성의 중요성을 크게 인식하지 못한 소니는 여전히 내부성에 의한 성장의 한계를 드러내고 있다. 이처럼 지금은 상생경영, 즉 '우리'를 중심으로 한 패러다임의 이행이 절대적으로 필요한 시기다. 때문에 기업은 상생을 통해 사회적 자본을 키워나가야 한다.

이쯤에서 한 가지 짚고 넘어가야 할 것이 있다. 오늘날 상생경영에 대한 논의가 활발해지고 있지만 일부에서는 아직도 상생경영이 대기업과 중소기업 간 갈등을 해소하는 관계쯤으로 한정지어 생각하는 경영자들이 많다. 이는 진정한 의미의 상생경영이 아니다. 여러분의 회사와 협력관계에 있는 기업은 물론, 경쟁관계에 있는 회사까지도 아우를 수 있는 경영이야말로 진정한 상생경영이라 할 수 있다.

기업 간 제휴를 통해 상대방의 자원과 비용을 공유하고, 기술 습득과 공동투자를 통해 이윤창출 기회를 확대해가면서 공동기술 개발, 지적 재산권 공유, 자원 공유, 시장 공동개척 등 기업 간 극단적인 경쟁을 피하고 전략적 제휴나 협력을 통해 새로운 시장과 수요를 창출해나가는 이른바 윈–윈 전략을 취하는 것이 바로 상생경영의 본모습이라 할 수 있다.

현대 차와 크라이슬러는 같은 글로벌 시장에서 라이벌 관계였지만 두 회사가 협력함으로써 시너지 효과를 내고 있다. 크라이슬러는 아시아 시장 진출을 위해, 현대차는 첨단 기술의 도입과 신인도 향상을 위해 전략적으로 제휴했는데, 이후부터 현대 차는 브랜드 이미지를 강화할 수 있었고, 크라이슬러는 아시아 시장에 기반을 확보하는 효과를 보고 있다.

흔히 우리 주변의 기업경영자들은 중국 때문에 못 해먹겠다는 말을 종종 한다. 중국 기업들의 상품은 품질 면에서 많이 떨어지지만 가격이 저렴해 한국 기업의 시장점유율을 빼앗아가는 경우가 허다하다는 이유에서다. 그러나 바로 이런 상황일수록 상생경영의 패러다임을 접목할 필요가 있다.

'중국 덕분에 축배를 들 수 있는 방법은 없을까?'

위기가 곧 기회라는 생각을 가져보자. 중국에서 저렴한 원재료를 수입한 후 한국에서 제조자설계생산방식(ODM)으로 다시 중국에 되판다면 충분히 비싼 값으로 큰 수익을 남길 수 있지 않겠는가.

협력업체 두 번 살린 포드

2008년 하반기부터 불기 시작한 미국발 금융위기로 인해 미국의 자동차 업계가 요즘 말이 아니다. 소위 자동차 빅 3마저 위기상황에 내몰리고 있다. GM은 말할 것도 없거니와 포드나 크라이슬러의 운명도 녹록치 않아 보인다. 게다가 완성차 자동차업체들이 어렵다 보니 이들과 엮여 있는 미국의 주요 자동차부품 생산업체들도 중대한 위기에 처하고 있는 분위기다.

하지만 이런 위기상황에서도 경영자들이 주목해야 할 것이 있다

면 협력업체를 향한 포드의 상생협력 노력이다. 단기적으로는 상생
협력이 기업성과에 큰 지표로 나타나지 못할지라도 장기적인 관점
에서는 포드의 지속가능 경영을 이끌어 부활의 기폭제가 될 가능성
이 상당히 높다.

포드의 상생경영은 '2 Tier 프로그램'에 가장 잘 나타나 있다. 이
회사는 우선 1차 협력업체를 위한 지원 프로그램으로 'SDD(Supplier Diversity Development)'를 운영하고 있다. 이는 1차 협력업체
의 주요 기술인력이 3개월에 걸쳐 포드에 상주하면서 생산현장을
포함한 제반업무를 직접 체험하도록 하는 프로그램으로서, 이들 회
사에게는 장기적인 맥락에서의 납품전략을 수립하는 데 큰 역할을
하고 있다.

2Tier 프로그램의 묘미는 바로 2차 협력업체들에게도 미친다는
점이다. 사실 글로벌 기업이 1차 협력업체가 아닌 그 이하 협력업체
와의 관계에 공을 들이는 사례는 극히 드물다. 그러나 포드는 1차
협력업체가 아니어서 SDD 프로그램의 지원을 받지 못하는 2차 이
하의 협력업체들까지 2Tier 프로그램을 별도로 운영해 그들에게도
기회를 주고 관심을 쏟고 있다.

2Tier 프로그램은 포드에 직접 부품을 납품하지 않는 중소기업에
게도 사업 기회를 제공하는 것으로, 포드의 1차 협력업체가 자신들
에 대한 지원 프로그램인 SDD 프로그램을 벤치마킹하여 자사에 납
품하는 2차 이하 협력업체들을 지원한다는 것이 기본개념이다. 이
프로그램에 따르면 포드는 1차 협력업체에게 SDD 프로그램의 구

체적인 내용을 제시하고 이것이 잘 구현될 수 있도록 지원해준다. 하지만 1차 수혜자인 이들 협력업체에게는 그만큼 의무도 부여하고 있다.

1차 협력업체들은 그들과 거래관계에 있는 2차 협력업체들을 대상으로 따로 SDD 프로그램을 실행한 후 이에 대한 보고서를 포드에 제출해야 하며, 제출된 보고서를 토대로 포드는 1차 협력업체의 성과를 평가하고 우수 업체를 선정 및 시상한다.

이 제도를 통해 포드는 협력업체들과의 거래시 발생되는 문제점을 쉽게 파악할 수 있고, 효율적인 상생협력 관계를 위한 개선책을 모색할 수 있는 아이디어를 얻고 있다. 또 포드의 상생경영상 흥미로운 것은 온라인 상에서 협력업체들이 포드와의 거래과정에서 알아두면 좋을 유용한 여러 내용을 담고 있는 학습 포털을 구축하고 있다는 점이다. 1999년 만들어진 'Ford Supplier Learning Institute' 라 불리는 이 웹사이트(web.fsli.ford.com)는, 포드는 물론 협력업체 직원들이 함께 공유하는 사이트로 유명하다. 자사가 위기 국면에 처해 남을 돌아볼 처지가 만만치 않은 상황임에도 포드의 2Tier 프로그램은 오늘도 가동 중이다.

국내형 상생 〈 글로벌 상생

상생경영은 이제 미래의 비전이 아니다. 현재 진행되고 있는 기업의 경영전략이다. 따라서 바람직한 상생경영의 비전은 무엇일지에 대해 경영자들이 턱을 고이고 고민해야 하는 시기가 바로 지금이다. 무엇보다 무한경쟁시대를 맞이해 상생경영은 협력을 통한 경쟁력 구축과 상호 공존공영의 '기업 생태계' 철학으로 발전되어야 한다. 여기서 기업 생태계란 기업 가치활동과 관련된 아웃소싱 기업들과의 유기적 사슬관계를 일컫는다. 생물들이 상호작용하는 터전이 생물 생태계이듯 기업 생태계는 유기체로서 기업 상호작용의 터전이 된다는 얘기다.

같은 맥락에서 가톨릭대의 김기찬 경영대학원장은 우리 기업들이 앞으로 추구해야 할 상생경영의 모델을 크게 네 가지로 함축해 설명하고 있다.

첫째, 상생협력은 멀리 보는 안목을 필요로 한다. 지금 당장의 상생이 아니라 내일의 상생을 위한 경쟁력 구축의 과정이 되어야 한다는 말이다.

둘째, 현재의 증상을 치료하는 것보다 원인의 악순환 고리를 끊는 것이 상생경영에 있어 중요하다. 이를 위해서는 중소기업의 능력과 기술향상 노력이 부각되어야 하는 것은 당연지사다. 즉, 중소기업의 능력 구축을 지원하는 프로그램이 좀 더 강화되어야 한다. 특히 대기업과 중소기업 간 협력은 선진국형 중소기업의 요건인 기술력과 콘텐츠를 육성하는 데 집중해야 한다. 국제시장에서 갑을관계의 교섭력은 기업 규모문제가 아니라 을이 제공하는 기술이나 콘텐츠의 수월성에 따라 결정될 것이기 때문이다.

셋째, 상생경영은 기업 생태계를 건강하게 만드는 외부 네트워크 전략에 초점을 맞추어야 한다. 이를 위해 대기업과 중소기업 간 상생협력이 단순히 구매조달 차원이 아닌 연구개발(R&D) 단계에서부터 시작되어야 한다.

넷째, 기업의 무대가 국제화되고 있는 추세에 맞춰 국내형 상생을 세계형으로 한 단계 발전시켜 나가야 한다. 해외에서 통하는 중소기업을 길러내지 않고서는 상생의 지속적인 성공을 기대하기 어려운 탓이다. 사실 지금까지 중소기업에 대한 논의에서 '글로벌'이란 단어는 빠져 있었다. 그러나 상생협력을 통한 중소기업의 세계화가 규모의 경제효과를 만들고, 그 결과 우리나라 대기업들에게도 도움이 된다는 측면에서 국제화에 대한 중요성은 더 커지고 있다. 이처럼 상생경영은 대기업과 중소기업이 함께 글로벌 기업으로 성장하고 브랜드 파워를 강화하는 주춧돌 역할을 해야 한다는 게 김 교수가 가장 강조하는 부분이다.

끝으로 미국의 한 아이스크림 회사 이야기를 전하면서 본 주제를 마무리하고자 한다. 벤앤드제리라는 미국의 아이스크림 회사는 27개의 낙농업체로부터 분유를 공급받아 아이스크림을 만든다. 그런데 하루는 분유납품업체 대표가 이 회사에 편지 한 장을 보내왔다. 내용인즉 최근 한 달 동안 분유 값이 3분의 1로 폭락해서 폭락 이전의 가격으로 분유를 계속 구매해줬으면 좋겠다는 것이었다. 회사의 구매담당 부사장이 이를 사장에게 알린 후 긴급 중역회의가 열렸다.

그러나 회의는 단 5분 만에 끝나고 말았다. 과연 사장이 뭐라고 얘기한 것일까. 의외의 한마디였다.

"폭락 이전 가격에 구입을 결정하고 협력기업(낙농업체)들에게 5퍼센트 특별 경영지원금을 지원하도록 하세요."

그로부터 2년이 지났다. 당시 미국에는 낙농업체들이 유전자변형식품(GMO)을 사료로 쓰는 것이 유행이었다. 저렴한 가격에 분유를 공급할 수 있었기 때문이다. 이번에는 벤앤드제리의 사장이 27개 협력업체 사장들에게 편지를 보냈다.

"우리 회사는 GMO를 쓴 적이 없고 앞으로도 쓸 계획이 없습니다. 부디 GMO를 사료로 쓰지 않도록 협력해주세요."

과거의 수은 때문이었을까. 낙농업체들은 하나같이 이 약속을 지켰다. 덕분에 벤앤드제리는 당시 다른 업체들이 소비자단체의 제품검사에 적발돼 수난을 당하는 동안에도 줄곧 시장점유율을 높이며 매출상승곡선을 그릴 수 있었다.

'빨리 가려면 혼자 가고, 멀리 가려면 같이 가라'는 아프리카 속담이 있다고 한다. 한 번쯤 생각해보자. 혼자 갈 것인가, 같이 갈 것인가? 선택은 경영자 당신에게 달렸다.

상생경영 무시한 NHN의 굴욕

'NHN은 IT 업계 왕따?'

인터넷 공룡 NHN이 무리한 독생경영을 추구한 탓에 관련 IT업체들로
부터 따돌림을 받은 적이 있다. 2008년 12월, 게임업체와 보안회사들
은 NHN을 배제한 채 제휴를 추진하며 '반NHN 동맹전선'을 형성했
다. 안철수연구소는 다음, SK커뮤니케이션즈와 전략적 제휴를 맺고
포털의 보안서비스 강화를 위해 보조를 맞추면서도 유독 네이버에 무
료백신을 탑재하는 데에는 소극적인 태도를 취했다. 게임업체인 엔씨
소프트 역시 야후, 다음 등에 게임을 제공하며 포털업체의 수익원 다
변화를 지원하고 있으면서도 네이버와는 이렇다 할 제휴관계를 맺지
않았다. 특히 엔씨소프트는 네이버를 제외한 다른 포털업체에 흥행몰
이를 하고 있는 대작 게임 '아이온'의 광고를 동시에 진행해 NHN을
당혹스럽게 했다.

도대체 무엇 때문일까. 네이버가 해외 백신업체의 엔진을 탑재한 보안
서비스를 내놓은 게 발단이다. 네이버의 보안서비스 발표 직후, 안철
수연구소 등은 국내 보안산업을 위축시킬 것이라며 강하게 반발했다.
NHN이 2008년 초 네이버에 안철수연구소의 백신을 무료로 제공하
기로 상호 간에 합의했지만 이마저도 무산되고 말았다.

게임업체와도 갈등의 골이 깊다. 김택진 엔씨소프트 사장은 네이버의
폐쇄적인 정책에 대해 노골적으로 불만을 드러내면서 게임업체가 번
돈으로 광고를 하면서 NHN의 배만 불리고 있다면서 NHN을 맹비난
했다. 심지어 NHN은 다음과 함께 한국음악저작권협회와 한국음원제
작자협회로부터 저작권 침해방조 혐의로 고소를 당해 포털 업계 최초
저작권법 위반으로 기소되었고, 부동산 정보업체의 대표인 부동산정
보협회에서는 네이버의 부동산 서비스가 회원사를 차별하고 있다며
공정위에 제소했다 취하하는 소동까지 겪었다. 이 같은 상황을 놓고
업계에서는 NHN이 무리하게 사업을 확장하면서 상생경영에 소홀했
기 때문이라는 해석을 내놓았다. 당시 업계 한 관계자는 인터넷의 관

문인 포털업계 특성상 다양한 서비스를 제공하는 것은 당연하지만,
이는 어디까지나 기존 업계와의 대화와 타협을 통해 풀어가야 할 문
제라며 특정 시장의 지배적 사업자가 일방적으로 추진해서는 안 된다
고 밝혔었다.

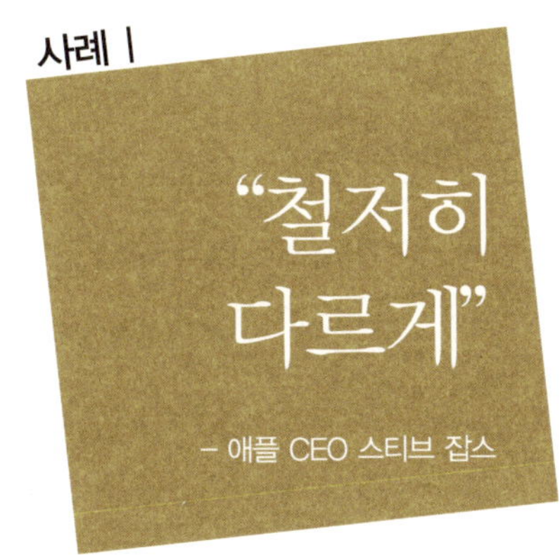

입양아와 맹모(孟母)

애플사의 스티브 잡스는 마이크로소프트의 창업자인 빌 게이츠와 곧잘 비교되곤 한다. 동갑내기인데다 둘 다 IT분야, 특히 컴퓨터 하드웨어와 소프트웨어 부문에 있어 세기의 발전을 이끈 선구자 역할을 했다는 평가를 동시에 받고 있는 이유에서다. 하지만 두 창업자가 걸어온 길을 쭉 펼쳐보면 마치 평행선을 보는 듯 상반된 노정을 보이는 부분이 많다. 빌 게이츠가 비교적 부유한 가정환경에서 자라며 실패를 모르고 성공자의 길을 걸었다면, 스티브 잡스는 태어난 순간부터 줄곧 실패와 성공의 반복된 환경 속에 최고의 경영자 지위에 오른 케이스다.

경영자가 처한 현실이 성공보다는 실패에 노출되는 경향이 더 짙다는 점을 감안할 때 스티브 잡스는 오늘의 경영자들에게 인생역경과 경영적 위기상황을 어떻게 이겨낼 수 있느냐에 대한 방법론을 제시하는 표본이 될 만하다.

잡스의 우여곡절 많은 인생은 태어난 직후 곧바로 부모에게서 버림받는 것에서부터 시작된다. 1955년 태어나자마자 그는 폴 잡스와 클라라 잡스 부부에게 입양된다. 당시 생모는 미혼의 대학생. 대학도 졸업하지 못한 상황에서 선뜻 아이를 기를 자신이 없었던 생모는 대졸자 부부가 잡스를 입양해주기를 기대했다. 이후 어렵게 한 변호사 부부가 입양하기를 원했으나 아들인 잡스가 태어나자 딸을 원했다며 그를 포기했다. 결국 잡스는 또 다른 부부와 연이 닿게 되었는데, 이들이 오늘날 잡스를 훌륭한 경영자로 키워낸 폴과 클라라 부부다.

그들은 매우 가정적인 사람들이었고 애정결핍에 시달릴 법한 어린 잡스에게 애정과 관심을 쏟으며 성장시켰다. 잡스도 이런 양부모를 친부모처럼 여기며 항상 자랑스러워했다. 실제 잡스는 경영자가 된 이후에도 누군가가 폴과 클라라를 가리켜 양부모라는 표현을 쓰기라도 하면 곧바로 부모라는 단어로 바로잡아주곤 했을 정도다.

잡스의 부모는 그를 화목한 가정에서 자라게 했을 뿐 아니라 환경적인 면에 있어서도 여러모로 신경을 썼다. IT 인재양성소인 실리콘밸리 근처로 집을 옮겨 잡스에게 훗날 컴퓨터 경영자를 꿈꾸도록 한 사례가 대표적인데, 이는 마치 맹자의 어머니가 아들의 장래를 위해 공동묘지에서 시장, 다시 글방으로 세 번을 이사했다는 맹모삼천지교(孟母三遷之敎)를 연상케 하는 대목이다. 부모의 배려로 잡스는 실리콘밸리의 젊은 엔지니어들이 모여 사는 곳에서 학교를 다닐 수 있었고, 1972년 고등학교를 졸업한 뒤에는 평소 관심을 두던 전자분야를 배우기 위해 집 근처의 휴렛팩커드에서 섬머 인턴으로 일하게 되었다.

이곳에서 애플의 공동 창업자인 워즈니악과 운명적인 만남을 가졌다. 한때 리드 칼리지에 입학하기도 했지만 전공인 물리학에 흥미를 느끼지 못한 채 한 학기 만에 휴학한 잡스는 그 후 1년 가까이 철학과 문학에 빠져들며 한가로운 시간을 보냈다. 그러던 중 우연한 기회에 게임회사인 아타리(Atari)사에서 비디오게임 디자이너로 일하게 되고 비록 이 회사도 1년을 채우지 못하지만, 이때 워즈니악과 함께 '손수 만든 컴퓨터 클럽' 에 가입하면서 개인용 컴퓨터를 만드는 일에 집중했다.

1976년, 잡스와 워즈니악은 애플 I 컴퓨터를 세상에 내놓은 결과, 대성공이었다. 잡스와 워즈니악은 갓 스물을 넘긴 나이에 개인용 PC를 개발했다는 공로로 이때부터 전 세계인의 주목을 받았다.

당시로써는 모니터도 없고 덩치만 컸던 애플 I이었지만 시장의 반응은 대단했다. 특히 1980년대 초반부터 IBM이 본격적인 PC사업에 뛰어든 것에 대응하기 위해 매킨토시까지 출시하면서 애플컴퓨터의 전성기를 누렸다.

내가 만든 회사에서 쫓겨나다

잘 나갈 때 위기가 온다고 했던가. 전 세계에 매킨토시 열풍을 일으키며 주가를 높여가던 스티브 잡스는 곧 경영자로서 일생일대의 험난한 위기에 처한다. 1985년 회사 대주주들이 그의 독주를 견제한 나머지 애플사를 설립한 잡스를 쫓아내버린 것이다. 그것도 자신이 애플 CEO로 데려온 펩시콜라 전 회장 존 스컬리의 주도 하에서였다.

믿은 도끼에 발등 찍힌 사연은 이렇다. 애플 I 의 성공에 자신감을 얻은 잡스는 애플 II, 그리고 연이어 애플 III마저 시장에 내놓으며 컴퓨터 시장의 헤게모니를 잡으려 했다. 그러나 결과는 대참패로 끝나고 말았다. 당시 IBM의 개인용 컴퓨터 'The PC'에 밀리면서 크게 주춤하더니 애플 III에 이어 개발한 1만 달러짜리 비즈니스용 PC '리사(Lisa)'마저 참담한 결과로 시장에서 혹평을 받았다. 덩달아 애플의 주가도 급락하기 시작했다. 결국 1985년 4월 11일, 스티브 잡스를 제거하기 위한 이사회가 열렸고, 투자자들로부터 CEO로서 분명한 책임감을 갖고 회사를 운영해달라는 요구를 받은 스컬리는 기다렸다는 듯이 잡스에게 "회사의 전권을 나에게 넘기고 매킨토시 팀에서 손을 떼라"며 그를 퇴출시켰다.

웬만한 경영자들이라면 이 정도 상황에선 자포자기하며 의욕이 꺾이기 마련인데, 찬물과 더운물을 오가면 물체가 더 단단해지듯 잡스는 애플에서 쫓겨난 것을 계기로 오히려 '컴퓨터 애니메이션'이라는 새로운 상품을 들고 화려하게 복귀했다.

애플을 떠난 직후 그는 가장 먼저 애플에서 함께 일했던 직원 몇몇과 함께 1986년 넥스트라는 회사를 창립하지만 회사가 출시한 넥스트 큐브가 소비자들로부터 외면을 받은 채 생산량이 5만 대에도 미치지 못하자, 잡스는 1993년 하드웨어 생산을 과감히 중단하고 소프트웨어산업에 눈을 돌린다. 하드웨어 분야를 캐논에 매각하고 나머지 부분은 구조조정을 단행하기로 한 것이다. 이것이 재기의 발판이 될 줄은 아무도 몰랐다.

이 무렵 〈스타워즈〉를 만든 영화감독 조지 루카스와 만나게 된 잡스는 고화질의 디지털 사진과 3D 영상물에 매료되어 100만 달러를 투입해 루카스 필름을 인수한다. 그리고 회사명을 픽셀(pixel, 화소)과 아트(art, 예술)를 합친 픽사(Pixar)로 정한다. 이후 개인 자금을 몽땅 투자해 5분짜리 3D 애니메이션 〈틴 토이〉를 제작했고, 이 작품은 1989년 아카데미 단편 애니메이션 부문 수상작이 될 만큼 성공작으로 평가받는다. 그러자 이번에는 4년의 시간과 노력을 들여 〈토이 스토리〉를 제작한다. 이 역시 3억 5,800만 달러에 달하는 수입을 남기며 또 한 번 대박의 영예를 이어간다.

이처럼 잡스가 〈토이 스토리〉로 성공을 거두고 있을 때에도 애플은 여전히 고전하고 있었다. 핵심인력은 이미 회사를 떠났고, 남아 있는 직원들은 자신감마저 잃은 상태였다. 당시 경영을 책임지고 있던 애플의 3대 CEO 길 아멜리오는 애플의 차세대 컴퓨터에 들어갈 운영체제의 공급선을 찾고 있었고 급기야 잡스의 넥스트를 현금 3억 7750만 달러와 애플 주식 150만 주를 들여 사들이게 됐다.

1997년 여름, 잡스는 300명의 엔지니어와 함께 애플의 고문으로 결국 '컴백' 했다.

12년 만에 돌아온 애플은 거의 죽어가는 상태였다. 아멜리오의 해임 이후 CEO로 임명된 잡스는 회사를 살려야겠다는 생각에 연봉 1달러만 받겠다는 약속을 하며 대대적인 체질개선에 돌입한다. 그리고 곧 결실을 맺었다. 잡스의 복귀 이후 2년 반 동안 애플의 총 자본은 20억 달러에서 160억 달러 이상으로 여덟 배가 증가, 적자에서 흑자로 전환된 것이다. 그럼에도 경영자로서는 장애물이 없을 것만 같던 잡스에게 이번에는 병마가 발목을 잡았다. 2004년 췌장암 진단을 받은 것. 그해 8월 1일, 그는 지인들과 애플 직원들에게 한 통의 이메일을 보냈다.

'저는 췌장암에 걸렸습니다. 그런데 다행히 지난주에 수술을 성공적으로 마쳤습니다.'

보통 췌장암은 발병 후 1년 만에 사망할 확률이 매우 높은 치명적인 암으로 알려졌지만 잡스는 이를 이겨냈다. 물론 《iCon 스티브 잡스》의 저자인 제프리 영과 윌리엄 사이먼은 종양 전문의의 말을 빌려 "췌장암을 조기 진단해 종양을 완전히 제거한다고 해도 환자의 50퍼센트는 5년 밖에 생존하지 못한다"며 잡스의 건강을 여전히 걱정하고 있다. 그 때문인지 2009년 들어 잡스는 COO인 팀 쿡에게 경영권을 임시로 넘기고 병가를 떠난 바 있다.

철저히 다르게

위기상황에서 구원투수 역할을 톡톡히 해내며 적자의 애플을 흑자기업으로 전환시킨 잡스. 그가 절체절명의 순간에서 선택한 경영전략은 한마디로 "다르게 생각하는 것"으로 요약할 수 있다.

우선 메인프레임 컴퓨터가 지배했던 1970년대에 이미 개인용 컴퓨터를 생각한 것부터가 남들과 달랐다. 이어 1999년 애플에 복귀한 후 1,300달러짜리 가정용 컴퓨터인 아이맥(iMac)을 출시한 것도 '다르게 생각하는' 전략 중 하나다. 잡스는 넥스트에서의 경험을 통해 젊은이들의 취향을 파악했고 이 컴퓨터에 젊은이들이 컴퓨터와 인터넷을 즐기고 가방에 항상 음악 CD를 가지고 다닌다는 것에 주목해, 기존의 디스켓을 제거하는 대신 그보다 용량이 크고 오디오 기능을 겸한 CD드라이브를 장착했다. 그리고 외형 디자인도 기존의 사각 박스 스타일이 아닌 곡선형으로 부드럽게 변화를 주었다. 케이스에 있어서도 발상의 전환을 꾀하기는 마찬가지. 투명하게 보이도록 누드 형태로 디자인한 것을 비롯해 색깔 역시 분홍, 노랑, 파랑, 초록, 자주의 다섯 가지로 다양하게 소비자들의 관심을 유도했다.

이 같은 잡스의 차별화 전략은 보기 좋게 적중했다. 아이보리 일색이던 기존 PC에 디자인과 색의 혁명을 가져온 점이 크게 작용한 데다 인터넷에 간단히 연결되는 장점이 있어, 아이맥은 출시 1년 만에 200만 대나 팔려나갔다. 이 때문에 아이맥은 미국 정보통신 분야의 1998년 최대 히트상품으로 기록되었으며 잡스 회장 역시 미국 기술전문지 〈업사이드 투데이〉에 2007년 최고의 정보기술경영인으로 선정되기도 했다.

잡스의 차별화 노력은 컴퓨터회사라는 고정관념에서 벗어나 온라인 음악시장을 개척한 면에서도 나타났다. MP3 플레이어 아이팟(iPod)을 통해 디지털 음악세계를 개척할 수 있었던 것이 MP3는 음악기기가 아니라 IT기기라는 그의 창조적 사고에서 비롯되었기 때문이다. 사실 MP3 플레이어를 처음으로 만든 회사도 애플이 아니다.

잘 알려졌듯 한국의 레인콤이 만든 아이리버(iRiver)가 먼저 미국 시장에서 인기몰이를 이어가고 있었고, 일본의 소니도 컬럼비아 음반사를 인수하며 미국 시장에서 발을 넓혀가고 있던 상태였다. 그런데도 애플이 순식간에 MP3 플레이어와 음반시장에서의 리더로 부상한 것은 잡스가 컴퓨터와 MP3, 음반을 하나로 이어주는 새로운 '가치사슬'을 형성한 영향이 컸다.

여기에 잡스의 남들과 다른 마케팅 전략도 애플의 성장을 견인했다. 대표적인 것이 아이팟 광고이다. 1984년 매킨토시를 출시하면서 1회에 100만 달러를 소비한 슈퍼볼 TV광고가 성공적이었으나 대량판매에는 실패한 것을 거울삼아 아이팟을 개발, 완료했을 때는 마케팅 방법을 아예 바꾸었다. TV나 신문 같은 매스미디어에 광고하는 매스마케팅을 제한적으로 실시하는 반면 홍보와 온라인 마케팅, 고객 입소문을 통한 마케팅을 구사했다. TV에도 제품 광고보다는 실루엣 댄서 같이 신비로움을 유도하는 광고를 했고, 같은 이미지를 간판이나 판촉물에 이용했다.

잡스가 추구한 "다르게 생각하는 것(Think different)"은 훗날 뛰어난 디자인뿐 아니라 사용자 중심의 컴퓨터 제품으로 승화되면서 수많은 애플 마니아를 양산하게 만들었다.

다음(Next)

기업경영은 하루하루가 숨 가쁘게 진행된다. 어제까지만 해도 소비자들의 인기를 얻으며 매출이 급상승했던 효자상품이라도 오늘 당장 벌어진 상황에 따라 매출이 급격히 떨어지기도 한다. 한 치 앞을 내다볼 수 없는 게 요즘 같은 정보화 사회 속에 살아가는 기업경영의 현실인 탓이다. 이런 관점에서 비춘다면 스티브 잡스의 경영철학에는 철저히 미래를 지향하는 비전주의도 포함된다고 할 수 있다.

그가 자주 쓰는 말 중에 '넥스트'가 있다. 공교롭게도 애플에서 퇴출당하고 애플 엔지니어들을 끌어 모아 실립한 회사 역시 넥스트가 사명이다. 잡스는 평소에도 과거에 사로잡히지 말라며 경영자들에 있어 필요한 절대덕목으로 미래에 대한 준비와 결단력을 강조한 바 있다.

1997년 애플에 복귀하며 잠정 CEO에 재임했을 때 그는 마이크로소프트와 자본과 기술을 제휴하는 역사적인 화해를 이루어냈다. 이어 1998년에는 애플 재건의 핵심역할을 한 아이맥을 바로 투입했다. 새로운 애플을 선언하듯 여섯 가지 색이었던 사과모양의 심벌도 단색으로 통일했고, 로피드라이브 대신 당시에 그다지 보급되지 않았던 USB를 채용하기도 했다. 이 같은 결단력은 뒤이은 상품전략에서도 연결되었다. 아이팟나노를 출시할 당시, 네 가지 색상으로 아이팟 붐을 이끈 최고 인기제품인 아이팟미니(iPodmini)의 제조를 과감하게 중단한 것이다.

1996년에 애플에 입사하여 아멜리오와 잡스, 2명의 CEO를 모셨던 전직 애플 사원은 이렇게 말한다.

"스티브 잡스에게서 제품과 조직, 전략이 모두 심플해야 한다는 사실을 배웠습니다. 그 이전에는 제품라인이 중복되어 일본에서만 출시되는 모델이 있었는데, 사원들조차 그 차이점을 잘 몰랐습니다. 잡스는 이에 따라 우선 초보자용 제품을 없앴습니다. 제품은 일반 소비자용과 비즈니스용, 데스크톱과 포터블 두 가지 축의 네 가지로 모두 설명될 수 있는 체계로 나누었고요. 이상에서 보듯이 고객들의 입장에서 심플하지 않으면 성공할 수 없다는 게 잡스의 경영철학입니다."

스티브 잡스는 경영방식은 물론 자신의 생활방식에 있어서도 철저히 미래에 초점을 맞추었다. 스티브 잡스는 실리콘밸리에서 DVD 편집 소프트웨어를 개발하는 회사를 경영한 소가(曾我弘) 사장에게 애플과의 인수협상을 끝내고 헤어질 때 이런 말을 했다고 한다.

"소가 사장님! 당신의 다음 도전 과제는 무엇입니까?"

애써 키운 회사의 매각이 결정되어 심정이 복잡한 그에게 잡스가 던진 질문이었다. 일단은 좀 쉬려 한다고 답하자 잡스는 "예? 조금

쉬면서 생각한다고요? 아! 그것도 나쁘지 않네요"라고 회답했다고
한다.

소가 사장은 잡스를 들어 항상 다음을 생각하는 경영자라고 평가
한다.

"과거에 구애받지 않고 앞만 바라보며 잇따라 떠오르는 아이디어
를 눈에 보이는 형태로 실현해가는 스타일이죠. 스티브 잡스와 같
은 인물이야말로 진정한 창업가가 아닐까요?"

배고프고 어리석어라

스티브 잡스를 유명하게 만든 일화가 하나 있다. 그의 인생과 경
영에 대한 철학이 집약된 메시지를 직접 전달한 사례인데 2005년 6
월 12일, 미국 스탠퍼드대 졸업식에 참가해 졸업생들에게 축사를
하는 자리에서 나왔다. 당시 잡스는 "그렇게 대단하지는 않지만 내
인생의 세 가지 이야기를 전할까 한다"며 마이크를 잡았다. 먼저 그
는 점(點)을 잇는 이야기부터 꺼냈다.

"저는 대학도 졸업하지 못했고 다니던 포틀랜드의 리드 칼리지도
6개월만 다닌 후 그만두었습니다. 막일을 하는 부모님이 평생 저축
한 돈을 등록금으로 써야 한다는 부담감 때문이었죠. 그로부터 세
학기를 비정규 청강생으로 캠퍼스를 전전했습니다. 그러던 중 나의
호기심과 직관을 끄집어낸 훗날 값으로 매길 수 없는 가치들을 만
날 수 있었습니다."

리드 칼리지 재학 당시 캠퍼스의 모든 포스터와 게시물이 손으로

직접 그린 아름다운 글씨체로 되어 있다는 사실을 깨달은 잡스는 그 같은 글자체들을 어떻게 만드는지 발동한 호기심에서 서체 과목을 수강했고 그 강의를 통해 세리프나 산세리프 등의 활자체에 대해 집중적으로 배웠다고 한다. 그로부터 10년 후 당시 배웠던 활자체가 아름다운 글자체를 가진 최초의 컴퓨터인 매킨토시로 재탄생할 줄은 아무도 몰랐다는 것이다.

두 번째 이야기로 잡스는 사랑과 좌절을 예로 들었다. 스무 살 때 부모님 차고에서 애플을 시작한 이후 10년 뒤 20억 달러에 4,000명의 직원을 가진 회사로 키웠고, 현재 억만장자가 되었지만 이 사회에서 미래 경영전략에 관한 의견차이로 나이 서른에 자신이 밀려난 것을 예로 들며 그는 "모든 것들이 사라져버리고, 나는 참혹함에 빠졌다. 처음 몇 달 동안 무엇을 할지 정말 몰랐고, 실리콘밸리로부터 도망쳐 떠나버릴까도 고민했지만 내가 여전히 일을 사랑하고 있다는 것을 느꼈다"고 회상했다.

"제가 애플에서 해고되지 않았더라면 어떤 일도 일어나지 않았을 것입니다. 그것은 두려운 시험약이었지만, 환자는 그것을 필요로 하는 것이었습니다. 인생이란 때론 여러분들을 고통스럽게 하지만 신념을 잃지 말기 바랍니다."

마지막으로 잡스는 죽음에 대해서도 역설했다. 췌장암 진단을 받은 자신에 대해 의사들은 길어봐야 3개월에서 6개월밖에 살 수 없다며 집으로 가서 주변을 정리하라고 충고했지만 운 좋게도 수술을 받고 건강을 되찾았다는 것을 얘기하며, 학창시절《온 세계 카탈로 그》라는 책(타이프라이터와 가위, 폴라로이드 사진들로 만든 세계 풍물 도서)을 통해 늘 배고프고, 늘 어리석은 상태로 머무르라는 말을 가슴에 새기며 살고 있다는 말도 강조했다. 그리고 마지막으로 이렇게 말했다.

"나는 50평생 나 자신에게 늘 이러기를 바랐습니다. 그리고 지금 여러분이 새로운 출발을 위해 졸업하는 이 시점에서 여러분들이 그러기를 기대합니다."

스티브 잡스는 누구?

미국의 기업가로 워즈니악과 함께 애플의 공동 창업자다. 1955년 캘리포니아 주 샌프란시스코에서 태어나 고등학교를 마친 뒤 휴렛팩커드에서 인턴으로 일하면서 워즈니악과 함께 컴퓨터 클럽을 만들고 컴퓨터 사업에 뛰어들었다.

1976년 애플컴퓨터를 설립하고, 클럽에서 개발한 최초의 PC(퍼스널컴퓨터) '애플 I'을 공개했다. 애플 I 은 모니터도 없고 디자인도 투박했으나 의외로 큰 반응을 보이며 판매에 성공했고 그에 힘입어 1980년에는 주식을 공개했다. 1984년에는 IBM에 대항하여 매킨토시를 선보이고 성공을 거두지만 회사 내부사정으로 1985년 경영 일선에서 물러났다.

애플을 떠난 뒤 넥스트 사를 세워 세계 최초의 객체지향 운영체제인 넥스트스텝을 개발하였고 1986년에는 픽사(Pixar)를 인수하여 차세대 운영체제를 갖춘 컴퓨터 개발을 시도했으나 실패했다. 그러나 픽사는 훗날 애니메이션 〈토이스토리〉의 원형이 되는 〈틴토이〉를 만들어 아카데미상 단편 애니메이션상을 수상했다. 1996년 적자에 허덕이던 애플이 넥스트스텝을 인수하면서 경영 컨설턴트로 복귀하여 4억 달러의 흑자를 내는 데 공을 세웠다.

프레젠테이션의 귀재 스티브 잡스 따라잡기

스티브 잡스는 '프레젠테이션의 귀재'로도 불린다. 동갑내기 라이벌인 마이크로소프트사 빌 게이츠의 프레젠테이션과 종종 비교되기도 하는데, 실제 프레젠테이션을 자주 사용하는 비즈니스맨들 사이에서는 빌 게이츠보다는 스티브 잡스 쪽에 더 후한 점수를 주는 분위기다. 그도 그럴 것이 빌 게이츠는 대체적으로 많은 개체를 한 화면에 담아 다소 산만한 인상을 풍긴다. 이에 반해 스티브 잡스는 하나의 이미지와 텍스트를 주로 보여준다. 또 한눈에 봐도 게이츠의 화면은 복잡한 느낌이 들어 무엇이 중심인지 알 수 없지만, 잡스는 이미지 하나로 청중들의 시선을 사로잡는 집중력 높은 프레젠테이션을 선보인다.

이밖에 빌 게이츠의 프레젠테이션에는 텍스트가 많다. 상단의 제목과 텍스트 앞에는 꼭 말머리 기호를 붙여놓기도 한다. 반면, 스티브 잡스의 프레젠테이션에는 함축된 텍스트 몇 개만이 있어 심플하다는 느낌이 든다.

● 잡스의 프레젠테이션 노하우 10가지

① 프레젠테이션의 테마를 정하라(Set the theme).

② 내용에 대한 열정과 감격을 드러내 보여라(Demonstrate enthusiasm).

③ 개요를 제시하라(Provide an outline).

④ 의미 있는 숫자를 만들어라(Make numbers meaningful).

⑤ 청중이 잊지 못할 순간을 만들어라(Try for an unforgettable moment).

⑥ 시각적인 슬라이더를 만들어라(Create visual slides).

⑦ 프레젠테이션을 '쇼'처럼 진행하라(Give 'em a show).

❽ 작은 실수에 당황하지 마라(Don't sweat the small stuff).

❾ 청중들이 얻는 이득을 보여줘라(Sell the benefit).

❿ 연습하고 연습하고, 또 연습하라(Rehearse, rehearse, rehearse).